U0611912

陕西师范大学"211工程"重点学科建设项目

教育科学研究新进展

郝文武 栗洪武 主编

教学哲学

张立昌 郝文武 / 著

中国社会科学出版社

图书在版编目（CIP）数据

教学哲学／张立昌，郝文武著．—北京：中国社会科学
出版社，2011.3 重印

ISBN 978 - 7 - 5004 - 7773 - 0

Ⅰ．教⋯　Ⅱ．①张⋯②郝⋯　Ⅲ．教学哲学 - 研究
Ⅳ．①G40 - 02

中国版本图书馆 CIP 数据核字（2009）第 076340 号

策划编辑	冯春凤
责任编辑	任风彦
责任校对	周　昊
封面设计	回归线视觉传达
技术编辑	王炳图

出版发行	中国社会科学出版社		
社　　址	北京鼓楼西大街甲 158 号	邮　编	100720
电　　话	010—84029450（邮购）		
网　　址	http：//www.csspw.cn		
经　　销	新华书店		
印　　刷	北京君升印刷有限公司	装　订	广增装订厂
版　　次	2009 年 9 月第 1 版	印　次	2011 年 3 月第 2 次印刷
开　　本	710×980　1/16		
印　　张	23.75	插　页	2
字　　数	296 千字		
定　　价	43.00 元		

凡购买中国社会科学出版社图书，如有质量问题请与本社发行部联系调换

版权所有　侵权必究

教育科学研究新进展丛书编委会

主　任　司晓宏

副主任　郝文武　　　栗洪武　　　游旭群

主　编　郝文武　　　栗洪武

副主编　游旭群　　　陈晓端　　　陈　鹏

编　委　(按姓氏笔画为序)

　　　　王有智　王振宏　王勇慧　田建荣　司晓宏

　　　　李国庆　陈青萍　刘新科　张立昌　赵　微

　　　　霍涌泉　傅钢善

总　序

　　教育是亘古的事业，有了人类就有了教育，也就有了人类对教育的认识；教育又是未来的事业，是为未来社会培养人才的实践，所以教育研究既要温故又要知新。陕西师范大学教育学院的年轻学者，在精心耕耘于教坛，收获丰硕成果的同时，深入钻研教育问题，在继承之基础上不断创新，也取得显著成绩，并作为学校"211工程"重点学科建设项目的成果，由教育科学出版社、中国社会科学出版社等出版"面向当代教师教育的教育科学研究"、"教育科学研究新视野"与"教育科学研究新进展"三套丛书，从一个侧面展示其教育学学科建设、教育学学人学术研究承传与发展的风貌，这是一件令人高兴的事情。

　　我与陕西师范大学的老师们有着密切的交往。北师大、陕师大同是教育部直属的师范大学，而且陕师大的不少老师来自北师大，因此我们两所大学有着天然的兄弟情谊。两校的教育干部培训中心、教师培训中心，都是教育部下属的连锁单位。我曾经担任过北师大这两个单位的领导，所以无论是开会、讲学，我们都会汇聚在一起讨论共同遇到的问题。陕西师大教育学院也是我最熟悉的单位，那里有我国老一辈的学者如刘泽如、吴元训等先生，有我们同辈的张安民、孙昌识等先生，也有我们的学生辈郝文武等人。

　　陕师大也是我到西安的主要立足之地。我第一次到西安，就住在陕西师范大学。那是1980年的事，参加在陕师大召开的中国教育学会教育史研究会的成立大会。西安这个美丽而朴实的古都，它的文化底蕴，它给中华民族带来的文明，给我以极大的震撼。会议之余，我两次跑到碑林去欣赏我国古代书法艺术之宝，半坡村、清华池遗址当然也没有错过。以后多次到西安，东西两边的古迹都跑了一个遍。陕师大就坐落在这个文化窝子里，你想，她的身上能不散发着浓郁的文化气息吗？

在长期的交往中，使我对陕西师范大学教育学院也有了更多的了解。陕西师大教育学院与陕西师范大学一起已经历了60余年的发展历程。它的前身——教育系走过了曲折的道路，特别是"文化大革命"期间遭受到严重的破坏，一度停办。改革开放以后开始重建，并且由教育系扩展为教育科学学院。最近教育科学学院又分为教育学院和心理学院。近30年来，在学校领导的重视下，经过几代教职员工的不懈努力，陕西师大教育学院在人才培养、教师队伍建设、学科建设、科学研究等方面都取得了显著成绩。特别是在"十五"期间，学科建设取得了历史性的突破：2002年，教育学专业被陕西省人民政府命名为"名牌专业"；2003年，获得教育学原理博士点和心理学博士点；2005年，取得了课程与教学论博士点；2004年，申请到了西北基础教育与教师教育研究中心基地；2006年，获得了教育学、心理学两个博士后流动站；2008年，学校又将"面向21世纪的教师教育与认知科学研究"列为"211工程"重点学科建设研究项目。我衷心地祝贺他们所取得的这些成绩，并祝愿他们在新世纪取得更大的成就。

现在，展现在大家面前的这三套丛书，便是陕西师大教育学院和心理学院教师近年来在学术研究领域辛勤耕耘所取得的新收获。该丛书以"三个面向"和科学发展观的战略思想为指导，坚持理论与实践相结合、教育科学与教师教育研究相结合的原则，比较深入地探讨了新世纪教育转型、改革和发展中重要的基本理论与实践问题，这对更新教育观念，推进教育实践发展，培养高水平、应用型基础教育的优秀教师都有积极意义。

追求精品是学术性著作的本性。这三套丛书无论是基础理论研究，还是实践领域的应用研究，都能在广泛占有资料的基础上，反映出学科研究的前沿水平，体现了创新见解；而且，作者多数为中青年学者，他们思维敏锐，观念新颖，研究方法独特，每本著作都各有特色。同时，为了提高书稿质量，各书还分别邀请相关专家作为特约审稿人，对书稿的质量进行全面把关。

相信这三套丛书的出版，将会进一步提升陕西师范大学教育学院的研究水平，为教育科学研究的百花园地增色添彩，在西北地区乃至全国也发挥良好的作用。承蒙陕西师大教育学院不弃，要我写几句话，是为序。

2009 年元月

前　言

具有 60 多年历史的陕西师范大学，近十几年来在教学、科研、学科建设等方面发生了历史转折性的巨大变化，2006 年被国家列为"211 工程"建设大学，并确定了"以教师教育为主要特色的综合性研究型大学"的办学目标。为此，学校坚持优先发展教育科学，把教育学科列入"211 工程"重点建设学科。在学校领导的大力支持和广大教师的共同努力下，近年来教育学学科建设得到快速的发展，目前设有教育学原理和课程与教学论两个博士点，同时取得了一批突出的科研成果，2008 年国家批准"面向当代教师教育的教育科学与认知科学研究"为"211 工程"重点学科建设项目，由教育学院和心理学院承担其主要任务。"陕西师范大学'211 工程'重点学科建设项目面向当代教师的教育科学研究"系列丛书，就是其重要成果之一；"教育科学研究新视野"和"教育科学研究新进展"两套丛书，也是教育学院和心理学院教师近年来研究的新成果。

"面向当代教师教育的教育科学与认知科学研究"项目确定为"当代中国基础教育与教师教育课程的理论和实践研究"、"学生学习与作业绩效的行为和认知神经研究"、"现代教育技术与西北地区教育实践研究"三个主要研究方向。

"当代中国基础教育与教师教育课程的理论和实践研究"方向的主要任务是通过对中国当代教育实践和教育思想变革的根源、动力、内容和历程探讨，阐明中国当代教育思想和教育实践变革的价值追求和发展方向。通过对中国当代基础教育及其新课程改革与教师教育改革和发展的研究，形成适应并引领我国基础教育发展、新课程改革和教师教育发展的理论，主要内容涉及当代中国教育本质、教育价值、教育目的、课程、教育技术的哲学变革，教师教育体制改革和课程改革，教师教学专业可持续发展的路径与策略，基础教育课程改革、课堂教学模式重建及其从传统教学方式向新型教学方式转变等。

"学生学习与作业绩效的行为和认知神经研究"方向的主要内容包括：第一，应用认知神经科学与人因学研究。该研究在继续发挥空间认知基础理论研究的国内领先水平和优势基础上，结合认知神经科学技术手段，积极开展有关教育心理学研究。第二，学习与记忆的神经机制研究。该研究采用分子生物学的方法，探索学习和记忆的神经机制，在深入探讨学习与记忆的分子学基础上，通过脑成像技术，开展系列学习与记忆的脑机制研究。第三，心理发展与健康的脑与行为机制研究。该研究主要拟突破的重点问题是情绪障碍、注意缺陷多动障碍的神经基础，网络成瘾、问题行为的神经生理机制，情绪发展的神经生理学基础等。

"现代教育技术与西北地区教育实践研究"方向的主要内容包括：信息技术促进教师专业发展的理论与实践研究，西北地区教师教育信息资源建设理论与实践研究，信息技术与课程整合的有效模式研究，西北地区教师教育数据库建设，教育信息化的基本理论与对策研究等。该研究对在西北地区中小学普及信息技术教育，实现信息技术与教学过程的有机结合，建立完善的信息技术基础课程体系，推广新型教学模式，优化课程设置，丰富教学内容，提高师资水平和教学效果，全面推进素质教育有重要的意义。

首先感谢我国著名教育家顾明远先生对我们的关心和厚爱，

老先生不辞辛苦欣然为本丛书作序，使后学晚辈倍感荣幸和鼓舞；同时，对我校发展规划与"211 工程"建设处、教务处和教育科学出版社、中国社会科学出版社、陕西师范大学出版社的各位同仁为本丛书出版的支持和辛劳表示衷心感谢！我们也期盼本丛书能对我国教育理论与实践的发展产生积极的影响，并诚恳欢迎专家、学者对存在的问题提出宝贵意见。

编委会
2009 年元月

目　录

第一章　导论

第一节　教学与教育的关系

学理是做学问的一般道理和基本思维方式，教育学的学理是教育学研究的一般道理和基本思维方式，教学哲学的学理是以哲学方法研究教学的一般道理和基本思维方式。研究教学哲学首先要研究教学和教育的关系。

一　教和学的关系

人与动物的根本区别在于人有思想、有理性，能进行复杂的学习，并通过学习创造文化，创造自己。人是知识的存在，是认识世界形成知识和应用知识改造世界的存在。人的学习有自主学习和指导学习，教育是指导学习，是教和学的有机统一。人和动物都不仅可以学习，而且都有自在的学习。但人不受教育就不能成为人，受了教育就可以成为人，动物不受"教育"还是动物，受了"教育"也不能成为人。这一方面说明动物无论是否学习都不具有发展成为人的可能性的生理机能，人虽然具有成为人的可能性的生理机能，但"狼孩"的例子说明，如果只有自主学习没有指导学习也不能成为人——正常成长的人。人的学习是在指导学习基础上的自主学习，指导学习是自主学习的基础。教育是指导学习。

人既可通过对主客体对象的直接反映学习，也可以通过继承和发展别人的认识成果学习，通过与别人交流学习。人的学习既有内容的不同，也有水平的不同。具有不同内容和不同水平的经验的人间交流其实就是指导学习。教育的起点是教学，教育的终点是成人。教学无论自内容、形式和具体目标上有多大差别，但在通过教学使对象成为人这一终极关怀和最高价值上是共同的。教是由于需要学而不是相反，教是为了更好的学而不是相反。教育起源于人类生存和发展的需要，起源于为了生存和发展必须学习的需要，教的目的是学——学习者的生存和发展，而不是教。学是为了生存和发展，教是为了不教——为了学习者自主的学和自主的生存、发展。教育的目的是提高学习的效率，是使不成熟的人，不能自主学习和生存、发展的人尽快成为成熟的人，成为能自主学习和自主生存、发展的人。

二 教和育的关系

教育是有"教"之"育"，是通过教之育，而不是无"教"之"育"。"教"无论是教授、教养、教唆、教育都包括传授、指导、劝解等，"育"则包括培育、养育、教育。培育、养育是生物性的，教育则是人类性的。只有人能够教育，需要教育，通过教而育。动物只需要也只能够培养、养育，而不需要也不能够教育。

虽然教和育紧密联系，教需要育，育需要教，不可能有任何"无教学的教育"和"无教育的教学"，但教和育还是有区别的。教倾向于从外到内，育倾向于从内到外。教虽然也要焕发内在动力和潜能，但最终目的是外在知识内化。育虽然也需要外在地"给予"，但最终目的是内在潜能达到充分发挥。

"教"相对应的是"学"，"育"相对应的是"长"。教是为了学，为了学习。育是为了长，为了生长。教学也是为了生长，但生长不一定需要教学，或者说教学只是生长的一个条件，不是全部条件，甚至是必要条件，不是充分条件，更不是充分必要条件。人之生长既有生物之生长，更是知识之生长，能力之生长，德性之生长，是学习之生长，教学之生长，教育之生长，社会实践之生长。教学需要有良好社会条件，其结果也影响社会和受到社会的检验，但直接的条件和影响、评价是教学活动诸要素本身。教育的条件、影响和评价则不仅如此，而且更重要的是社会，育不仅要教，还要依赖和提供良好的教学设施、学校环境和社会环境等。教学育人或者教书育人、管理育人、环境育人、服务育人，地灵出人杰，时势造英雄都说明教学和教育，特别是教和育是不同的概念。教可以育人，但育人不一定就是教。我们可以说凡教学都有教育性，凡教育都有教学性，但不能说凡育人都有教学性，育人既要育智、育德，也要育体，身体的成长与教学教育有密切关系，但也与营养、锻炼有密切关系，更多的是一个自然生长的过程。相对而言，教的效果快速而显见，育的效果则缓慢而隐现。

教和育的不同也体现在德智体都可以育而不能教，因此有德育、智育、体育或者育德、育智、育体等概念而没有教德、教智、教体或者德教、智教、体教等概念。德智体都需要教，但教只是德智体知识的传授，只是它们的重要基础或者核心环节而不是全部，教育还包括兴趣、情感、能力的形成。兴趣、情感、能力只能在教和学的过程中形成，只能育而不能教给或者交给。从教书和育人的关系和"教：上所施，育下所效，育：养子使作善"的关系讲，教是"价值中立的"，是纯理性的，育是充满价值倾向的，是实践理性的。

三　教学和教育的关系

教学至少有两层含义，一是指教师指导学生学习知识、发展能力和形成德性的活动；二是指教和学的活动。前者重在教，后者则重视教和学的双边或双向活动。如果说教育中的教主要是指前者的教，那么，教和育都主要是教师的活动，如果说教育中的教主要是指后者的教，即既包括教也包括学，那么，教和育就成了教师和学生的双向、双边活动。

知识的学习不同于能力、情感、德行的形成，前者主要是教和学，后者主要是教和育。教的方式和育的方式不同，鼓励是育人而非教，激发也非教而是育。教只能教给或者交给人如何表达感情知识、技能和方式，并不能教给或者交给人感情。富有激情的、真情实感的、生动活泼的教育可以激发和培养人的感情，但它并不是感情的源泉，至少不是兴趣的唯一或者主要源泉。人的情感发展除了教育影响外还要受家庭和社会环境的影响，甚至许多偶然因素的影响。教只能教给或者交给人如何拥有知识、技能和方式，并不能教给或者交给人兴趣，富有激情的、真情实感的、生动活泼的教育可以激发和培养人的兴趣，但它并不是兴趣的源泉，至少不是兴趣的唯一源泉。人的能力发展除了教育影响外还要受遗传等先天因素、家庭熏陶、实践锻炼、社会需要和导向的影响。教只能教给或者交给人如何形成能力的知识、技能和方式，并不能教给或者交给人能力，富有激情的、真情实感的、生动活泼的教育可以培养人的思维等认识能力，但它并不是能力的源泉，至少不是能力的唯一源泉。人的能力发展除了教育影响外还要受遗传等先天因素、家庭熏陶、实践锻炼、社会需要和导向的影响。

学校只能通过教而育，只能利用和选择先天因素、家庭熏陶、实践锻炼、社会需要和导向而育，不能完全改变其影响。教学根据教育规定的目标进行，教育则要根据社会规定的目标、社会需求进行。生活世界中的教育教学与教育教学中的生活世界的关系是"大教育"和"小教育"的关系，生活世界和大教育是基础，是方向，教育中的生活世界和小教育沿着大教育的方向发展，并使其系统化、科学化，把生活世界中的知识浓缩化，使人尽快地掌握系统化、科学化、浓缩化的知识，以其规范和引领生活世界。这就是所谓的教育的主导作用。但小教育也有可能脱离生活世界的基础和误导生活世界方向，使教育失去教化和全面提高素质的功能而纯粹变成"规训教育"①和"应试教育"。教育教学与生活世界和科学世界的关系，教育教学与学习和"后学习"的关系，教育教学与全面提高素质和应试的关系永远是必须处理好的矛盾关系。

格里高利·贝特森特别强调"后学习"。他认为，"在教与学的过程中起到主要和决定作用的是社会环境和信息传递的方式，而不是教授的内容"。他将学习的性质和方式分为三个层次：一度学习（原学习或初始的学习）、后学习和三度学习。在原学习或者初始的学习、一度学习中，教育教学内容可以被肉眼看见，得到监控和记录，甚至预先设计和规划，"但后学习可以说是一种潜在的过程，几乎不曾被意识到过，更少受到参与者的监控，只是与教育的表面主题有着广泛的联系。正是在后学习的过程中，而很少是在指定或自我宣称的教育者的友谊是控制之中，教育行为的对象获得了对他们的未来生活无与伦比的重要技巧。这些技巧甚至比包括在书面或未经预先设计的大纲中的、最仔细的提前选择的零零碎碎的知识还要重要"。"在后学习过程中获得的习惯有用还是有害，与其说依赖于学习者的勤奋和天分以及教师的潜能和一丝不苟的教风，倒不如说依赖于学生在其中生活的世界的种种特征"。还指出"'三度学习'就是学会如何打破常规性；如何摆脱习惯并防止习惯化；如何把零碎的经验碎片整理成为迄今为止不为人们所熟悉的模式"。"它远不是对教育过程的歪曲和对其真正目标的偏离，而是获得一种最高的适应

---

① 金生鈜：《规训与教化》，教育科学出版社2005年版，第1页。

价值，并且迅速成为'生活中必不可少的技能'的核心"①。

什么是教学，为什么教学，怎样教学既是教育学问题，也是哲学问题，是世界观问题，是人的本质观、价值观问题。教育问题归根结底是形成人的问题：形成什么样的人的教育目标问题和怎样形成人的教育方式问题。人本来是什么和应该是什么规定教育形成什么样的人。人怎样形成和应该如何形成规定教育采用什么方式形成人。人对教育的本质认识不同，则对教学的本质认识也不同，形成的教育教学实践活动也不同。人和教育都既是实然的也是应然的，是实然和应然的统一。然而，关于人和教育本来是什么和应该是什么自古以来就有许许多多不同认识，教育哲学就是要研究这些许许多多不同观点的特点和根源，通过分析、比较、综合和概括等思维过程寻求不同教学理论的合理性解释，构建合理性教学理论和实践。

第二节　教学哲学学理

一　教学哲学的对象

教育学是研究教育存在，揭示教育发展合理性的科学。教育存在包括教育现象和教育思想，教育合理性包括教育发展的合目的性与合规律性。教育学包括教育哲学、教育科学和教育实践学，教育科学的研究对象是教育现象，教育哲学的研究对象是教育思想。教育科学的任务是揭示教育规律，教育哲学的任务是反思教育思想的前提，通过教育思想的前提反思揭示教育发展的合理性。

教育学的对象是教育存在，但不等于教育存在都是教育学的

---

① ［美］格里高利·贝特森特著，范祥涛译：《个体化社会》，上海三联书店2002 年版，第 154—156 页。

对象，教育存在是发展的，发展不仅指教育现象、教育事实和教育思想本身随着人的认识和实践的发展在发展，也指人们认识的角度不同，关注的重点不同，研究的深入程度不同，采用的方法不同而使得教育存在也在不断发展。任何教育事实从静态角度看，它们是客观的，但从动态和发展角度看，它们都是客观和主观的统一，甚至都是价值事实，是在一定思想影响下形成的事实。而如果没有人们根据一定的思想和价值体系对客观的教育存在加以观照时，这时的教育存在便不会构成教育学的对象，事实和思想难舍难分，研究事实就必须研究影响事实形成的思想，否则就是就事论事，就找不到事实形成的根源，就不成其为研究。事实都是历史的和现实的，但思想既有历史的、现实的，也有未来的，思想中论述或者设想、描绘、描述的未来的目标和事实在历史和现实中是不存在的，但关于论述或者设想、描绘、描述的未来的目标和事实的思想在历史和现实中是存在的，它对教育发展也有重要影响。"科学正在重新发现时间"，并认为，时间是延伸过去和未来的大道而不是循环的重演，是我们走向未来而不是未来向我们走来①，未来对现实的拉动比历史对现实的推动更有力，因此也是教育学研究的重要对象。

教学哲学的研究对象与教育学、教学论、教育哲学的研究对象既有联系又有区别。教育学是教育学科的入门学科或者基础学科，教育学原理是教育学的深化，它们涉及的教育教学、德育、智育、体育以及其教育社会、教育育人的身心发展等内容，研究方法是综合的，包括哲学、社会学、经济学、自然科学等方法，研究对象是最一般或者最基本的教育存在。教育哲学、教学论、课程论、教育史、教育社会学、教育经济学等是教育学的分支学

---

① ［苏］伊·普利高津、伊·斯唐热著，曾庆宏、沈小峰译：《从混沌到有序——人与自然的新对话》，上海译文出版社1987年版，第14、27页。

科，是教育学的细化和深化，研究方法是教育学研究方法和哲学研究方法、知识论、认识论、史学、社会学、经济学等研究方法的结合，其研究对象是在一般教育存在中更多凸显和蕴涵哲学意义的教育存在，更多凸显和蕴涵知识论意义、认识论意义、史学意义、社会学意义、经济学意义的教育存在。教育哲学是教和育的哲学，教学哲学是教和学的哲学，既是教育哲学的细化和深化也是教学论的细化和深化，是从哲学角度对教学的研究。教学哲学也不完全是智育哲学，因为教学是德育、智育、体育的基础，也是途径。

教学哲学是教和学的关系的哲学，教育哲学则是教和育的关系的哲学，教育不仅通过教学而育人，而且要通过提供良好的学校和社会环境育人，所以需要更广泛的条件，教育哲学研究的内容也比教学哲学范围更广。教学哲学的主要任务是研究为何教和学，教学什么，如何教和学，教育哲学不仅如此，还要研究谁来教育和教育谁，教育发展的社会条件，教育发展的规模、速度、结构、投资等有关的哲学问题。教学哲学既是教学论的分支学科，又是教育哲学的分支学科。

二 教学哲学的任务

教学哲学的任务是揭示教和学关系及其发展的合理性，教学合理性包括教学的合目的性与合规律性。思想有抽象的思想和想象的思想，抽象的思想无论是否符合目的和规律都是对已存事物的反映，想象的思想无论是否符合目的和规律都是对未来事物的构想、希望、企求、追求。哲学是要通过对思想的揭示实践活动的合理性——人类行为的合理性。教学哲学是揭示教和学关系的合理性。

哲学是创造之科学，哲学是反思之学问，哲学是对世界的整体的认识，是教育世界或者教育活动的世界观，哲学是智慧学，是爱智之学。教育哲学是对教育世界或者教育活动的整体的认识，教育哲学要对教育世界和教育活动进行整体认识就必须通过认识教育思想来实现。教育既是现实的，也是历史的和未来的教育。任何现实的教育都不能不受历史的教育和未来的教育的影响。没有历史就没有现实，没有未来也没有现实。整体的教育是历史的教育与现实的教育和未来的教育有机结合的教育。同样，整体的教学也是历史的教学与现在的教学和未来的教学的历史的有机结合的教学。教学存在是教学现实事实和教育思想的结合，而任何教育教学事实、行动都是有思想渊源的，都是由思想支配的，教学哲学要研究教学事实和教学行动，但不是就事论事，而是寻找教学事实和教学行动的思想渊源、思想依据，因此，教学哲学是以教和学及其相结合的教学的思想为对象。任何一个人都不可能从事所有的教学活动，甚至也不可能研究所有的教学事实，但他完全可以研究所有教学活动依据的教学思想和所有教学事实形成的教学思想依据，通过对教学思想的研究形成教学世界观，也只有通过对教学思想的研究才能对教学进行整体的认识，形成整体的教学观或者教学世界观。

教学关系的合理性首先是合目的性，教育的本质、目的和任务是形成人，教学是通过传授和学习知识，形成能力和良好思想品德形成人，但人是什么，人应该是什么，不同的哲学观有不同的认识。教育问题归根结底是形成人的问题：形成什么样的人的教育目标问题和怎样形成人的教育方式问题。人本来是什么和应该是什么规定教育形成什么样的人。人怎样形成和应该如何形成规定教育采用什么方式形成人。无论人本来是什么和应该是什么，无论人怎样形成和应该如何形成，教育教学都是形成人的，都要遵循教育教学的一些基本规律和规则，但对人本来是什么和应该是什么，人怎样形成和应该如何形成认识不同，则确定的教育教学目标和遵循的教育规律和规则也很不相同。规律和教育规律既有客观性、必然性和刚性，也有选择性、发展性和弹性，规律不能自觉为目的服务，但却为目的而选择，通过人的选择为目的服务。不同的目的需要遵循不同的规律，不同的规律为不同的目的服务。教育教学本质的形成是教育主体确认自我价值、目的与选择教育教学规律的建构性实践过程。教学哲学的任务就是分析教育教学目的和规律的关系，揭示确定教育教学目的和遵循教育教学规律的哲学基础，提出不同的教育教学目的需要遵循的不同规律合理性，揭示教和学关系的合理性。

三　教学哲学的方法

哲学的方法不仅是反思，而且是前提反思，前提反思是对思想前提、根源、根据、起点、支点的反思。教育哲学是对教育思想的前提反思，其方法是哲学的方法，哲学的方法就是反思的方法。那么，什么是反思，哲学和教育哲学为什么要用反思的方法，这是认识教育哲学的方法和性质、对象、任务首先要回答的问题。

（一）哲学反思的实质

哲学是关于世界观的学问，是对世界的整体认识。哲学是通过反思认识世界，哲学的思维方式是反思。反思，即后思、反过来思考、回头看。至少包括日常反思、科学反思和哲学反思三层含义，常识概念的反思即反省，主体对自己的思想和行为的评价和检查。相对于常识的科学反思是思想的自我反思，即主体对思想的思想，对认识的认识或理论的理论。"思想的自我反思有两个基本层次：一是思想对自己的思想内容的反思，二是思想对构成自己的根据和原则的反思。前者是普遍地存在于各种思想活动中的思想的自我反思，后者则是属于哲学层面的哲学反思"。相对于哲学的科学反思是把思维和存在的统一性作为"理论思维的不自觉的和无条件的前提"，不去反思思维和存在的关系问题，追求理论思维的前提。而哲学反思则是思想对思想的前提反思或前提批判，是把理论思维的前提本身作为追问、质疑和反思的对象①。思想的前提是构成思想的根据，推演思想的逻辑支点，评价思想的尺度和检验思想的标准，也是哲学反思的真实对象。哲学对其思想对象的前提反思或批判也就是对其思想根据、支点、尺度和标准的反思。

（二）哲学反思的意义

1. 反思是哲学的本性，哲学的天命

哲学是智慧，是爱智，是对智慧的追求和追问，把智慧当作反思和探究对象的学问。智慧需要知识，但又不等于知识，智慧是运用知识分析和解决问题的能力。黑格尔认为："哲学的事实已经是一种现成的知识，而哲学的认识方式只是一种反思，——意指跟在实事后面的反复思考。"② 马克思说的"历史从哪里开始，思想进程也应当从哪里开始"③。列宁说的"在科学上是最初的东西，也一定表现为历史上最初的东西"④，也包含哲学是一种反思思维方式的意思。一般说，科学的发展是"线性的"知识积累的过程，学习和利用某一领域的科学成果未必都要了解这门科学的历史，因为它的最新成果就凝聚在当下的某种载体之中。随便一所现代医学院的学生所拥有的知识都使得古代医学始祖难以相比。而哲学的"进步"则完全不然，历史上哲人们对各种各样的哲学问题的解答都具有"平等的"价值。即使是当代哲学大师也不敢说他们在思维水平上比柏拉图（Platon.）和亚里士多德高明多少。而且哲学家们通常思考的都是带有根本性的问题，他们对问题思考的都很"根本"，把解决问题的方式推

---

① 孙正聿：《哲学通论》，辽宁人民出版社1998年版，第147、176页。

② ［德］黑格尔著，贺麟译：《小逻辑》，商务印书馆1980年版，第7页。

③ 《马克思恩格斯选集》第2卷，人民出版社1995年版，第43页。

④ ［苏］列宁：《哲学笔记》，人民出版社1993年版，第88页。

向了极端，或者说这条解决问题的道路已走到了极端，后人要解决类似的问题就不能再走老路，只好另辟新径。但为了汲取前人的智慧必须将前人走过的路都再重新走一遍，把人类精神已经思考过的东西再重新思考一遍，然后才有资格选择和开创自己的新路。因而可把哲学看作今人对古人思想的回忆，人类自己对自己思想的反思①。反思是后思，是对发生了的事实的思考。哲学就是哲学史，就是对人类思想的反思史，但又不只是对历史的考证和记忆。

2. 哲学反思既是学科分化的结果，也是科学发展的要求

在古代，各种知识都包罗在统一的哲学之中，作为"知识总汇"的哲学必然是以整个世界为研究对象，也不可能明确提出和探讨有别于自然科学研究方法的自己的研究方法：把思维和存在的关系问题当作反思对象的方法。近代以来，随着科学的迅猛发展和人们对世界认识的不断深化，自然、社会和思维逐渐从哲学中分离出去成为各门学科研究的对象，哲学不仅不可能也没必要再承担起通过对整个世界研究来发现普遍规律的任务。科学的发展为哲学通过对科学研究成果的审视和反思完成对世界整体及其普遍规律的认识，既提供了可靠而有效的条件，又提出了义不容辞的强烈要求。这正是：当哲学企图坚守自己的固有领地，即哲学直接把自然、社会和思维整个世界作为自己的对象时，它越来越感到力不从心和"无家可归"。相反，哲学被"驱逐"出固有的领地后，把科学成果或科学思想甚至关于世界的全部思想作为自己审视和反思的对象时，它却真正达到了"四海为家"和"左右逢源"。②

科学和哲学都有知识体系、思维方式和价值规范三重内涵。

---

① 张志伟、欧阳谦主编：《西方哲学智慧》，中国人民大学出版社 2000 年版，第 6 页。

② 孙正聿：《哲学通论》，辽宁人民出版社 1998 年版，第 155 页。

科学和哲学甚至常识都有为人们描述世界图景、提供思维方式和价值规范的作用，只不过是水平和方式不同而已。"常识具有经验性、表象性、有限性和非批判性等特征。科学和哲学具有超验性、概念性、无限性和批判性等特征。"① 经验及其概念总是围绕表象旋转和转移，是以表象把握世界的。科学和哲学不是对常识的延伸和变形，而是对常识的超越，是以理论思维及其概念方式把握世界，是表象围绕概念旋转和转移的。思维和存在的关系问题是科学和哲学的共同对象，但科学和哲学对思维和存在关系问题研究的任务和方法则不同。科学的任务是构思，构思以客观世界为认识对象，以主客观的统一和构成关于"存在"的某种"思想"为任务。"不管是数学和自然科学，还是社会科学和人文科学，它们都'不自觉的和无条件的'把思维和存在的同一性当作自己认识世界的'前提'"，"当作不言而喻和不证自明的东西，而去进行生产、经验积累、科学探索、技术发明、工艺改进、艺术创新、政治变革、道德践履等等"。构思思想是人类全部认识活动的维度。但哲学的任务不仅是构思而且还要反思，通过反思而构思。反思以思想为对象，以追问思想的根源，揭示思维和存在之间的矛盾，对各种关于"存在"的"思想"进行反省和批判为任务。科学和哲学的关系或区别不是"区分对象"、"剥离职能"和"划清领地"，而是以人的认识和实践活动为中介实现思维和存在相统一的思想或构思与把思维和存在的关系当作"问题"来研究，对科学研究结果——思想进行反思的关系或区别②。"正是思维对存在的这种反思关系，构成了人类思想的哲学维度，决定了哲学思维方式的根本特征。然而，哲学自我理解中的最大问题，却莫过于以'非反思'的方式去理解和解释'哲学'及其'基本问题。'"③ 笼

① 孙正聿：《哲学通论》，辽宁人民出版社 1998 年版，第 82 页。
② 同上书，第 95、148 页。
③ 孙正聿：《反思：哲学的思维方式》，《新华文摘》2001 年第 5 期。

统的把思维和存在的关系问题当作哲学研究的对象就是没有把哲学的方法当作反思的方法而当作非反思思维方式的反映。

3. 反思是哲学思维的自觉，是哲学走向成熟的重要标志

哲学反思有对"构成的思想"、"构成思想的活动"和"构成思想的思维方式"的反思三个层次。黑格尔认为，"反思以思想本身为内容，力求思想自觉其为思想"①。元科学的发展把反思提到了重要地位，但元教育学的反思似乎只是对学科形式及其语言、概念和体系的反思，或者说只是对教育学的内容的反思，而不是对形成教育学内容思想根源或根据、前提的反思②。哲学的方法是反思的方法，如果教育哲学要运用哲学方法就应该运用哲学的反思方法去追问教育思想的根源，揭示教育思维和教育存在之间的矛盾，把对各种关于教育"存在"的"思想"进行反省和批判作为任务，它要表征某种思想，引导人的行为。但又不是构成关于"存在"的某种具体的"思想"。反思思想的内容和反思思想的前提都是哲学、教育哲学思维自觉和走向成熟的重要标志，但其自觉性水平和成熟的标志水平是不同的，前者只是低水平的自觉和成熟，后者才是高水平的自觉和成熟。

（三）哲学反思的特点

1. 哲学反思的显著特点是前提反思

思想的前提是构成思想的根据和原则、推演思想的逻辑支点、评价思想的尺度和检验思想的标准，也是哲学反思的真实对象。哲学对其思想对象的前提反思或批判也就是对其思想根据、原则、支点、尺度和标准的反思。哲学既要"寻求最高原因的基本原理"，"提供一切知识的基础"，"发现生命的意义"，"使人崇高起来"，又是对"自明性"的分析，对习以为常、不言而

---

① ［德］黑格尔著，贺麟译：《小逻辑》，商务印书馆 1980 年版，第 7、39 页。
② 唐莹：《元教育学》，《教育研究》2001 年第 2、3 期。

喻、不证自明问题的追问。"科学的特点是把复杂的东西变简单，而哲学则是把简单的东西变复杂。"① 任何思想都蕴藏着构成自身的世界观、认识论和方法论的根据和前提，思想前提具有普遍性。人类历史形成了极其丰富的思想，思想前提具有多样性。思想前提似"看不见的手"那样具有隐匿性和经验规范的强制性。思想前提的普遍性、多样性和强制性使哲学前提反思具有选择性、批判性、可能性、必要性和相当难度。"只有通过哲学反思，才能超越对思想内容的反思，而达到对构成思想前提的反思；也只有通过对构成思想的前提的反思，才能揭示出'隐匿'在思想过程和结果中的'前提'，并以哲学批判的方式去解除这些思想的'逻辑强制性'，从而使人解放思想，创立新的思想。"使思维揭示事物的本质，使思想实现逻辑层次的跃迁②。哲学的前提反思决定了哲学反思的特点。

2. 哲学反思还具有超验性和思辨性

哲学不是直接对经验的思考，而是对经验对象的"思想"的思考。概念是思想的细胞，是反思的基础。思想总是思想对象的思想，"意识在任何时候都只能是被意识到了的存在"③。"观念的东西不外是移入人的头脑并在人的头脑中改造过的物质的东西而已。"④ 教育哲学的超验性反思不能脱离教育实际，但是也不能囿于教育实际。

3. 哲学反思还具有综合性

哲学要经过各种思想的相互撞击和"对话"才能实现，通过对话性反思使含混的思想澄清，杂混的思想有序，混淆的思想明确，有用的思想凸显。教育科学研究的主要方式是观察、实

---

① 孙正聿：《哲学通论》，辽宁人民出版社 1998 年版，第 168—187 页。

② 同上书，第 5—7 页。

③ 《马克思恩格斯选集》第 1 卷，人民出版社 1995 年版，第 72 页。

④ 《马克思恩格斯选集》第 2 卷，人民出版社 1995 年版，第 112 页。

验、试验、统计等，并认为这才是科学和客观的方法。但波普尔等人的理论则不同意"科学始于观察"的传统观点，他们认为观察总是有选择的观察，观察渗透理论，理论具有先导性。因此说科学起源于问题而不是开始于观察。问题就是疑难、困惑、矛盾，是客观存在在主体意识中与主体思想（价值）相冲突。提出问题就是提出新的理论假设，解决问题是认识活动的起点，问题是矛盾，是促进理论产生，推动科学发展的动力。科学的发展在于发现问题、提出问题和解决问题。发现问题就是找到传统理论的问题，就是证伪传统理论，创新和确立新的理论。认为凡是理论只要是科学的，就必须是能被经验证伪的；证伪是任何科学理论的必然命运。因此，理论工作者要敢于犯错误，从错误中学习，失败是成功之母，错误是科学和哲学理论研究和产生的必要条件。理论工作者要具有批判精神，要具有否定精神、革命精神和创新精神，通过各种思想的交流、碰撞而形成新理论的勇气和能力。

4. 哲学反思最本质的特性是批判性

哲学是对思想否定的思考方式，反对思想因躺在无人质疑的温床上睡大觉而停止、倒退和腐烂、发臭。实践是检验思想真理性的唯一标准，哲学的反思以概念为起点，以思想的真理性为终点，以实践的检验为标准，但它也要反思影响实践的思想，批判实践，超越实践①。伽达默尔认为，"一切实践最终含义，就是超越实践本身"，而"理论就是实践的反义词"，"对理论的赞美构成了对实践的反驳"。反思思维也是揭示矛盾的辩证思维和实践思维。教育哲学是教育学的矛盾论、辩证法和实践论。"观察渗透"理论还认为，"观察"总是作为历史文化存在的人的观察，人总是以自己的历史文化为背景而进行观察，因此，"没有

---

① 孙正聿：《哲学通论》，辽宁人民出版社 1998 年版，第 175—176 页。

中性的观察"，"观察总是负载理论"，"观察总是被理论'污染'"。哲学解释学认为，人所创造的"语言"并不是一种工具，而是人自己的生存方式，由"语言"构成的历史与现实之间、"历史视野"与"个人视野"之间，时时存在一种"张力"；人既在历史中接受也在历史中更新"理解"的方式；历史文化对个人的占有与个人主体意识活动的统一，既构成理解方式的更新即历史的发展，也构成历史发展中"合法的偏见"。人类的实践活动总是以某种"合法偏见"为前提的。教育事实无论被看做为物质和言行外现的事实还是被看成思想的内隐事实都受到理论的"污染"，都具有"合法的偏见"和一定的价值问题①。现当代解释学不否认世界事物的本体存在及其规律，但更注重主体对事实、现象的理解、解释。教育既是一种必然的存在，也是一种自为的存在，是必然性和自为性的统一。反思其实质就是建构合规律性与合目的性教育的思维认识方式。教育科学只关心对教育事实的概括和顺应（包括适应和促进），不关心对教育事实的批判、质疑和反思，这至少不是教育学研究的全部目的、任务和方法。

5. 哲学的另一明显特点是实践性

教育哲学也有如是特点，是人研究教育问题的世界观和方法论，是教育的最高原因的基本原理、教育知识的基础。教育培养高尚的人是教育的根本问题，追问教育的意义与研究教育的根本问题等质同价，教育哲学的任务就是寻找这些根本问题的思想根据或根本原因。教育哲学和教育科学的区别是明确的，而教育哲学家与教育科学家则是就主要倾向而言的。完全不研究教育科学问题的教育哲学家和完全不研究教育哲学的教育科学家是不存在的。教育哲学要研究教育思想史，但不仅是对教育思想的考证、

---

① 孙正聿：《反思：哲学的思维方式》，《新华文摘》2001 年第 5 期。

记载，更是对教育思想的历史反思。彼得斯决心建立一个为教育工作人员这个职业所能接受的教育概念，并在此基础上，建立一个获得了自主的教育哲学。教育哲学不把教育理解为去寻找种种"外在目的"，不把教育理解为达到这类外在目的的工具，而把教育理解为由教育人员与受教育者共同参与的、相互作用的活动。教育哲学应该致力于探索哪些活动属于有价值的活动，"对教育目的的怀疑，将会使人们致力于研究什么活动最有价值，而不是去探寻外在于教育的种种结果"①。

我国学者根据亚里士多德的思想认为，教育哲学是实践的哲学，是实践的智慧。实践是人们根据自己的价值观进行的合目的和合规律的行动，教育是人们根据自己的教育价值观进行的合目的与合规律的形成人的活动或者成人的活动。教育哲学是关于流动的"活"的教育实践的意义的理解和诠释，它所追求的知识形式乃是在理论的普遍性和实践的特殊性之间起中介作用的实践智慧——教育智慧。它是对教育意义、教育理想、教育关系、教育方式、教育目的的追求和审视，据此在具体的教育情境中对教育行动的明智选择。教育智慧不是客观的理论，而是理想、信念、原则和规范。不是在实践中被应用，而是对实践的整体的引导。不是抽象的原则体系，而是具体的行动。不是关于"教育是什么"的理论，而是关于"教育应该是什么"的理论和实践行动，是关于教育是什么和应该是什么的统一的理论和行动②。

教育哲学是教育学与哲学的交叉学科，既可作为教育学的分支学科，也可作为哲学的分支学科。但教育哲学无论是作为教育学的分支学科还是作为哲学的分支学科，它研究的问题无论是教育学中的哲学问题还是哲学中的教育学问题都应该看做是教育问

---

① 周浩波：《教育哲学》，人民教育出版社 2000 年版，第 74—94 页。
② 金生鈜：《教育哲学是实践哲学》，《教育研究》1995 年第 1 期。

题。从实践与理论的关系看，教育活动和教育学中的哲学问题是因为教育活动和教育学的存在而存在的，不是因为哲学的存在而存在的。哲学是在人类实践活动基础上形成的关于世界的整体观点，教育学和教育哲学是在人类教育实践活动基础上形成的系统教育理论，没有包括在人类实践活动中的教育实践活动就没有教育学和教育哲学。教育实践活动是教育哲学的基础。从哲学和教育学、教育哲学的发展关系看，虽然哲学的产生发展先于教育学和教育哲学，但没有教育学的产生和发展就不会有教育哲学。由此可见，教育学是教育哲学的基础。教育哲学是教育学与哲学的交叉学科，教育学与哲学之所以能够交叉就是因为它们在对象、任务和方法上有相似性或者同一性。否则就不能交叉。但教育学、教育哲学与哲学的对象和任务的交叉只能看做在一定程度上的一致性，而不能看作完全的同一性，显然不能把教育学和教育哲学的对象和任务作为哲学的对象和任务，同样也不能把哲学的对象和任务看做是教育学和教育哲学的对象和任务。

　　然而，虽然也不能把教育学的方法作为哲学的方法，但完全可以把哲学的方法作为教育学的一种重要方法，特别是完全可以把哲学的方法看做是教育哲学的方法。教育哲学是研究教育问题的学科，研究教育问题的教育哲学与研究教育问题的其他教育学科有什么区别也是确定教育哲学学科能否成立的重要标志。教育哲学与其他教育学科之间的具体研究对象和任务是有区别的，因此也应采用不同研究方法。几乎所有的教育哲学都认为教育哲学是应用哲学的方法研究教育问题的学问，哲学的方法是反思的方法，因此，应用哲学方法研究教育问题的教育哲学的方法也应该是反思的方法。

　　哲学和教育哲学反思的特点也适用于教学哲学，教学哲学是反思教学目标、价值、内容、方式、关系等的思想依据、逻辑支点和实践标准学问，反思同样是教学哲学的本性和天命，是教学研究发展的需要和要求，是教学研究成熟的重要标志。教学哲学反思同样具有前提性、批判性、综合性、超验性或者思辨性和实践性等特点。教学哲学不同于教学论，不是像教学论那样研究具体的怎样教、怎样学和教什么、学什么，而是要研究为什么这样教和学而不是那样教和学，不同的教和学的目标、价值、内容、方式、关系等的思想依据、逻辑支点、理想追求、人性假设和实践标准。

第三节　教学哲学的发展和体系

一　教学哲学思想的发展

教育的最基本活动是教学，教学是教育的本体，任何人研究教育就不能不研究教学，研究教学既要从科学视角研究教学的合理性，又要从哲学视角研究教学的合理性。教育哲学思想在古代教育思想家的著作中不仅都有充分的体现，而且古代思想家主要是从哲学角度研究教学的。相反，近现代以来许多思想家则是从科学角度研究教学的。当然科学和哲学事实上是紧密联系的，哲学是科学假设的前提，科学是哲学思想的具体化。教育教学的假设首先是人的假设，人的认识的可能性的假设，人的教育可能性的假设，人是什么的假设，人应该成为什么的假设，人能够和可以成为什么的假设。孔子虽然提出"有教无类"，但它又是有一定限度的，因为"有教无类"是建立在人有三六九等人性假设基础上的，他认为有些人是不学而能的，有些人是学而才能的，有些人是学而也不能的，即所谓"生而知之者上也，学而知之者次也，学而不知者再其次也。"把教育对象限制在学而能者上。此后的思想家把孔子的思想发展为"性三品"，这种思想对中国的教育实践有很大影响。孟子的"性善论"人性假设和荀子的"性恶论"人性假设完全相反，因此他们认识到的教育教学规律、原则、方式也是很不一样的。

　　近现代有许多人性假设也有许多教学理论，夸美纽斯认为，上帝为所有人都安排了智慧、虔心和德行的种子，每个人都可以学习和接受教育，因此提出班级授课制、泛智教育和遵循自然的一系列教学原则。赫尔巴特认为，人性是恶的，但人又有许多兴趣，而且教育的目的是善，因此提出既有严格管教又根据学生兴趣进行教学的一系列思想和原则。行为主义相信人是刺激反应的结果，是环境的产物，在此基础上提出他的一系列教学理论。人本主义认为人有巨大潜能，又有很大主动性，在此基础上提出他的教学理论。教学理论除了以人性假设为基础外，还有知识论和认识论假设。杜威认为，知识就是经验，而经验是主观和客观的统一，经验既是认识的结果，也是认识活动和认识过程本身，"做中学"就是经验，经验必须在"做中学"。做要靠自己做，别人不能代替自己做，因此课程应该是活动的，而不是书本的。教育教学的目的是让儿童学习经验，也是儿童自己经验，儿童是教育教学的中心，儿童怎样学教师就怎样教，教师要围绕儿童转，而不是儿童围绕教师转。

　　现当代建构主义教学理论是杜威实用主义的进一步发展，它既承认事物的客观性和人类积累的文化遗产，又重视人的主观性和创造性，提出不仅知识是主客观的统一，甚至世界也是主客观的统一，强调主观知识和知识的主观性、建构性。

　　教学论和教学哲学都要探讨教学的有效性，但所有有效性都是建立在目的性的基础之上的，都是以目的性作为评价依据和标准的。教学的目标不同教学所需要的方式甚至内容就不同，教学方式是否有效的关键在于是否有利于达到教学目标，世界上没有无目标的教学，因此，世界上也不存在绝对无效的教学和绝对有效的教学。科学的教育学和教学论主要任务是研究如何根据既定教学目标很好完成教学任务，达到教学的有效性，教学哲学的任务则要通过反思分析教学目的与教学方式的复杂关系，反思和分析所谓"有效"的有效性，有效性根源、依据、支点。

二　教学哲学学科的发展和体系

教育学从其他学科中独立出来已有 300 多年的历史，教学论从教育学中独立出来成为教育学的分支学科大约只有近百年的历史，而教学哲学从教学论中独立出来成为教育学和教学论的分支学科只有几十年的历史。改革开放以来，我国的教育学研究得到很大发展，教育学研究不断细化，形成许多教育学的分支学，出版了一系列与教学哲学相关的教学论、课程论，但专门从哲学视角研究教学和课程的教学哲学和课程哲学还很少。此外，在以前，教学主要指教和学的目标、过程、方式方法、教学评价等，课程主要是指教学内容和知识体系。"课"则是教学与课程的统一。但近年来在我国，也许在国外同样，"教学"与"课程"概念逐渐趋同，甚至有"课程"概念涵盖"教学"概念的趋势。这样一来课程论与教学论就很难区别，有些人的课程理论沿用的是以前的含义，有些人则用涵盖教学论的含义。如果用以前的概念，那教学论与课程论或教学哲学与课程哲学是不一样的。如果用现在的概念，那么，教学论与课程论或者教学哲学与课程哲学就是一致的。事实上不同人的用法是不一样的，并非所有人都用以前的概念，也并非所有的人都用现在的新概念，我们只有看过其研究的内容后才能判定其用的是什么概念。

一般而言，课程论和教学论中肯定有关于课程和教学的哲学思考。但有哲学思考的课程论和教学论还不能成为课程哲学和教学哲学。只有主要从哲学角度研究课程和教学的著作才可成为课程哲学和教学哲学。威廉 F. 派纳的《理解课程》是课程哲学，小威廉姆 E. 多尔的《后现代课程观》是课程哲学，马克斯·范梅南的《教学机智》是教学哲学。但佐藤正夫的《教学原理》

和我国近年出版的许多课程论、教学论就是课程论和教学论而不是课程哲学和教学哲学。

据此标准，我们看到的中国的教学哲学近年来有周浩波、迟艳杰于 1991 年著，由辽宁教育出版社出版的《教学哲学》，张广君于 2002 年著，由甘肃教育出版社出版的《教学本体论》，张楚廷于 2003 年著，由人民教育出版社出版的《课程与教育哲学》。这几个版本的教学哲学的体系分别是：

周浩波等著的《教学哲学》共十章，第一章，教、学、教学。第二章，教：方法论的选择。第三章，教：逻辑链条中的历史凝缩。第四章，教学：关系中的一般范型与准则。第五章，教学：社会、文化因素的渗透。第六章，教学理论：规范的前提与结构。第七章，教师：职业素养的构成。第八章，学生：主体的确立与消失。第九章，课程：研究的还原。第十章，教学理论研究展望。

张广君著的《教学本体论》共十三章，第一章，教学本体论学科建设概论。第二章，教学本体论的学科领域与学术逻辑。第三章，教学存在的整体分析框架（上）。第四章，教学存在的整体分析框架（下）。第五章，教学存在的发生学考察。第六章，教学存在的形态考察。第七章，教学存在的基本职能。第八章，教学存在的演化机制。第九章，教学存在的基本属性。第十章，教学本质观：历史考察。第十一章，教学本质说：比较与反思。第十二章，教学本质论：新的总和。第十三章，教学存在的建构交往观：进展、特征与意义。

张楚廷著的《课程与教学哲学》共十三章，主要是对国外教学论或者教学哲学流派的介绍。第一章，教学与教学哲学。第二章，布鲁纳的结构原理。第三章，结构主义与后结构主义。第四章，结构主义的改造。第五章，结构课程概论。第六章，后现代课程观。第七章，课程模式问题。第八章，"五 I"课程构想。

第九章，科学主义与课程。第十章，人本主义与课程。第十一章，社本主义与课程。第十二章，重温马克思全面发展学说。第十三章，人文领域的和谐课程。

此外，还有研究教育思想家的教学或者课程哲学思想的，如张华著的《经验课程论》，这也算是教学哲学或者课程哲学研究，但只是某个侧面的教学哲学或者课程哲学研究。以《教学哲学》或者《课程哲学》冠名的研究应该是比较全面的研究。

三　本《教学哲学》的研究内容

本书基本沿用以前的概念，主要研究教学目标、教学价值、教学过程、教学方式、教学评价等，研究教学不能不涉及课程或者教学内容，但侧重点还是不同的。从本书的主要内容也能看出这个特点。

第一章：导论，包括教学哲学的学理，教学哲学的发展和体系，教学哲学的意义。

第二章：教学本质论，教学是教育之本体，教学本质的抽象和设想，教学本质的理念和行动，教学本质的确定性和发展性。

第三章：教学目标哲学，包括教学的目标是学习，教学的目标是发展，教学的目标是继承，教学的目标是创新。

第四章：教学内容哲学，包括知识和课程知识本质，知识和课程知识的类型，什么是最有价值知识和课程，课程与教学内容和教学方式，课程知识及其教学的改革和建构。

第五章：教学主体哲学，包括从主客体到主体间性的师生关系，主体间性的三重含义，师生主体间性的价值选择和话语逻辑，师生主体间性与师生主客体关系的本质区别，师生主体间性建构的原则。

第六章：教学过程哲学，包括教学过程相关概念分析，教学过程结构阐释，教学过程本质反思。

第七章：教学方式哲学，包括教学方式的本质，教学方式的类型，教学方式对实现教学目标的作用，什么是最有效的教学方式，不同教学方式对学习知识和发展能力的不同价值。

第八章：科学与人文教学哲学，包括教学的知识、能力和精神意义，科学教学和人文教学与世界观，科学教学和人文教学与价值观，科学教学和人文教学与价值理性和工具理性，科学教学方式和人文教学方式。

第九章：课程改革哲学，包括课程改革的社会文化基础，课程理念的价值选择，课程改革教育基础，课程改革中的教师与学生。

第十章：教学评价哲学，包括教学评价观的历史反思，教学评价的目标选择，教学评价的方法和内容选择，教学评价的公正与效益。

第二章 教学本质论

有了人类就有了教育，就逐渐形成人对教育的不同理解和人的不同教育理念、教育实践。教育是发展变化的，不是永恒不变的。然而，教育无论如何变化还是教育，永远具有教育之所以是教育的人类普遍性和永恒不变性。那么，教育的变与不变的关系如何，教育变化的规律是什么？深入认识此类问题不仅具有重要的学术和理论价值，也具有重要的现实和实践意义。

第一节 教育本体和教学本质

一 教育本体是不变的教育本质，教育本质是生成的教育"定在"，教学是教育的本体

事物本质是事物间的必然、普遍、内在和稳定联系，是一事物区别于其他事物的根本特点。但事物间的必然、普遍、内在和稳定联系既有绝对性，也有相对性，因此事物的本质也既有现象之间的必然、普遍、内在和稳定联系意义上的本质或者称现象的本质，也有本质之间的必然、普遍、内在和稳定联系意义上的本质或者称本质的本质。教育本质的本质是指古今中外任何不同层面的教育都共同具有的绝对和不变的必然、普遍、内在和稳定的联系，或教育区别于世界一切事物的根本特点。教育现象的本质则是指某个时代和某个区域的某个层面的教育具有的相对和变化的必然、普遍、内在和稳定的联系，或一种教育区别于另一种教

育的根本特点。不仅如此，教育本质的本质和现象的本质之间又有必然、普遍、内在和稳定的联系。本质的本质如果说它是本质，那它也不同于现象的本质，如果说它不是本质而是本体，那么这种划分不仅在思维中可以避免现象的本质和本质的本质的混淆，也有利于认识事物的绝对本质或本体与相对本质或现象本质间的根本联系，或绝对本质，即本体向相对本质即本质转化的规律。本质主义只注意到事物的绝对普遍性或本体，忽视了事物的相对普遍性或本质，结果认为事物的本质是永恒不变的，事物变化了的东西是其现象而不是其本质。反本质主义只注意到事物的相对普遍性，即不同事物有不同本质，忽视了事物的绝对普遍性，即具有不同本质的不同事物的共同本质或本体，结果认为事物的本质是永远变化的，其变化性达到同一事物的不同发展阶段和不同现存层面的必然、普遍、内在和稳定联系不可能确定和完全消解的程度，因此也就谈不上什么本质，是没有本质的。但无论是本质主义还是反本质主义，它们都没看到教育的绝对本质和相对本质之间的必然、普遍、内在和稳定联系，教育本质从绝对向相对变化的规律。然而，这恰恰是本质主义与反本质主义形成的根本原因和解决本质主义以一般代替特殊或"只见森林不见树木"和反本质主义以偏概全或"只见树木不见森林"矛盾的关键，也是教育建构论的根本思维方式。

事物的本体或事物的本质之本质至少有密切联系的两个方面的含义：一是事物的最初起始原因或终极原因，社会活动的本体不仅如此也是其最高追求或终极目标。用巴门尼德（Parmenides.）等人的话语说就是，"是者"所以为"是者"之"是"①，是概念外延之"纯有"或"纯全"和内涵之"纯无"

---

① 俞宣孟：《本体论研究》，上海人民出版社1999年版，第34—54、323—330页。

或"绝对",是自己不动却能使其他事物发展变化之终极原因或本原,是事物复杂和多样性的终极统一①。事物的本体是不变的,事物的本质是变化的,本质是本体之展开、充实、限定和具体化。亚里士多德(Aristole)认为,"某物是什么,其一义为本体与'这个',此外各义就是量、质诸云谓。一切事物都各有其'是',但其为是却各有不同,或为之基本之'是',或为之次级之是;某物之是什么?其原义所指为本体,其狭义则指其它范畴"②。黑格尔(Hegel,G. W. F.)认为,"存在只是潜在的概念",纯粹抽象的东西。"纯存在或纯有之所以当成逻辑学的开端,是因为纯有既是纯思,又是无规定的单纯的直接性,而最初的开端不能是任何间接性东西,也不能是得到了进一步规定的东西"。存在的"有"与"无"在既相对独立,又相互包含中相互过渡,达到的统一即存在的"变易"。"变易由于自身的矛盾而过渡到有与无皆扬弃于其中的统一。由此所得到的结果就是定在(或限有)。""定在或限有是具有一种规定性的存在,而这种规定性,作为直接的或存在着的规定性就是质。定在返回到它自己本身的这种规定性里就是在那里存在着的东西,或某物。"③

古今中外的教育现象千变万化,人们的教育本质理念及其实践方式千差万别,但所有教育的原初或终极起始原因都是教学,最高追求或终极目标都是形成人或成就人。如果说不同层面的教育本质是不同层面教育现象间的必然、普遍、内在和稳定联系的话,教学成人则不仅如此,还是古今中外所有教育本质间的必

---

①　俞吾金:《第一哲学与哲学的第一问题》,《哲学门》第 2 卷第 1 册,湖北教育出版社 2001 年版,第 67 页。

②　[古希腊] 亚里士多德著,吴寿彭译:《形而上学》,商务印书馆 1959 年版,第 134 页。

③　[德] 黑格尔著,贺麟译:《小逻辑》,商务印书馆 1980 年版,第 187、202 页。

然、普遍、内在和稳定联系，是教育本质的本质，教育的最高本质，教育之本体，是教育区别于自然运动和其他社会活动的根本特征。教学本体与成人本体是完全统一的，教学为了成人，成人必须教学。教育离开教学既不可能存在，更不可能成就人。但教育本体只说明和表现为教育区别于自然运动和其他社会活动的根本特征或根本存在方式是教学成人，而教育本质则不仅如此也要说明和表现为教育是如何教学和如何成就人的，是教育之变与不变的统一，是对教育本体的展开、充实、限定和具体化。教育本质的变化过程是从具有人类永恒性的教育本体存在扩展为具有特定规定性教育具体存在或"定在"、"限有"的有规律的变化过程。

二　教育首先是一种学习，是指导学习

不同时代对教育本质有不同的看法，但教育的最基本特征是不断满足社会和个人对指导学习的需要，这是教育发展的根本动力和最终目的。指导学习是教育最基本的同一性和共同特征：教育本质。学习化社会必须赋予教育以新的意义，确立教育本质新概念。

（一）教育本质与教育的归属既有区别也有联系

教育本质有属本质、自本质和类本质等不同层次。教育本质与教育的归属既有区别也有联系。教育划归到的那个属的本质是教育的一般本质，亦即属本质，是教育与自然的本质区别和与其他社会实践活动的必然、内在、普遍、稳定联系和相对的区别。如把教育看作上层建筑，生产力和文化，基本上就是从教育的属本质意义上认识教育的本质的。历史上还有人认为，教育与自然也有必然的联系，把教育本质看作生物的本能冲动和模仿。教育的自本质是教育与包括所有自然运动和所有社会活动在内的世界一切事物的根本区别。教育本质是变化和生成的，但这种变化和生成不是因为作用教育的社会政治、经济等的性质及其侧重点的变化和教育作用社会和人的对象的侧重点不同而变化和生成的，也不是由教育作用社会和人的功能及其变化决定的，而是由于教育作用社会和人的方式的不同而变化和生成的。教育作用社会和人的思维及实践方式不同，教育形成的人的思维和实践方式也不同，不同思维和实践方式的人形成的社会的思维和实践方式也不同。在这个意义上说，教育的思维方式和实践方式决定着个人和社会的思维方式和实践方式，从而也决定着个人和社会。

　　在任何社会的经济、政治和文化、科技背景下，教育首先是一种学习活动，这是教育最一般的本质，亦即属本质，既是教育与自然和其他社会实践活动的本质区别，又是教育与人的认识和实践活动的必然或天然联系，或者同一性特点。认识教育的本质不仅要认识教育的属本质，更要认识教育的自本质。教育是培养人的活动，基本是从农业社会的角度对教育自本质的认识，是古代教育作用社会和人的根本的方式。教育是造就人的活动，基本是从工业社会的角度对教育自本质的认识，是近现代教育作用社会和人的根本的方式。教育是主体间的指导学习，是从现当代信息社会和学习化社会的角度对教育自本质的认识，是现当代教育作用社会和人的最根本的方式。教育还可从不同角度或层面分为许多种类，对不同种类教育本质的规定，是教育的类本质。如上述有从政治经济角度认识的教育本质，有从生产力或经济角度认识的教育本质，还有从教育活动的层次角度认识的教育本质，如中小学教育和大学教育，德育、智育和体育等。

　　（二）从发生认识论讲，学习与教育既有一定区别又有天然联系

　　广义学习是有机体适应环境的手段，是由经验引起的比较持久的行为变化。教育中的学习是"凭借经验产生的、按教育目

标进行的比较持久的行为变化"①。人和动物都能学习，但人和动物的学习有本质区别。人之所以能成为人，人只有通过受教育才能成为人的根本原因就在于人有学习和受教育的巨大潜能和持续不断的强烈求知欲，通过学习和教育增进知识，发展能力和形成良好品德。人类文明，社会进步，国家富强和民族兴盛的根本原因也在于学习。学习，学习，再学习。学习是别无选择之选择。"不学习就灭亡"，学习失败是一切问题的问题。百年大计，教育为本与学习是人生之本，国家和民族之本的深刻含义完全一致。要提高国家实力和民族素质就必须提高国家和国民的学习效率和水平。要提高学习效率和水平就必须发展教育，因为"教育是提高学习水平的一种基本方式和手段"②。要提高教育效率和水平就必须提高学习效率和水平，因为学习既是教育的本体或本原，也是教育的目的或归宿。学习未必就是教育，教育必定是一种学习。无论就一个人的成长过程还是从人类社会发展历史说，无论就教育起源的最初意义还是从教育全部发展历史说，无论就一堂课还是从教育的全过程说，没有学习就不可能有教育。生产和学习是人的不可分割的存在原因和存在方式。人类要生存就要从事物质生产，要发展就要从事精神生产和人的自身生产。

　　学习和教育是人的物质生产、精神生产和自身生产的必要条件，普遍存在于人类生产、生活及其他社会活动之中。从横断层面讲，学习与教育、生产等社会活动是并列概念。但从时间和逻辑上讲，人的学习先于人的教育，学习是教育的最近或直接属概念，教育是学习的种概念。教育产生的过程是：首先广义教育从学习中分离出来，然后学校教育在实质上从广义教育中分离出

---

①　邵瑞珍主编：《教育心理学——学与教的原理》，上海教育出版社 1983 年版，第 13—14 页。

②　[美] 詹姆斯·博特金 等：《回答未来的挑战——罗马俱乐部研究报告〈学无止境〉》，上海人民出版社 1984 年版，第 20、53 页。

来，与学习相对应或相并列，从形式上和实质上从生活和生产中分离出来，与生活和生产相对应或相并列，既成为学习又成为生产的种概念。学习是教育的基础，教育是学习的规范和效率的提高。不论从教育的直接目的和结果还是就教育教学过程说，教育都是为了受教育者的学习。受教育者通过教育或指导学习掌握知识、发展能力、形成技能和思想品德是评价教育的唯一标准。教育者既要指导受教育者学习经济、科技知识，为其培养人，又要指导受教育者学习政治、文化知识，为其培养人，但生产或经济、政治、文化、科技等社会活动都是教育的间接或者较远属概念和间接目的、结果，把教育归属于生产力或上层建筑都是不可能的。正像手工业生产从游牧业和农业中分离出来还是生产一样，教育从学习中分离出来本质上还是学习，学习对教育永远具有本原或本体意义。教育就是从学习中分离出来由国家、社会和教育者引导和规范的学习。

联合国教科文组织教育丛书《教育——财富蕴藏其中》把学会认知、学会做事、学会共同生活（包括学会做人）、学会生存作为教育的四大支柱，并指出终身学习和教育是迈向 21 世纪的钥匙[①]。世界全民教育大会把全民教育的目标规定为："每一个人——儿童、青年和成人——都能获得旨在满足其基本学习需要的受教育机会。"[②]《学会生存》指出：既然教育对社会有如此重要的地位和崇高的价值，这个社会就应该称为学习化社会。"每一个人必须终身继续不断学习。终身教育是学习化社会的基石。"[③] 因此从根本上完全可以说，教育实践就是教与学密切结

---

① 联合国教科文组织国际教育发展委员会编著：《教育——财富蕴藏其中》，教育科学出版社 1996 年版，第 7 页。

② 联合国教科文组织国际教育发展委员会编著：《教育的使命——面向 21 世纪的教育宣言和行动纲领》，教育科学出版社 1996 年版，第 15 页。

③ 联合国教科文组织国际教育发展委员会编著：《学会生存》，上海译文出版社 1979 年版，第 240—241 页。

合的形成人的实践，教育学就是关于教与学的系统理论或科学、学问。

（三）从分类学讲，人的学习有有意学习和无意学习、自主学习和指导学习几种最基本分类，教育是指导学习

无意学习是人没有意识的获得的经验引起的比较持久的行为变化。有意学习是人有目的地获得的经验引起的比较持久的行为变化。指导学习就是教育或在教育者指向和引导下的学习。自主学习即自学，是一种学习者在某种程度上没有教育者指导条件下的或者有或者没有明确意图和目的的学习。指导学习之中和之外都有有意学习、无意学习和自主学习。指导学习中的有意学习、无意学习和自主学习当然要受社会、国家和教育者的引导和规范，指导学习之外的有意学习、无意学习和自主学习在宏观上也要受社会潜移默化的影响。指导学习教育对个人和社会发展有重要意义，指导学习之中和之外的自主学习对个人和社会发展同样有重要作用。《学会生存》指出"新的教育精神使个人成为它自己文化进步的主人和创造者。自学，尤其是在帮助下的自学，在任何教育体系中，都具有无可取代的价值"。通过教育"学会如何学习，这不仅仅是另一个口号。它是指一种特殊的教学方式"。"我们今天把重点放在教育与学习过程的'自学'原则上，而不是放在传统教育学的教学原则上"[1]。《回答未来的挑战——罗马俱乐部研究报告〈学无止境〉》指出，自主学习是学习的主要目标。当人们不论有无外界的帮助和支援，都能在自己的激励下继续学习时，"教育的自主点"才真正达到[2]。

学习除了有上述分类外，还有接受学习和发现学习，意义学

---

[1]　联合国教科文组织国际教育发展委员会编著：《学会生存》，上海译文出版社 1979 年版，第 274 页。

[2]　［美］詹姆斯·博特金等：《回答未来的挑战——罗马俱乐部研究报告〈学无止境〉》，上海人民出版社 1984 年版，第 20、53 页。

习和机械学习，维持学习和创新学习，冲击学习和预期学习，个人学习和社会学习等。这些学习相互区别相互交叉，既与教育区别又与教育天然联系。从表面看是教育决定学习，但在根本上则是不同的学习观决定了不同的教育观。因此，有学者指出，"人类的全部教育活动都是围绕知识的获得展开"。今天教育上的差别在很大程度上不是由经济、政治或者社会地位、种族偏见带来的，"而是人们的教育观念，特别是评价学习者能力的不同标准带来的。换句话说，对人类学习本质的看法左右着人们对教育的选择"①。学校的产生似乎使教育者及其对受教育者培养的重要性明显上升，但无论何时受教育者及其学习的作用都是不能轻视的。学校必须先学后校。然而事实并非完全如此。

三　指导学习既是教育本体也是教学本质

教育是指导学习，指导即教，学习即学，指导学习就是教学。如果是这样，那么，教育就等于教学，教育的本质就是教学了。这看起来是矛盾的，其实不然。教育的本质有不同层次，本体是本质的本质，但教育的本质还在变化，指导学习是教育和教学的最高本质、最一般本质。任何关于教育本质的形成和认识都离不开教学。任何教学都是指导学习，关键在怎么样教学，怎样指导，不同的指导形成不同的教学或者教学的本质，也形成不同的教育本体。教育除了本体意义上的本质外还有政治性质、生产力或者经济性质、文化性质等层面或者是教的本质，然而，任何关于教育本质的认识和形成，都不能离开教学成人本体，因此，说指导学习是教育的本体或者本质的本质与说指导学习是教学的本质是不矛盾的。甚至说指导学习既是教育的本体也是教学的本

①　王坤庆：《20 世纪西方教育学科的发展与反思》，上海教育出版社 2000 年版，第 90 页。

体也不矛盾。教学也有不同层次的本质，指导学习是教学的本体，是教学本质的本质，它是教育和教学不变的本质，最高层次的本质。教育和教学的其次本质都是随着社会和人的认识的发展而变化的，教育和教学的本质既是确定的又是不确定的，说它确定是说教育和教学永远是指导学习，说它不确定是说教育和教学在不同的社会、时代和认识理念下指导的目的、方式是很不一样的，因此，其本质也是不同的。而且，教育的本质和教学的本质相互决定，但一般而言教育本质起先导作用，首先是教育的本质决定教学的本质，对教育本质的认识不同就会对教学本质认识也不同，教学的本质则通过具体活动形成人们希望形成的教育本质。

第二节　教学本质的确定性和发展性

教育本质是教育主体在教育实践中生成和建构的，不是固有的。生成和建构都区别于固有，但生成只相对固有，并不包含如何生成，建构则明确充分表明如何生成。教育既不是没有统一规定性的任意变化的主观存在，也不是只有一种规定性的永恒不变的客观存在，而是教育主体遵循教育客观规律，根据自我需要、价值观和理想的合理性建构，是合目的性与合规律性的统一。

一　教育本质生成是教育主体确认自我价值和选择教育规律的建构性实践过程

本质是规律的本质，规律是本质的规律，遵循什么规律就形成什么本质，形成什么本质就要遵循什么规律，而规律则既是客观的又是选择的。存在之所以存在自然有存在的道理和规律，任何人都不能无限超越客观规律任意发挥主观性去创造世界和建构自身。必然是存在产生的不可避免性和发展的不可逆转性。但所有存在都不会主动袒露其本质和规律等待人去认识和实践，人的认识和实践是自觉主动的，不是盲目和机械地适应客观规律。主客观世界的本质和规律都有很大伸缩空间或可塑性、弹性和潜能。主客观世界的最大和最小弹性极限是事物发展的基本规律或刚性规律。有人类必然有教育，教育具有人类必然性和人类永恒性。但教育如何发展则是自为人的建构，不是必然、自然或自在人的自然而然的生成。在基本规律之内，人对待主客观世界的态度、方式，即人类如何认识和改造主客观世界及其教育不仅决定着人类进步及其教育发展的速度和程度，也决定着人类的本质。人的本质力量和最高价值就在于在主客观基本规律之内最大限度发挥主观能动性。人对世界的认识首先是人对自己的认识。人对自己的认识不同，人的价值追求、生存方式和发展道路也不同，人处理与自然关系和选择客观规律的态度和方式也不同。人是在不断追求和实现理想中不断探索和认识主客体世界规律，不断发展进步的。

二　教学本质的抽象性和想象性

教育本质的建构既是思维对教育事实的抽象，也是思维对教育未来发展理想及其实践方式的设想。人是历史的人、现实的人和未来的人统一的人。历史和现实对于未来都有时间先在性和重要影响作用，但人的发展并非是历史和现实向未来的自然延伸，而是自觉、自为的过程，未来对现实具有逻辑先在性。人是什么和教育是什么，不仅是过去和现在原本是什么的是什么，也是未来应该和可能是什么的是什么，甚至更可能是他（她）所希望是什么的是什么，是过去和现在原本是什么与希望未来应该是什么及其可能性间的必然联系和合理建构。海德格尔（Heidegger,M.）认为，"只要此在存在，它就筹划着"。"此在通过领会及其筹划性质获得它的建构。"① 领会是此在的展开状态，"领会的筹划活动本身具有使自身成形的可能性"②。"此在总作为它的可能性来存在"③。"整个历史也无非是人类本性的不断改变而已。"④ 教育是形成有意义人的实践，是对人的价值的发现、挖掘、形成、提升和规定。提高人的主体性是教育的最高价值追求和终极意义关怀。认识和形成教育本质就是认识和形成人的价值。追问教育是什么、应该和可能是什么的实质是追问人是什么、应该和可能是什么，我们需要什么人。古今中外对教育本质的不同认识从根本上说都源于对人的本质、价值、规律和人与自然关系的不同认识。人对自身本质、价值、规律和主体性的认识不同对教育本质、价值和规律，以及教育目的、内容、方式及其评价等的认识和实践也不同。甚至人是在确定了人应该和可能是什么后才寻找人性是什么、教育是什么的。教育在教学以外什么都不可能是，在教学范围之内什么都可能是。教育本质是教育主体、教育价值和教育规律间的必然联系及其以不同方式和结构建构的统一体。教育从本体存在到本质生成的过程是教育主体确认自我价值和选择教育规律的建构性实践过程，是人对自我本质、价值和主体性的认识和实践的发展变化过程，是教育主体逐渐由教育过程之外转移到教育过程之中，从教育者或教师转移到受教育者或学生的过程。

三　现代教育是主体间的指导学习

（一）对教育本质的现代认识

主体间亦即主体之间的关系，是现象学、解释学、存在主义

---

① ［德］海德格尔著，陈嘉映等译：《存在与时间》，生活·读书·新知三联书店 2000 年版，第 49 页。

② 同上书，第 169—170 页。

③ 同上书，第 50 页。

④ 《马克思恩格斯选集》第 1 卷，人民出版社 1995 年版，第 172 页。

和后现代主义哲学的重要概念。主体间哲学既不同于主体哲学甚至不是主体哲学，又是一种消解主客体对立和主体中心的新主体哲学。主体是既有社会性又有自主性、独特性或个性、创造性的存在。主体性是主体与客体的对应关系中表现出来的主体属性。一个人借以达到主体性的构成过程称作主体化。福柯认为，一个完整的主体由认识主体、权力主体和道德主体构成。主体间性是主体之间在语言和行为上相互平等、相互理解和融合、双向互动、主动对话的交往特点和关系，是不同主体间的共识，是不同主体通过共识表现的一致性①。胡塞尔现象学"先验主体间论"强调主体间的主观性"同化的统觉"。海德格尔存在主义"共在"主体间理论，强调"此在"的"共在"性。哈贝马斯后现代主义交往理论认为，交往是主体间的相互关系而不是主体与客体之间的单项关系。认为目的性行为、规范性行为和戏剧性行为都不是主体间关系。维特根斯坦和伽达默尔哲学解释学认为，主体间关系是在语言共同体中通过对话形成的相互理解的关系。20世纪60年代以来，后现代主义和哲学解释学竭力主张教育中主体间的交往、对话和理解，激烈批评长期以来的"无主体"教育和教育学。

与此同时，早在30年前《学会生存》就指出："教育正在越出历史悠久的传统教育所规定的界限。它正逐步在时间上和空间上扩展到它的真正领域——整个人的各个方面。由于这些方面广泛而复杂，以致无法包括在任何'体系'之内，如果'体系'是指一种静止的、无进展的东西的话。""在一个空前要求教育的时代，人们所需要的不是一个体系，而是无体系。"所谓无体系教育不是指不可能建立体系的教育，而是指不能包括在过去的

---

① 参见熊川武《论后现代主义观照的教育主体现代化》，《华东师范大学学报（教育科学版）》1998年第4期。莫伟民：《主体的命运》，上海三联书店1996年版。

任何教育体系或者任何关于教育本质、教育规律、教育原则等概念中的教育，或是指没有建立起适应时代变化的新体系及其新观念的教育，或是在强调国家要根据时代和教育的迅速变化不断及时调整和改善原有体系，使教育体系成为与时俱进常变常新的体系，社会和教育者要根据时代和教育的迅速变化不断及时变革原有教育本质观念、教育功能观念和教育规律概念，使其成为与时俱进常变常新的新观念和新概念。

新教育体系和教育新概念有许多内容，但以下概念是明确的，这就是"在这一领域内，教学活动便让位于学习活动。虽然一个人正在不断地受教育，但它越来越不成为对象，而越来越成为主体了"。"未来的学校必须把教育的对象变成自己教育的主体。受教育的人必须成为教育他自己的人；别人的教育必须成为这个人自己的教育。"教育虽然建立在客观知识的基础上，"但它已不再是从外部强加在学习者身上的东西，也不是强加在别人身上的东西。教育必然是从学习者本人出发的"①。为了充分说明这个问题，《学会生存》还在脚注中详细介绍了保罗·弗雷尔在《不平常的教育思想》中有关驯化教育和解放教育本质区别的观点。认为"在驯化教育的实践中，教育工作者总是受教育者的教育者。在解放教育的实践中，教育工作者作为受教育者的教育者必须'死去'，以便作为受教育者的受教育者重新'诞生'。同时，他必须向受教育者建议：他应作为教育者的受教育者而'死去'，以便作为教育者的教育者而'重生'。这是一个往来不绝的连续过程。这是一个谦逊的和有创造性的运动，在这里教育者与受教育者都必须参加"②。但从人们的教育本质观看，目前《学会生存》所批评的旧教育体系及其观念并未完

---

① 联合国教科文组织国际教育发展委员会编著：《学会生存》，上海译文出版社1979年版，第218—219页。

② 同上书，第191页。

全废止，所期望的新教育体系和新教育概念并未真正形成。

（二）教育本质的传统认识

人们对教育主体的认识是从自我意识较低的二元主体到极端或片面的自我意识的一元主体再到二元主体合而为一的平等主体或者主体间发展的。中国古代的学者在论述人的形成和发展时总是把教、育、学、习紧密联系，提出"学而优则仕"，"教学相长"，"学而时习之，不亦乐乎？"，"建国君民，教学为先"，"教：上所施，下所效"等治学和施教的至理名言。这既可看作他们对教育和学习的关系认识不很清楚的表现，也可作为他们看到了教育和学习密切联系的充足理由。但近代以来由于学校教育的迅猛发展使得人们几乎只看到教育的指导和培养的作用而完全忘记了教育也是一种学习及其对教育的终极意义。近现代史上除了卢梭、杜威等坚持"儿童本位论"者和皮亚杰等一些教育家外，几乎所有学者，特别是教育"社会本位论"者对教育本质的定义都没有把学习及其主体放在应有地位。

《中国大百科全书·教育》指出："从广义上说，凡是增进人们的知识和技能、影响人们的思想品德的活动，都是教育"，这个定义与其说是对教育的定义不如说是对学习的定义。教育学家奈勒也是这样定义广义教育的①。"狭义的教育，主要指学校教育，其含义是教育者根据一定社会（或阶级）的要求，有目的、有计划、有组织地对受教育者的身心施加影响，把他们培养成为一定社会（阶级）所需要的人的活动。"苏联的加里宁在《论共产主义教育》中指出："教育是对被教育者的心理上确定的有目的的系统感化，以便使他们养成教育者所期望的品质。"②日本筑波大学编写的《现代教育学基础》认为："所谓教育，乃

① 陈友松主编：《当代西方教育哲学》，教育科学出版社1982年版，第26页。
② ［苏］加里宁：《论共产主义教育》，中国青年出版社1950年版，1979年第4版，第73—74页。

是把本来作为自然人而降生的儿童，培养成为社会一员的工作。"①《美国教育学基础》指出：美国教育哲学家伊斯雷尔·谢费勒（Scheffler, I）认为，"教育在其基本意义上是世代延续的人们借以取得其历史地位的教化过程"。"人们通过教育学习当代文明，并创造未来文明。简言之，教育具有继承、参与和贡献三重目的。"② 关于教育中的学习和学习在教育中的作用，除美国学者在教育定义的非主体部分有所涉及外，其他几个国家的学者在对教育的定义中都没有提到。只有杜威很明确而肯定地把教育看成是一种学习过程或学习活动，认为教育即生长，即发展，教育就是经验学习、重组和改造的过程或者活动，经验从哪里来，在"做中学"。做中学是否为科学还有仁智之见，但它强调在教育者指导下的学习就是教育、受教育者的主体作用、教育与学习的紧密关系或内在联系则很值得肯定。

（三）现代教育本质与传统教育的区别

传统教育也不是完全不要受教育者的主观能动性，但从整体上说它是把教育者作为主体或客体来对待的。当代社会，在口头上不承认受教育者是教育和学习主体的人很少见，但这个问题在思想观念上和教育实践中并没有真正解决。实践和认识是推动人类发展的两大基本活动，除了吃饭和休息以外，人不是在实践就是在认识。教育既可看作是人的社会实践活动，也可看作是人的认识活动，抑或认识和实践统一的活动。学习本质上是一种认识活动，或者认识和实践统一的活动。站在教育者的角度，教育是培养或改造人的社会实践活动，教育者是教育实践的主体，是人的培养者，受教育者是被培养者。站在受教育者角度看，教育是

---

① ［日］筑波大学教育研究会编：《现代教育学基础》，上海教育出版社 2003 年第 2 版，第 3 页。

② ［美］理查德·D. 范斯科德等：《美国教育基础——社会展望》，教育科学出版社 1984 年版，第 40 页。

育者指导下受教育者的学习活动和认识自然、社会和人自身的认识活动，也是教育者自我改造的实践活动，受教育者是学习者，是学习的主体，教育者是被学习者。受教育者也要实践，但这种实践的真正含义还是学习：对实践的学习或学习实践。教育既离不开教育者的教，也离不开受教育者的学，就是说既离不开作为教育者这个教育实践主体，也离不开受教育者这个学习主体。教育是教育实践主体指导受教育者学习主体的一种指导学习活动，即主体间的指导学习。

在教育活动中不仅受教育者学习，教育者也学习，即所谓教学相长，但教育教学的主要和终极目标是教育者通过各种指导活动教会受教育者学习，而不是相反。既然如此，为什么不把教育定义为既重视教育者及其教的作用，又重视受教育者及其学的作用的主体间的指导学习，而定义为只强调教育者的教，轻视甚至忽视受教育者的学的"无主体"的培养人的实践活动。这恐怕不仅是一个语言表达问题，甚至不仅是一个教育观问题，而是一个具有更深层次社会思想观和价值观的问题。教育哲学认为，教育本质问题是有关教育是什么的教育事实判断问题，教育价值问题是关于教育应该是什么的教育价值判断问题，但事实上许多教育事实判断无不受到教育价值判断的影响，而且许多教育实践也是在受到教育价值判断影响下的教育本质观和对教育客观规律认识形成的教育科学规律指导下的教育实践。

"纵观近现代西方教育学理论的演进，我们惊奇地发现：每当世纪交替的时候，人们对教育学理论发展的关注似乎比平时要更加强烈：17世纪末，英国哲学家洛克发表《教育漫话》，几乎塑造了传统英国人的全部性格；18、19世纪之交，康德对教育的思考及赫尔巴特的《普通教育学》的问世，构建了整个19世纪的教育模式；刚跨入20世纪的门槛，美国教育家杜威倡导一种以儿童为中心的教育学理论，在美国乃至全世界造成了深远的影响。这种世纪交替时刻对教育学理论格外关注的现象绝不是一种偶然，它是人们面临即将到来的新世纪，对教育进行的一种选择。"① 形成教育新观念、教育新体系和新教育学理论，必须形成新的科学教育的价值观。

四　现代学校教育是主体间的系统指导学习

（一）学习和教育、自我教育关系辨析

学习和教育都有不同的类型，学校教育是教育的一种，是一种狭义指导学习。广义的学习包括人和动物的学习。人的广义学习包括无意学习、自主学习和指导学习。指导学习是学习，也就是教育或教育中的学习。教育又有广义和狭义之分。如上所述，"从广义上说，凡是增进人们的知识和技能、影响人们的思想品德的活动，都是教育"，与其说是对教育的定义不如说是对学习的定义。而真正的广义教育则包括所有或者凡是通过指导学习增进人们的知识和技能、影响人们的思想品德的活动。没有指导的学习只是学习：无意学习或自主学习，不是教育。卢梭认为教育有三种：自然，人，事物或社会。"人的器官和能力的发展是自然的教育，学习利用这种器官和能力的发展是人的教育，从周围事物经验中所获得的是事物的教育。"自然教育完全非人力所能控制，对事物的教育，人只能有一部分影响作用或势力；只有人的教育是我们所能支配的，但这种支配势力多半也是虚幻的。只有这三位老师的教导一致才是良好的教育②。这里所说的教育不但是广义教育，也包含教育与自我教育的区别和联系，或者启发人们对这个问题的深入思考。自我教育也是一种广义教育，它与自学在事实上很难区别，但在理论上讲，学习者只把自己看作学

---

① 王坤庆：《教育学史论纲》，湖北教育出版社 2000 年版，第 2 页。

② 张焕庭主编：《西方资产阶级教育论著选》，人民教育出版社 1979 年版，第 96 页。

习主体而没有把自己当作学习的指导者主体的学习活动是自学，属学习不属教育。自我教育是指一个人既把自己当作学习者主体，又把自己当作学习的指导者主体，有目的、有计划地学习的活动，学习与教育的区别关键在学习是否有人指导，学习有人指导是教育，即便是自己指导自己的学习也是教育：自我教育。无人指导则是一般的学习和自学。

（二）指导学习的含义

与学习是教育的基础，教育是学习的规范和效率的提高的道理相同，广义教育是学校教育的基础，学校教育是广义教育的规范和效率的提高。学校教育是主体间系统的指导学习。指导学习既包括又不完全等同于培养和知识传递。指导的基本含义是指示（指引、指向、示范）、引导（吸引、教导、领导）。培养的原意或者字面意思是栽培、养育和引发（教育的拉丁文词源，educare，为引发之意）。引申意思和隐喻很不明确，长期以来对教育本质定义的许多争论其实是对培养不同理解和解释的争论。有人把学校比作花园，学生比作花朵，教师比作园丁；有人把学校比作工厂，教师比作工人，学生比作产品，它们都把教师当作主体，学生当作客体。培养及其教育注重教育者实践主体的作用，教育者的教或者指导，即传道、授业和解惑，教育者掌握知识的质量和多寡，受教育者向教育者学习，轻视受教育者的学及其主体作用，教育者主体和受教育者主体之间的平等对话、交往与理解，社会知识对受教育者的影响，教育者鼓励和指导受教育者通过多种途径广泛向社会学习。指导学习及其教育同时重视教育者的教及其主体作用和受教育者的学及其主体作用，教学主体间的平等对话、交往与理解，社会知识对受教育者的影响，教育者鼓励和指导受教育者通过多种途径广泛向社会学习。

培养教育是一种封闭的教育，把学校、课堂和书本当作学生的世界。指导学习教育是一种开放的教育，把世界、社会和生活当作学生的学校、课堂和书本。在信息化、网络化和地球村时代还固守"培养"所规定的教育本质观是不可想象的。培养及其教育主要是指对青少年的教育，其概念的内涵和外延适用性有限。指导学习及其教育是对所有人的教育，其概念的内涵和外延对所有人都适用。在学习化的社会，很难再用培养一词来规定所有教育，老年大学培养 60 多岁的老人成为什么人才这近似于笑话。培养及其教育的目的是完人和有用的人，指导学习及其教育把人看作是永远未完成的存在，其目的是形成活到老学到老、修养到老的不断追求完善而永远处于正在进行时的"此在"，是形成把人的存在理解为天生我才本来有用也必然有用，不断升华有用之意义和人生之价值的人。教育最重要和最根本的目的是教会学生学习，这是人生不断追求完善之根本，国家和民族不断追求文明、进步、富强和现代化、一流水平之根本。教是为了不教，是对自身的否定，对学习及其主体的肯定。受教育者通过教育又离开教育成为独立实践和认识或学习的主体，是教育的最高统一、终极意义和根本价值。如果由于习惯还愿意把教育看作是培养人的活动的话，那就要重新界定和理解"培养"的意义，以新概念理解"培养"的新意义。

人生的追求既包括对完善和道德的追求，也包括对智慧、知识甚至技能的追求。教育中每一项活动都有这两种影响作用，但不同活动又有一定区别。教化、教养、感化和德育含义的教育主要指的是前者，是褒义词。教授、教学和智育含义的教育主要指后者，是中性词①。"教育是人的社会化的过程"不仅一般指的是前者不是后者，而且与人的个性化发展，使人自己真正变成

---

① 联合国教科文组织教育统计局：《国际教育标准分类》，人民教育出版社1988 年版，第2—3 页。陈桂生：《教育原理》，华东师范大学出版社 2000 年版，第181—185 页。

"本真"的自己的教育目的，以及现代科技发展对人的素质提高和教育发展的要求也有矛盾，是不能周延和不够全面的。伽达默尔认为，培养意义的教育一般是指一种对人的潜在自然素质或天赋能力的培养和人类发展自身本有潜能的独特方式，是达到目的的单纯手段。而教化意义的教育从培养教育中导出而又超出自然素质的单纯培养概念，主要是指一种自己存在或品性的获得使人类通过范型或形式来造就自身的存在方式。"人类教化的本质就是舍弃特殊性和同化陌生性，从而使自己成为一个普遍的精神存在。"① 但萨特（Satra，J. P.）则认为，"人不外是自己造成的东西"，"人，不仅就是他自己所设想的人，而且还只是他投入存在以后，自己所愿意变成的人"②。马斯洛（Maslow，A. H.）等人本主义者认为，"自我实现也许可以大致描述为充分利用和开发天资、能力、潜能等等"③。"教育如果能帮助个人发挥潜能、自我实现，那就是'好的'。"④

（三）学校教育是主体间系统的指导学习

教育的指导性已经表明了教育的目的性和方向性，教育的系统性则既规定了学校教育教学知识、课程和教材的逻辑性，即条理性、有序性，也表明学校教育教学的计划性、组织性特征。专门教育或者学校教育并非奈勒说的所有有目的的影响和学习⑤。系统知识的教育教学必然是有计划和组织的教育教学。学校教育的系统性具有相当丰富的内涵，包括教育目标的系统性，教育应

---

① 洪汉鼎：《理解的真理——伽达默尔〈真理与方法〉》，山东人民出版社 2001 年版，第 22 页。

② ［法］萨特：《存在主义是一种人道主义》，转引自刘放桐等编著《现代西方哲学》，人民出版社 1981 年版，第 551、554 页。

③ ［美］马斯洛：《动机与人格》，华夏出版社 1987 年版，第 176 页。

④ ［美］弗兰克·戈布尔：《第三思潮：马斯洛心理学》，上海译文出版社 1987 年版，第 117 页。

⑤ 陈友松主编：《当代西方教育哲学》，教育科学出版社 1982 年版，第 26 页。

该使受教育者在德智体美等方面全面发展，以全面提高全体国民的素质，形成创新精神和实践能力的人才为宗旨。教育内容和方式（方法和手段）的系统性，教育既要根据受教育者的身心发展规律、知识、能力、品德发展和个人需求特点，又要根据社会发展的条件、需求发展教育和指导学生学习，规定教育目标、内容和方式。要求教育把智育与德育、体育、美育，教学的科学性和教学的思想性有机的结合。把知识的教学与能力的培养，特别是一般能力的培养和创造能力的培养有机结合。把理论知识教学和智力培养与应用知识的教学和实践能力的培养有机结合。要不断追求教育方法和手段的现代化，有效实现从传统课堂教学向现代网络信息教学转变。教育组织制度和管理体制的系统性，要处理好中小学基础教育与大学教育、成人继续教育、终身教育的关系，处理好中央、地方、学校和社会管理学校的不同关系。教育和人才质量、数量的评价系统性等等。本章对学校教育本质的定义与联合国教科文组织于 1976 年编订的《国际教育标准分类》为教育下的定义，除了对教育者和受教育者的地位和作用的看法不同外，外延基本一致。后者指出，"本标准分类所指的'教育'不是广义的一切教育活动，而是认为教育是有组织地和连续不断地传授知识的工作"。"大家都承认，教育并不只是提供给在中小学和大学中读书的儿童和年轻人的一种'教学节目'，而是一个向人们提供的机会，以发展其一生所需要的经验、理解力和技能的连续不断过程。"据此陈桂生先生还绘表解释[①]（见表 2－1）。但他把是否注册作为正规教育与非正规教育的标准，这还需要讨论。

---

① 联合国教科文组织教育统计局：《国际教育标准分类》，人民教育出版社 1988 年版，第 2—3 页。陈桂生：《教育原理》，华东师范大学出版社 2000 年版，第 181—185 页。

表 2 - 1

在家庭和社会辅导下的学习	《国际教育标准分类》确定的"教育"			自学
	正规学校教育和正式大学	成人教育		
		正式	非正式	

五　教育本体规律是不变的，教育本质规律是随着教育本质的变革而变化的

规律是本质的关系和本质间的关系。教育规律既包括不同教育本质间的本质关系，也包括相同教育本质不同活动间的本质关系。不同教育本质间的本质关系是教育本体规律，相同教育本质不同教育活动间的本质关系是教育本质规律。教育本体不变，教育本体规律亦不变。教育本质是变化的，教育本质规律当然也是变化的。教育规律不仅是变与不变、客观反映与主观建构的统一，而且其合规律性与合目的性统一的建构是有规律的。教育规律的必然性和刚性是教育规律的客观性，教育规律的选择性和弹性是教育规律的主观性。人们看到的教育本体规律变化只能理解为人的认识深化的变化，而不是教育本体规律本身的变化。教育本质规律则不仅随着人的认识的深化而变化，也是随着人的教育价值观和教育主体观变化导致的教育本质观的变化而变化。

教学是教育的本体，任何教育都离不开教学，教育无论教什么学什么都要遵循教学的基本规律。不同社会教育共同遵循的教学基本规律即教学的本体规律。如学思结合、教学相长规律等。但教育不只是教学，教学永远具有教育性，而且总是一定社会的教学，既与社会有不变的本质关系，也随着社会的变化而变化。教育本体规律也包括不同社会的教育共同具有的与社会的本质联系。教育规律有教育自身关系规律基本规律的共有规律和特有规律与具体规律的共有规律和特有规律，教育社会关系规律基本规

律的共有规律和特有规律与具体规律的共有规律和特有规律。教育本体规律是教育基本规律和具体规律的共有规律，教育本质规律是教育基本规律和具体规律的特有规律①。教育研究既要认识教育的本体及其规律，也要全面系统研究教育在不同社会条件下的本质及其规律或具体规律，即教育与政治、经济、文化、科技等的必然联系和具体关系。然而，教育总是一定价值观规定的教育，人的教育本质观和教育价值观不同，人对教育规律的认识、选择和实践也不同。如果认为教育是培养人或造就人的活动，教育规律的研究重点就会把教师教的规律放在首位。如果认为教育是主体间的指导学习，教育规律的研究视界则是把学生身心发展和学习规律放在首位。如果把教育看作是生产力，或者上层建筑，或者文化，认识教育规律的重点则会把教育与经济，或者教育与政治，教育与文化间的必然联系放在首位。人对教育规律选择的先后不仅是时间顺序问题，而且是教育本质观、教育价值观和重视一些教育规律，轻视甚至忽视其他教育规律的重要问题。

　　传统教育理论坚持农业社会思维模式，重视人的自然性而不是主体性，认为天理是什么，自然是什么，人就应该是什么，人是本质先于存在的存在。或者把教育的全部问题看作是长善救失，或者把教育的最高价值规定为"引发"理性、德性潜能和形成自然人。强调教育的"培养"作用和教师的主体地位，教育遵循自然法则和学生的自然生长规律。在培养人的教育中，学校是花园，教师是园丁，学生是客体或花朵。古代人性论教育理论和近代夸美纽斯、卢梭等自然论教育学是这种教育本质观的典型反映。古今遗传决定论和中世纪宗教教育论更是如此。近现代教育学受行为主义哲学、科技理性或工业社会思维模式影响，坚持"白板说"、环境决定论和教育万能论，夸大教育和教师的

---

① 郝文武：《教育问题研究》，陕西人民出版社1997年版，第56—69页。

"造就"功能，学生的受动性和可塑性，强调教育的客观化、统一化、程序化和标准化，重视客体对主体的影响和"刺激反应"规律，轻视主体对客体的作用和学生的主动性、自主性和创造性。在造就人的教育活动中，学校是工厂和本体，教师是工人或主体，学生是产品或客体。"应试教育"就是这种教育本质观的直接显现。始于现代成于当代的信息社会把人看作是交往和建构的人，是主客体相互作用的产物，是永远需要建构、提升的未完成存在；把教育规定为主体间的指导学习，既重视"存在先于本质"或人的本质的实践形成，也重视"本质先于存在"或人的本质的理想追求；强调教师与学生并重的主体作用，师生主体间平等交往、主动对话、相互理解，学生在与自然、社会环境的相互作用中的直接体验，对自然世界和人文世界及其知识的主观理解、建构，学生的自主学习、自我教育、自我设计和自为创造；强调教育发现、挖掘、形成、提升和限定学生价值的作用，教育遵循师生主体间平等、主动交往的规律，研究性学习、研究性教学和创新教育规律。这种教育本质观在杜威的实用主义教育学中已初步发展，在现当代包括存在主义和解释学、现象学在内的建构主义教育学中已基本形成。

教育发展及其对人的影响不仅取决于人对教育本体及其规律的认识和实践，而且取决于人对教育本质及其规律和教育本质生成的规律、生成的教育本质规律的认识和实践。教育理论研究不仅应解释教育本体及其规律的客观必然性，更应认识教育本质及其规律的客观必然性与选择性和主观性，认识建构教育本质及其规律的规律，发现教育新规律。

第三节　教学本质的理念性和行动性

教育本质既是抽象和设想的，更是具体的和行动的。实践是认识和行动的统一，行动是认识的源泉，认识是行动的指南。没有认识的实践是盲目的行动，不能行动的认识是没有客观依据的主观臆测。人对不同或相同教育事实的反映既可能形成不同的教育本质观，也可能形成相同的教育本质观，其原因在于主观性。但认识的终极目的是行动，教育本质认识只有转变为教育本质行动或教育实践才能对社会实践和人的发展发挥直接作用，其真理性或科学性、合理性才能得以证明和检验。人是实践的人，实践是人的实践。实践是本质的抽象，是行动的具体。具体之所以具体，因为它是许多规定的综合，因而是多样性的统一①。思维对抽象规定具体再现的目的是实践的具体和丰富。"真理的生成实际上就是从'存在之真理'到'存在者之真理'的发生。存在之真理必定要实现出来而成为存在者之真理。真理本质上要把自身建立在存在者之中才成其为真理。"② 马克思指出，"哲学家们只是用不同的方式解释世界，问题在于改变世界"③。"全部社会生活在本质上是实践的。"④ 人是什么，社会是什么与人怎样生活，社会怎样生产是一致的⑤。海德格尔认为，存在是什么"关键全在于（怎样去）存在"，存在如何存在或显现⑥。教育是什么关键在于教育怎样活动、行动、操作，教育活动、行动、操作方式是什么，教育的本质就是什么。教育本质只有思维才能认识，只有行动才能实现。教育本质建构必须从抽象思维转变为具体思维，从理论思维转变为实践思维、行动思维⑦。

---

　　① 《马克思恩格斯选集》第 2 卷，人民出版社 1995 年版，第 18 页。

　　② 孙周兴选编：《海德格尔选集》，生活·读书·新知三联书店 1996 年版，编者引论，第 13 页。

　　③ 《马克思恩格斯选集》第 1 卷，人民出版社 1995 年版，第 57 页。

　　④ 同上书，第 56 页。

　　⑤ 参见《马克思恩格斯选集》第 1 卷，人民出版社 1995 年版，第 67—68 页。

　　⑥ ［德］海德格尔著，陈嘉映等译：《存在与时间》，生活·读书·新知三联书店 2000 年版，第 178 页。

　　⑦ 李德顺：《21 世纪人类思维方式的变革趋势》，《新华文摘》2003 年第 5 期。

教育本质是教育存在方式的本质，而不是其他事物存在方式的本质，是由教育的活动方式决定的，不是由其他事物活动的方式决定的。任何教育都是一定社会的教育，教育的发展和本质生成都要受到社会的影响，但经济、政治和科技、文化对教育的影响只有转化为教育的实践活动或行动方式才能影响和形成教育的本质。在其转化过程中人的主观性也有重要作用。政治先进教育未必先进。拥有钱财未必拥有真理和先进教育理念。教育本质随着社会发展和变革而发展和变革既可能是跟在社会发展和变革后面发展和变革、与社会发展和变革同步发展和变革，也可能是先于社会发展和变革的发展和变革。人只有认识到社会对教育的要求才能形成反映时代要求的教育本质，只有迅速、准确反映社会对教育的需要，特别是把其迅速、准确转化为教育实践，才能加速教育变革和发展的速度，教育促进社会和人的发展的速度。否则就是落后的理论脱离时代要求的实践，或者落后的实践脱离时代要求的理论。过程决定结果，方式决定目的、内容、作用和本质。从教育作用对象的实践活动操作方式视角，而不是从教育赖以存在的社会性质或作用教育的社会性质等角度认识和建构教育本质，不仅能更准确反映教育从本体存在到本质生成的变化规律和不同教育本质之间的根本区别，也是区分形而上学抽象哲学与知行统一实践哲学的根本标志。

教育成就人需要许多条件和环节，但最终要落实到课程教学。决定教育本质的因素有许多层面，但核心是课程教学方式。课程教学方式是教育本质的综合反映，是教育本质从理念转化为行动的中介。实现教育本质和课程教学从理念到行动的转变是当前我国课程教学改革的关键。

一　教育本质观的变革是课程教学改革的根本和先导

教育问题归根结底是形成人的问题：形成什么样的人和怎样

形成人的问题，其他问题都是这个问题的细化、深化或具体化。形成什么样的人是教育目标问题，怎样形成人是教育方式问题。人本来是什么和应该是什么，教育形成人的目标就是什么。人怎样形成和应该如何形成，教育就采用怎样的方式形成人。教育目标与人的追求目标是一致的，教育方式与人的形成方式是一致的。人的本质和教育本质都是合规律性与合目的性的统一。

人是实践产物，也是文化的结果。每个人甚至每个社会的实践都是具体的，但他们面对的文化则是整体的，是古往今来的集合。历史长期形成和沉积的世界观、价值观和思维方式、生活习惯时时刻刻影响着每一个人及其社会。文化是海洋，社会和个人是泳者。文化首先是先验的，然后是创造的，个人认识社会甚至自然首先是认识文化。"单一个体只是在非常有限的意义上独自创造了我们所归之于他的语言和思维方式。他所说的是他的群体的语言；他以他的群体的思维方式来思维。"① 从现实性说，自然观和人类观是世界观包括价值观的根，世界观包括价值观是教育本质观的根，教育本质观是课程本质观的根，课程本质观则是课程教学方式或课程教学行动的根。不同的根有不同的果，不同时代的人对自己是什么和应该是什么，自己是怎样形成和应该如何形成的认识不同，对教育本质和课程教学的认识也不同。"课程不是自然的事物而是文化性的。""我们的文化就是我们的自然。"② 课程是对文化的选择。课程改革必须寻根溯源，固本立纲，从源头开始，形成广泛的文化基础和文化背景，消解其难以推进的思想、文化和社会根源。

课程改革有具体的方法改革和根本理念、方式的改革等不同层面。历史上所有重大教育和课程改革都是在不同的人的形成观

---

① ［德］卡尔·曼海姆：《意识形态与乌托邦》，华夏出版社 2001 年版。

② ［美］威廉 F. 派纳等：《理解课程（下）》，教育科学出版社 2003 年版，中文版序，第 885、884 页。

和教育本质观引领下的改革，或者说不同的人的本质观和形成观在教育和课程领域的具体体现。古代和近代自然主义教育理论坚持农业社会思维模式，重视人的自然性而不是主体性，认为自然和天理是什么，人就是什么，人是本质先于存在的存在；教育的全部问题和目的就是长善救失，"引发"理性、德性潜能和形成自然人。因此，强调反映天理的经典课程，教育的培养作用和教师的主体地位，教育遵循自然法则和学生的自然生长规律的教学方式。近现代行为主义和科技理性教育学，受工业社会思维模式影响，坚持"白板说"、环境决定论和教育万能论，夸大教育和教师的"造就"功能，学生的受动性和可塑性，强调"刺激反应"课程和活动课程，重视客体对主体的影响和"刺激反应"课程教学规律和方式，教育的客观化、统一化、程序化和标准化的课程教学评价目标和方式，轻视主体对客体的作用和学生的主动性、自主性和创造性的课程教学及其评价目标和方式。始于现代成于当代的信息社会或学习化社会及其教育学，则把人看作是交往和建构的人，是主客体相互作用的产物，是永远需要建构和提升的未完成的存在；把教育规定为主体间的指导学习，既重视"存在先于本质"或人的本质的实践形成，也重视"本质先于存在"或人的本质的理想追求。因此，课程目标、内容和教学方式则强调教师与学生并重的主体作用，师生主体间平等交往、主动对话、相互理解，学生在与自然、社会环境的相互作用中的直接体验，对自然世界和人文世界及其知识的主观理解、建构，学生的自主学习、自我教育、自我设计和自为创造；强调教育发现、挖掘、形成、提升和限定学生价值的作用，教育遵循师生主体间平等、主动交往的规律，研究性学习、研究性教学和创新教育规律。

社会与教育同时并存，互为基础，相互需要、促进和制约。社会与教育的关系既是本体的或者终极、永恒和绝对的，又是具体或现实的、变化和相对的。社会永远需要教育不等于社会永远需要某种教育，而是永远需要不断变革的教育。变革既包括理念和目标的变革，也包括行动和手段的变革。理念和目标与行动和手段相辅相成。不同理念和目标需要和引导不同行动和手段，不同行动和手段支撑和强化不同理念和目标。改革既有继承和借鉴，但更要否定和创新，形成从前不存在的具有不同本质的事物。创新最终必须行动，但首要的是理念和目标。理念是反映人的需要的理想或目标与反映客观事物规律的概念的统一，是对事物发展必要性的认识及其结果的设想，发展可能性的探究及其人的行动的可行性的认识，也包括思想观念中设想和预计的行动目标、结果和行动方式方法、途径、手段。社会要求教育为它形成什么样的人不等于社会知道教育如何为它形成什么样的人，教育知道它为社会形成什么样的人也不等于教育知道它如何为社会形成什么样的人。课程改革有了理念未必能成功，但没有理念就谈不上行动，更谈不上成功与失败。

二　课程教学方式的变革是教育本质从观念到行动转变的核心和中介

　　事物的本质既是思维对已存事物现象的抽象和对事物未来发展的设想，也是主体把对事物抽象和设想的理念付诸实践的行动。事物的本质只有思维才能认识，只有行动才能现实。任何事物都既具有不可超越或代替的基本规定及其规律，也具有随着人的认识的深化而发现和发明的无限潜能。抽象只能认识事物不可超越或代替的基本规定及其规律，而不能发现和发明事物发展的无限潜能。设想则是根据事物不可超越、不可代替的基本规定及其规律和人的目的性发现和发明事物发展的无限潜能，设计和想象事物未来发展的本质及其规律，是合规律性与合目的性的统一。认识世界是为了改造世界，认识事物的本质和规律是为了促进事物的发展，不断形成满足人的需要的事物。只有把包括抽象和设想在内的思维的本质变成看得见摸得着的行动的本质认识才能变成行动，理想才能变成现实。人对事物本质的认识虽然要受实践的影响，但核心是思维问题，而人对事物本质的实践则不仅是思维问题，更是不可超越的行动或操作问题。教育本质变革和课程教学改革最终必须实现从观念到行动的转变，否则就是画饼充饥或纸上谈兵。

教育和课程变革受社会各种因素的影响。但教育本质最终是由教育和课程教学方式决定的，社会政治、经济、文化和科技等对教育的影响最重要的是变为教育的实践方式，特别是课程教学方式，否则就等于社会变革对教育的影响没有起到真正的作用，或者说明社会变革还是表层的，没有深入到文化和哲学层面，没有深入到足以引起教育方式变革的程度，还需时日；或者说明社会对教育的需要还只是一种设想的需要而不是通过行动来支撑和争取的需要，还没有找到通过社会变革来促进教育变革和通过教育变革来促进社会变革的有效操作方式、途径、手段和措施。

教育的存在方式有宏观及其思维方式和行动方式与微观及其思维方式和行动方式两个层次四个方面。宏观方面主要是政府的教育决策思维方式和国家教育制度的运行方式。微观方面主要是学校课程教学的思维方式和行动方式。教育的宏观和微观存在方式相互联系，宏观存在方式引领微观存在方式，微观存在方式体现和证实宏观存在方式。教育存在的最具体方式是教师教什么和学生学什么，教师怎样教和学生怎样学的课程教学方式。课程既包括教学目标、教学内容及实现教学目标的方法、手段等措施，也包括考核或评价教学目标、教学过程、教学效果的方法、手段等措施。教育宏观存在方式只有最终对教育微观存在方式或课程教学方式，特别是教师教什么、怎样教和学生学什么、怎样学的课程教学方式产生影响，才能真正对教育本质变革和教育实践产生影响，思维对教育本质的抽象才能从对原有教育实践的抽象和设想，转化为对变革了的新的教育实践的抽象和设想，新的教育本质才能从对现有教育现象的抽象和对未来教育发展的设想抽象出来，并转化为现实的教育实践行动。在原有教育存在方式中只能抽象出原有教育本质，新的教育本质只有从变革了的现实的教育存在方式、教育实践或行动中才能抽象出来。

改革不仅要否定原有的质，也要否定原有的量。从量变到质变是同质事物发展的法则，但不适用于异质事物变革。原本质的数量的变化并不能引起新本质的质量的变化，反而会阻碍新本质的生成。原本质的数量越大，普及程度越高对新本质生成的阻力就越大，新本质生成就越困难。"教育既有培养创造精神的力量，也有抑制创造精神的力量。"① 但教育本质的变革及其课程改革又不可能采取突变式和休克疗法，只能是渐进式的。教育本质的渐进转变既有从原有思维方式到新的思维方式的转变，也有从新的思维方式到新的行动方式的转变，从原有行动方式到新的行动方式的转变，但只有从原有行动方式转变为新的行动方式才能真正说明从原有思维方式转变为新的思维方式，从新的思维方式转变为新的行动方式，即从旧的本质转变为新的本质。教育本质的新理念是在原来教育实践基础上产生的，但它不是在新的教育实践中被强化和壮大就是在新的教育实践中被退化和泯灭。新的教育本质的形成不仅要设计和实现教育成就人的质量目标，而且要设计和实现教育成就人的行动操作方式和行动状态目标；不仅要进行目标管理，而且要进行过程管理，通过过程管理、操作方式和行动目标管理强化教育本质的新理念。

教育本质和课程教学方式的变革最终要落实到教师的教学实践中。教师不应该是课程开发的"技师"，而应该是课程意义的

---

① 联合国教科文组织国际教育发展委员会：《学会生存》，上海译文出版社1979 年版，第 205 页。

理解者，即追问者和建构者。课程建构既需要智慧，也需要机智。智慧是探寻真理和把理念与实际紧密结合起来恰如其分处理具体事务的聪明才智。"机智的行动是充满智慧的、全身心投入的。它也帮助我们区别充满智慧和富有机智的行动。""没有智慧就没有机智，而没有了机智，智慧最多也只是一种内部的状态而已。"①"理解课程并非意味着最终明确地表征已经存在的等待适当的词汇描述的事物。""相反，理解课程意味着对经验及其推论性表征予以重新编制，以便我们能更清晰的考察过去与现在，以及探讨这一考察将我们引向何处。"②

三　理念变革与行动落实相互促进和强化是我国当前课程教学改革的关键

教育和课程教学改革需要许多条件和必需的过程和阶段、环节，但最终必须从观念转变为行动，如果这个转变不能实现那就要检讨其新理念是否科学，反映了教育发展的客观规律和未来趋势；是否符合实际或者实际条件是否成熟；其改革措施是否得当。"科学认识即使符合具有客观性的材料，它也不是自然规律的反映。"它既与研究者的精神及其理论、思想和范式有关，又与理论的文化、社会和历史根源有关，"科学理论是从位于此时此地的文化内部的人类精神中产生出来的。""我们越是自主，我们就越是依赖我们的自主性的突现所必需的大量条件。"③ 不同文化背景下教育和课程教学改革可以借鉴，但不能"克隆"。"没有一个国家的课程理解或课程'模式'是'可以出口的'，

---

① ［加］马克斯·范梅南著，李树英译：《教学机智——教育智慧的意蕴》，教育科学出版社 2001 年版，第 168 页。

② ［美］威廉 F. 派纳等：《理解课程（下）》，教育科学出版社 2003 年版，中文版序，第 885、884 页。

③ ［法］埃德加·莫兰著，陈一壮译：《复杂思想：自觉的科学》，北京大学出版社 2001 年版，第 12、263、9 页。

至少在'出口'的时候不会不冒损害'进口'国的独特性的风险。每一个国家必须努力用自己的术语去理解：当课程被阐述并向年青一代教授的时候，其紧迫任务是什么。"①

　　文化变革既是百年大计，也是百年大事，是相当复杂和漫长的过程，急于求成既不可取也不可能。文艺复兴以后实行的班级授课制，从夸美纽斯 1632 年提出到 1862 年中国最后实行历时二百多年。赫尔巴特的教育学虽然经过五四运动、杜威实用主义教育学和苏联马克思主义教育学的冲击至今幽灵还在。即使是文化观念转变了，改变教育本质观与课程教学观的错位，课程教学观与课程教学方式的错位，课程教学观、课程教学方式与课程教学评价观和评价制度的错位，教育教学观念和方式与整个教育管理、学校管理理念和方式的错位，课程改革的要求与教师素质的错位，教育和课程教学改革与社会发展的需要的错位，实现它们的统一或者协调一致，也需要许多条件和一定过程。尽管教育和课程教学改革也可以实现跨越式发展，但跨越也需条件，主要是加快速度、缩短时间、简化某些可以省略的环节，而不是不讲条件，省略必要环节和过程的跳跃。

　　哲学是文化的基础、核心和精髓。哲学本身不仅是观念的也是实践或行动的。哲学表现在人的生活的方方面面，当然也表现在教育和课程教学的方式方面。许多人认为我国课程改革的新理念已经形成，但实践却很不理想。然而，事实并非完全如此，课程教学改革中的文化冲突不仅表现在理念与实践的背离，同样也十分明显地表现在理念的冲突。新课程理念是否真正形成只要稍稍翻阅我国各级各类学校哲学教科书就可完全明白。在学校里面教师教的和学生学的还是几十年来基本没有变化的正统（传统）

---

　　① ［美］威廉 F. 派纳等：《理解课程（下）》，教育科学出版社 2003 年版，中文版序，第 885、884 页。

哲学的情况下，开展以当代（非正统）哲学为基础的课程教学改革的困难当然是可想而知的。

从课程教学改革的理念与实践操作方式的关系讲，矛盾也非常明显。新的课程观把教育的本质和师生的关系看作是主体间的指导学习，但很多人依然把教育和师生关系看作是以教师为主体的培养人的活动；新课程观强调教师对学生的指导，学生对教育的参与，教学中师生的互动和交流，教师启发学生提出、思考和解决问题，但现实的课程教学还是教师满堂苦口讲授，学生满堂死记硬背，教师和学生高度一致应付考试；新课程观主张能力本位，重视主观知识，全面评价，但现行课程教学评价还是知识本位，重知识轻能力和品德；新课程需要具有新的文化哲学理念、新的知识和能力结构的新教师，但我们的教师不仅知识能力水平不够到位，文化理念差距更大；新课程的实施需要教育和学校管理制度的整体变革，需要社会文化、制度、经济等的改革和支持，但目前教育和学校管理制度的改革还是局部的、零散的，社会改革还没有深入到足以使人们的文化哲学理念引起根本变革，对教育和课程教学改革的支持也没有达到有力推动改革的程度。教育和课程教学改革的目标及其相应的内容、方式应该是适应和促进社会发展需要的多元化，但目前还是以偏概全或以点带面，脱离社会发展全面需要的。总之，实现这个转变目前既要加大力度解决操作和制度问题，也要加大力度解决文化观念问题，使已经形成的新课程理念与新课程改革行动相互促进和及时强化，一步一步逐渐接近目标要求。

世界上没有永恒不变的真理，科学之所以成为科学就是因为它必将失效，成为非科学，不仅因为它可以被证实，而且因为它可以被证伪（波普尔语）①。科学的本质是创新，只能适应新变

---

① 刘放桐等：《现代西方哲学》，人民出版社 1981 年版，第 477—480 页。

化而不创造和引领新变化的科学的科学性值得怀疑，至少不是先进的科学。教育科学和课程教学改革同样如此，要随着社会和教育的发展而不断革新和深入，希望一劳永逸本身就是不科学的。

第三章　教学目标哲学

第一节　教学目标的向度反思
——从科本、社本、人本到人文引领的教学目标观

我们所生活于其中的总体世界，大体可以划分为三大部分，即自然世界、人文世界以及社会世界。相应地，便有自然知识、人文知识与社会知识，以及系统化、学科化、原理化了的自然科学、人文科学与社会科学三个大方向的学科研究领域。在当今学校教育教学中，也主要是围绕着这三大领域来确立目标与组织课程的，从小学到大学，都不例外，只是层次与涉及面不同，结构与比例不同，中小学注重基础性，大学注重专业性（通识教育为辅）。

然而在历史上，由于具体社会条件（如生产力、政治制度等）的局限以及各种因素（如教育家的思想）的影响和干预，学校教育和教学往往没有兼顾三者，更没有建立一种稳定的关系。直到泰勒，才形成了较为全面的目标观，确立了教学目标的三个来源，即来自社会生活的分析，来自学生身心发展的分析，以及来自学科专家的建议，第一次对社会本位、人本位以及学科（主要是自然学科）本位三种取向的目标进行了整合。泰勒进而对目标的筛选与陈述都作了研究。

然而泰勒理论的历史影响却主要在于以目标为核心的课程开发模式，其深层旨趣在于追求价值中立，由于目标模式本身的封

闭特征，在实践中恰恰迎合了以"控制"为追求的技术兴趣。泰勒本人也受行为主义的影响，注重行为取向的目标。因而泰勒理论并没有理论地，更没有历史地解决"人、社会、自然"这样一个三体结构关系，反而是助长和强化了实践中各种极端的取向。

广为影响的布鲁姆的教学目标分类理论，是从心理学的角度对教学目标第一次作了系统研究，然而，这种理论的超学科性也受到了认知科学的挑战。认知科学研究认为，知识技能不仅按一定结构组织起来，而且具有"领域特殊性"①，即各个不同学科领域的知识和程序都不一样，课程与教学目标也应具有"领域特殊性"，没有一种可以应用于所有领域的分类学。而且，目标分类理论对实践的影响主要局限在了认知层次。与泰勒的目标理论一样，目标分类理论注重的是行为取向的目标，带有鲜明的行为主义色彩。

20世纪是行为主义心理学进军学校教学（包括教学理论与教学实践）的世纪，学校教学目标基本上是行为主义取向的。行为主义取向的目标强调控制，因而与社本主义结合到了一起，行为主义取向的目标又强调精确，因而又为科学主义所青睐。当心理学中的建构主义、人本主义发展起来以后，才对行为取向的教学目标产生了批判，教学目标的人本色彩得以重现。

下面我们仍从本节开头"世界结构"及相应的知识与学科结构的视角，对历史上影响深远的三大哲学理念或曰思潮（即科学主义、人本主义、社本主义）对学校教学目标取向的影响进行概述，并提出以人文引领的和谐教学目标观。

---

① ［美］L. W. 安德森、L. A. 索斯尼克主编，谭晓玉、袁文辉等译：《布鲁姆教育目标分类学40年的回顾》，华东师范大学出版社1998年版，第2页。转引自张华《课程与教学论》，上海教育出版社2000年第1版，第161页。

一　教学目标的科学主义反思

科学主义课程教学观是令后现代主义忐忑不安的一个幽灵。为了鞭挞科学主义，后现代主义甚至穷追到了牛顿、伽利略、笛卡尔、拉普拉斯等近代科学的始祖的头上。然而，科学主义的历史并不像科学那样悠久①。论历史，最早出现的是自然主义，在古代希腊已有萌芽，并盛行于近代欧洲。科学主义作为自然主义的一种特殊形态则晚至现代出现。

科学主义可以算作科学活动所派生的一种文化形态。它把特定活动方式的科学扩张为人类各个领域都须遵循的范型。科学由此而成为人生观与价值本体论。凭仗科学在现代生活中的支配地位，科学主义进而将扩张的科学人生观尊奉为现代诸多人生观中至尊唯一的人生观，从而以科学的名义在现代多元思想文化中建立起一种强势专制的意识形态话语②。在教学目标中，科学主义不仅仅表现为因对科学的迷信以至于对科学课程的青睐，以科学的某些思想和方法不加分辨地搬于人文课程和社会课程，这种科学主义的倾向带来的不良后果更为严重。

当然，应当区分科学进入教学与科学主义作用于教学两种情况，正如科学与科学主义是两回事一样。

培根的"知识就是力量"，夸美纽斯的泛智教育论，赫尔巴特的兴趣课程论，虽然都重视科学知识的教学，但并没有排除人文课程的教学，在赫尔巴特那里，科学教育与人文教育、道德教育被认为是和谐与协调的。

但是当斯宾塞的《什么知识最有价值》面世以后，科学主义便吹响了进军教学的号角。斯宾塞不仅根据社会生产活动列出

---

① 张楚廷：《课程与教学哲学》，人民教育出版社2003年版，第152页。
② 尤西林：《人文科学导论》，高等教育出版社2002年版，第17页。

系列科学课程，如数学、力学、化学、天文学、地质学、生物学，强调社会生活与生产对科学的绝对依赖性，而且在科学与道德、科学与艺术的关系问题上，亦给予科学至高无上的地位，归根到底，"什么知识最有价值，一致的答案就是科学"。

20 世纪初西方掀起的教学科学化运动，深受行为主义管理科学的影响，使教学从目标、内容到评价，进一步被精确化、量化，从博比特到泰勒，逐步形成了封闭的目标模式，并且被历史冠以课程理论之"圣经"而久久无法被超越。

20 世纪 60 年代以后西方出现的一个反人本主义的哲学流派——结构主义，可以纳入科学主义的范畴之中。其对课程与教学领域的影响很大。

结构主义是同结构主义方法论联系起来的一种现代西方哲学思潮，发端于对语言结构的研究，后发展到对社会学等领域的研究，在心理学或教育学方面，以皮亚杰与布鲁纳为代表。

相对而言，布鲁纳的结构原理让我们更直接地看到科学主义在课程与教学中的作用，看到课程结构主义中科学主义的实质性影响。他认为结构就是指基本概念、基本原理。因而，在归纳与演绎之间，他更重演绎；在实质与形式之间，他更重形式或可形式化的内容。他的结构思想，对于科学是自然的、内在的，对于人文是附加的、外在的。

给人们带来的不安不是科学的强大，而是科学主义的强霸。

二　教学目标的人文（本）主义反思

人文主义与人本主义有时被加以区分，实际上，后者是相对于科学主义的，亦不过是人文主义的一种特殊形态。当我们将它作广义理解时，它与人文主义同义。论历史，人文主义亦萌芽于古代希腊，但大张旗鼓于文艺复兴时期。在科学甚嚣尘上之时，人文主义亦起而迫之，成为 19—20 世纪文学、艺术、哲学的主流思潮之一。

人文主义在教育教学目标上的体现，源远流长。西方古代的七艺和中国古代的六艺，都具有鲜明的人文色彩。孔子、苏格拉底等人的许多教育论述，就其实质而言不完全是为了培养当时的社会成员，而是包含着强烈的人文教育思想，以帮助个体更好地认识自我、理解人生、确立方向。如孔子的"朝闻道，夕可死"，苏格拉底的"认识你自己"，这些论述在当今的教学中仍有积极意义。

西方中世纪和我国的封建社会，人文学科逐渐丧失人文的色彩，沦为一种"理智的"、"职业的"和"政治的"训练术。

文艺复兴中，人文主义思想在当时作为一种主导思想用来反对神本主义，人文主义思想家坚持人的理性是检验一切问题的标准，是制定一切知识和行为的是非善恶的准绳。对主流神学的抗衡，对现世的自然欲望的释放，对古希腊罗马理性的倡导，在这样的时代环境中，产生了达·芬奇等全才通识的人性典范。

文艺复兴以后，自然科学发展起来，并逐步"入侵"学校教育，于19世纪末在工业社会的支持下代替了人文教育成为学校教育的主要类型。进入20世纪，西方思想界认识到"科学文化"在西方造成的巨大人性危机，发出了"（科学）文明破产"的惊呼，人文教育呈现出某种复苏的趋势。在20世纪上半世纪出现了一些旨在反思和解决人生意义问题的教育思想流派，如存在主义教育哲学、托马斯主义教育哲学，等等。20世纪后半叶出现的后现代主义，更是对科学主义所追求的"实证"、"精确"、"量化"作出了无情的批判。

在中国，整个20世纪可以说是人文教育有史以来最为薄弱的世纪。从"中西之辨"到"科玄之辨"，传统文化和人文教育进一步破产。新中国成立后的30年，教育被披上了鲜明的政治色彩，80年代，传统文化及其人文价值才被重新重视，90年代，针对市场经济伴生的各类社会问题，学界展开了一场关于"人文精神"的大讨论，人文教育得到重视。然而，从实际看，从中小学到大学，人文教育仍旧任重道远。

出于历史上人性长期处于被压抑的史实，我们对人文主义采取相对宽容的态度。然而形形色色的人文主义，它们对学校教学目标的影响，并非全部合理，也有其局限性，比如现代西方哲学中的各种非理性主义的人本主义，我们需要认清其唯心主义倾向及极端的个人主义色彩，但是，人文主义作为一种遏制科学主义霸权，提升人的生命底蕴与人生意义的社会理念，其积极意义更值得我们汲取并发扬。

（一）教学目标的社本主义反思

简言之，社本主义便是以社会本位来思考和进行指导或起支配作用的思想原理原则，抑或是相关的理论体系。

历史地看，社本主义教育思想自古便深深影响和渗透着教育教学。我们在最古老的制度化教育形式——原始社会青春期仪式中都可以见到明显的社会教育意图。整个古代社会的人文教育实质上也就是为了使青少年一代更好地实现"社会化"，成为符合社会存在和发展要求的成员。在当代社会，随着封建君主制度的被推翻和现代民主制度的建立与发展，社会教育的核心就是公民教育，其目的就是要培养与一个国家特定的政治制度和广泛的社会生活制度相一致的"公民"，以区别于封建时代的"臣民"。

当然，公民教育不能完全说是社本主义的，并且以社会需要为导向的教学目标也是需要的，就如科学教育不等于科学主义一样，社会教育也不能一概说成是社本主义的，其实需要被否定的主要应当是那些使人畸形发展的社会需要。由于现实生活中官本位主义、官本位思想、功利主义、实用主义等的影响，我们的教育在事实上常常以牺牲学生真正的个性自由为代价，这是值得我们反思的地方。这一点我们在后文还会涉及。

社本主义的理论要点主要有：1. 把人视为环境和教育的产物，这是社本主义的一个基本要点；2. 人的本性即社会性，这是社本主义的另一个基本理论要点；3. 阶级性、政治性又被视为社会性的基本内容；4. "人性" 被否定了；5. 社会是高于个人的，这是直接反映社本主义的一项基本原则；6. 人是一个认识体，这是一个实际存在的社本主义基本观念①。

具体到教学与课程微观领域，社本主义的表现为：1. 在对教学过程的理解上，它是基于认知主义的，视人（特别是学生）为一个认识体；2. 在教学目的上，是在人的社会化的名义下，造就可以 "对口" 的 "螺丝钉"；3. 在课程选择上，是基于（社本意义下的）实用主义的，因而轻基础，重技术；4. 在课程组织上，即结构上，是重科学、轻人文的，以体现工具性目标；5. 在教学实施上，追求形式化，乞求于模式，舍弃个性而求千篇一律；6. 在教学程序上，几乎是千篇一律的演绎，教学始于凝固的前提；7. 在教学方法上，基于灌输主义的赤裸裸说教和训示普遍的存在；8. 在师生关系上，是过强的教育者角色意识，权威主义充斥教学；9. 在教学管理上，亦渗透 "官本位"，行政化趋势亦不可避免地蔓延至此；10. 在教学评价上，通过外在性的尺度和方式，以进一步强化社会本位目标②。

社本主义名义上向着社会亦是事实，但名义并不一定代表实质，它通过抑制个体而使社会丧失活力。社本主义渗入到教学领域亦必使教学丧失活力。社本主义本质上是极有害于社会（包括有害于教学）的意识形态。

（二）超越社本，构建人文引领的和谐教学目标观

提出人文引领的和谐教学目标观并非空穴来风，有其理论依

---

① 张楚廷：《课程与教学哲学》，人民教育出版社 2003 年版，第 228—237 页。
② 同上书，第 280 页。

据，更主要是出于我国学校教学长期受社本主义的影响并产生了诸多不良后果的反思。下面就先从影响我国学校教学目标的社本主义的具体表现及其危害谈起，因为它已经深刻地并仍旧在深刻地"烙制"着我们的观念和行为，对其作一番分析和反省，是必要的。

在中国古代的教学目标中，官本位思想非常明显，"学而优则仕"主导封建社会两千年。同时，因为教育资源主要为地主阶级霸占，贫寒子弟虽也可以通过读书改变命运，但为数毕竟不多，这反而一定程度上强化了官本位思想。

直到现在，官本位思想仍然影响着民间教育理念，"读书为了升官发财"是一个比较普遍的观念，这是从受教育者及其家庭成员的角度所作的观察。另外，从办教育者及施教者的角度，其官本位主义则体现为对受教育者的控制和支配，让学生遵守僵死的规章制度、接受法定的知识条目，教学目标的政治色彩和工具色彩浓厚。这样培养出来的学生，大都沦为听话的好孩子，当然也有因逆反而畸形的"另类"或"异端"，而当少数佼佼者将来真的当上了官或者也站上了讲台，他们中有相当一部分人又秉承了上代的"衣钵"，开始支配下一代人，搞点"铁血政策"。

官本位主义本质上是属于社本主义的，新中国成立以后几十年，这种倾向一直很明显，当然"文化大革命"那个年代更特殊了一点，学校教育实质上几乎被取缔了，旨在消除体脑差别的良好愿望在那个非理性的历史时期并没有造就身心自由发展的人，"造反有理"，"学生殴打老师"的现象更表明那是一个荒唐的年代。

在经济尚很落后的年代，社本主义便主要体现为官本位主义，在教育上，教育沦为政治的附庸，"学校机构衙门化了"，学生被塑造成为政治服务的接班人或奴仆。

在经济逐渐发展起来以后，教育同时又沦为经济的附庸，

"学校课程结构产业化了"。一方面，从办教育者的角度，主要是从教育为经济建设输送人才的角度确立目标、组织课程，于是我们看到，大学里理工科及相关专业发展了，人文课程被压缩了，职业教育也曾昙花一现过一次，中学里课程设置分流了，文理分科，但并非参半，学文科的人少了，学理科的人多了，学文科的人从此几乎与理科无缘，学理科的人相信"学好数理化，走遍天下都不怕"，文科课程被视作死记硬背的负担终于被甩掉了。令我们痛惜的并不是文科类学生人数上处于少数派，而是人文教育从理科教学中被剔除出去了，同样，科学教育在文科教学中也几乎绝迹了。另一方面，从受教育者的角度，"受教育是为了日后享受较高的社会待遇"，以此观念为终极目标，一头扑向所谓的热门专业，而很少问问自己真正的兴趣。

虽然，教育的普及程度提高了，然而人文性却没有得到同步的、同等的（更毋庸说更高的）重视，社本主义以各种新的面貌出现，为了体现社会的"威慑力"，教育教学的功利性被强化了，教学质量被要求"立竿见影"，这种急功近利的做法反过来又迎合了人们的功利主义思想观念，物质主义、权力主义思潮盛行于社会并渗透到教育教学领域。社本主义以社会为本位，如果说在艰苦奋斗的年代还有一定的合理性，但在各行各业日益商业化的社会中，因其缺乏人文引领，其"初衷"显得日益力不从心，其功利性迎合了人的占有本性，人性中温柔、谦卑、理性、知足的一面不知不觉中退化了，野蛮、贪婪、非理性、索取的一面张狂了。这样看来，似乎社本主义导致了个人主义，以社会为本的社本主义居然导致了人对社会某种程度的危害，社本主义"吃亏"了，让人"占了便宜"，社本主义"搬了石头砸了自己的脚"。然而二者并没有必然联系，社本主义并非注定要导致个人主义，人本主义同样可能会导致个人主义。一切都要返回到具体的社会条件下分析，社本主义本身的弊端是对人个性的压抑和强调人对社会的服从，从而维护社会的至高无上，然而在价值观念多元而又以金钱主义和权力主义为主流的社会中，其作用却是一方面压抑和吞噬了人性中自由、创造等本性的发挥，人们的积极性丧失了（这已经不利于社会的发展了），另一方面却扭曲和恶化了人性中占有、支配等本性的张狂，人们变得相互算计与反算计、相互控制与反控制（这就更有害社会的发展了）。

关于社本主义的危害，后面的论述中还会陆续谈到，本身缺乏人文引领的社本主义，在日益追求实用的社会中更加加剧了人文的丧失，导致人们的精神危机。原来，物质主义和权力主义并非能够永久地给人类带来终极的幸福感，不论是已经享受了物质主义和权力主义快感的人，还是仍在苦苦追求中的人。

此外，就科学主义的危害，这里也简要探讨一下。就如有些学者所说的，中国并没有产生过土生土长的科学主义，这是事实。同时，也不能不加思辨地说我们移植了外来的科学主义。外来的科学主义对我们的理论界与实践界到底有没有影响？有多少影响？何时产生了影响？不能一概而论。科学不等于科学主义，科学也并非要注定走向科学主义，然而在西方恰恰又是在自然科学高度发展起来了以后才产生了科学主义。于是有人说，中国连科学都还那么落后，何来科学主义？的确，在中国，我们的科学起步是晚的，"科教兴国"将是我们一项长期的基本国策，说中国盛行科学主义肯定是错误的，说中国长期盛行科学主义更是错误的。

但是，我们认为，也不能因为科学落后或者科学尚不发达而不加分析地为自己辩护说自己并没有受科学主义的影响，这是机械的思维方式，也是不诚恳反思的态度。一切都要回到时代和社会大背景中来具体分析。我们认为，在多元的世界格局中，科学的发展程度和科学主义的潜在影响程度二者之间并不成正比例关系，发展中国家为了赶超发达国家，加快"升级"，在科学落后的前提下也有可能滋生科学主义的思潮，比如丢弃人文研究疯狂的搞科学研究，疯狂的向别国"取经"，将科学的范式凌驾到社会的方方面面，致使人文衰落、信仰丧失。科学主义本质上是对科学力量的一种迷信，和科学发展的程度确实具有内在关系，但不成固定的函数关系。在当今，科学主义并非是等科学技术高度发展起来以后以及科学效用全面灵验了以后的产物，二者也并没有必然联系，科学主义关键在于因出于对科学效用的盲目的迷信和崇拜而滋生的社会思潮，它是一种社会思潮，不能狭隘地理解成了具体的学术意义上的哲学流派。正如人本主义可以在缺乏人本的时代滋生，科学主义也可能在科学一度贫乏的国度滋生，它不是某某国家某某哲学家的专利品。因缺乏而饥渴，因缺乏而迷信，缺乏的是科学，而非科学主义，但是结果却产生了科学主义，这是科学在人类非理性作用下的病变，看看当代世界，有多少个国家不受生态恶化、环境污染等方面的破坏，盖因社会各行各业都对科学过度的依赖与迷信，发展中国家更为严重。科学是一把双刃剑，科学主义的错误在于对科学的"滥用"而不懂得反思。

虽然人本主义极力反对科学主义，然而各国并没因为科学主义的危害而贬低科学，因为科学的作用也是不可替代的。真正值得我们去思考和努力的是，在重视科学的同时是否也要重视人文？是否需要二者的同步发展？是否需要人文引领科学？此外，科学也并非与人文对立，科学中也有人文因素，这是否也值得我们去关注？

正如有人说，近年来在一片升平景象中学者们展开了颇多的科学与人文的关系探讨，然而，没有谁说自己是科学主义者，也没有谁说自己是人文主义者。这不足为奇，也许要在"主义"上戴上一个"者"字，需要具备的可不仅仅是那种近乎原始的迷信吧。然而，不管大家有没有戴上"者"字，这种探讨还是有益的，也是必要的。况且，所谈的是科学和人文的关系问题，这并不是科学主义者和人文主义者的专利。

　　还是关注一下现实吧。我们的学校教学中，社本主义是明显的，社本主义贬抑了人，因此有人极力倡导人本，从而也有人批判我们的新课改具有"泛人本色彩"，事实上，我们确实缺乏了人文，理科学生不再学文，一些人文课程如音乐、美术一度被边缘化、形式化，人文缺失的第一大原因便是社本主义的危害，探讨人文和科学关系的学者也许是忽略了这一点。此外，科学主义也会贬抑人文，那么在中国缺失人文的现象背后，除了社本主义的贬抑外，是否也受了科学主义的影响呢？其实这个问题并不能绝对的作出肯定或否定，科学主义追求的是"精确"、"实证"，社本主义追求的是"控制"、"支配"（社会对人），当"精确"、"实证"的东西能够为"控制"、"支配"服务的时候，在社本主义主导的学校教学中，它会拒绝科学主义的品性吗？答案是否定的。中国现代的学校教学制度是个舶来品，如果说在这个制度被引来之前，它本身已是国外科学主义主导下的产物，那么，当它被引到中国来了以后，它的科学主义烙印还在么？答案似乎不能贸然否定吧。事实上，我们的确在操作着一套受科学主义（尤其是课程结构主义等教学理论）影响下的教学制度，科学主义追求的"精确化"、"量化"标准，规范着我们的教学目标、内容和评价，结构主义追求的"分化"原则，使我们一直在注重着分科教学，结构主义追求的"概念化"、"原理化"原则，除了主导了我们科学课程内容的组织，也殖民了社会课程、人文课程内容的组织。当然，也不能说"精确化"、"量化"、"分化"、"概念化"、"原理化"等东西就一定是科学主义的专利，但是科学主义将它们过分强化了，这才是它的错。

　　我们的学校教学目标，具有本土的社本主义烙印与外来的科学主义烙印的双重属性，并且后者又强化了前者，助长了中国教育长期以来的应试倾向，追求升学、追求分数、追求排名、便于评价的标准化考试模式，这些因素结合到一起，相互强化，相互循环，演出了许许多多有时候自己都忘了自己在追求什么的智力游戏。

社本主义何以导致了诸多的教育问题，并仍然喧嚣尘上，盖其源，乃是缺乏了人文的引领，因此，需要重建人文，改造社本，构建人文引领的和谐教学目标观，这种目标观将超越原先的科本、社本、人本三种目标取向。

当代社会是张扬人的主体性的时代，以人为本是我们追求的理念，人文引领，主要就是指人文精神的引领，人文精神关怀人的尊严、价值和生命的意义，由此引导人们建立更加和谐的社会关系，以及人与自然的关系，因此，必须要有人文精神来引领科学课程、社会课程以及人文课程。

人文精神引领下的和谐教学目标观，强调的是科学、人文、社会三者的有机融合，相互渗透，协调发展，并始终以人文精神作为导引，而不是简单的相加与机械的整合，更不是用人文来代替或排挤科学或社会。

因而，人文引领的和谐教学目标观，扬弃了科本、社本以及人本各自那种极端的、相互对立、非此即彼的取向，具有更大的包容性与亲和力。

在后面的几节中，我们将教学目标定位为学习与发展，继承与创新，概源于此，它们正体现了我们所倡导的教学目标应有的人文性。这在本章章末将会叙及。

第二节　教学目标的结构特征反思

事物都有其特征或曰特性，从不同角度考察，便有不同维度的特征，教学目标也不例外。事实上，教学目标的特征既有其客观的一面，即教学目标的特征是其客观属性的反映，又有其主观的一面，即能被人们选择和建构，反映人们的价值取向，当然，和前面所述的科本、社本、人本以及人文引领几大取向相比，这里的教学目标的特征，无疑更具体、更微观，当然，也不能就此简单地说后者就是前者的具体化，二者毕竟视角有别。

一　目标的外在性与内在性

一般来说，人们做任何事情都有其目的，具体点说，就是目标。然而，目的或目标的意义却不尽相同，教学亦是如此，教学活动从其结果看，也许形式上的目的相同，然而从其内在意义看，却有可能大相径庭，譬如素质教育下的高分和应试教育下的高分是有意义差别的，理解了的知识和死记硬背了的知识，在考试中的表达也许差异并不明显，但从学生心理变化来看，意义显然不一样。

我们将教学目标本身是否体现学生心理意义的积极变化，作为区分教学目标外在性与内在性的分水岭。显然，对知识的学习，追求死记硬背，是外在性目标，追求理解，是内在性目标。追求名次乃至追求相应的物质奖励等，是外在性目标，追求意义的获得与生命的提升，是内在性目标。

当然，外在性目标并非都是不好的，有些情况下也是必要的，这受学生年龄、个性以及教学内容等诸多因素的影响，我们应该协调外在性与内在性的统一，并促进外在性目标向内在性目标转化。此外，同一个教学目标有时候既有外在性也有内在性，或者说，外在性目标与内在性目标整合在了一个包容性更大的目标之中，外在性与内在性并非分离，更非对立。"没有无教育的教学，亦没有无教学的教育"，这也可以被理解为教学目标外在性与内在性的辩证统一。

二　目标的适应性与超越性

人，之所以从生物界中脱颖而出成为万物之灵，除了人本身的生理结构以及环境变迁等原因，还在于人类与自然的长期斗争中，人不仅仅是去适应自然，更在于超越自然，从而创造出一个不同于自然本身的人化自然，创造出自然界原本没有的人类文明。如果人类丧失了这种超越的"天性"，那么人类文明便会停滞甚至倒退。

教育，乃至教学，作为培养人的活动，主要是引导学生学习人类的文化财富，这里同样面临着适应与超越的话题。在社本主义影响下，教育本质上是适应性的，人的社会化被理解成将社会的价值观念毫无批判地移植给下一代，让学生适应和服从已有的社会秩序，而不管这种秩序是否合理，于是，教育中的灌输主义根深叶茂起来。社本主义虽然以社会为本位，然而由于其压抑了人的超越本性，从而社会的发展也滞缓了，社会中落后的东西则被巩固了。然而社会总是要发展的，而社本主义下培养的人恰恰又丧失了对发展了的社会的适应。人与社会的良性循环被破坏了，社会成了病态的社会，人成了亚健康的人。正确的态度是树立适应与超越辩证统一的观点，教学要适应人类已有文化遗产中优秀的部分，超越落后的部分，同时，对优秀的部分除了适应，也有超越的责任。

我们应继承传统教学中掌握性教学目标、基础性教学目标的优点，同时落实更为可贵的发展性教学目标。掌握性教学目标多为识记性、简单的理解性与运用性的目标，重适应；发展性教学目标多为反思性、创新性的目标，重超越。

三　目标的预设性与生成性

人类的实践活动，区别于动物活动的显著特点，便是人的实践活动具有事前的计划性，正如马克思所论述的蜜蜂与建筑师的区别那样。正因为事先的预设，才较大程度地避免了过程中的盲目和迷失。当然，人类实践与动物活动的区别还在于，人类的实践活动并非完全按照计划按部就班地进行，在面对新情况时人类具有能动的应变能力。

　　教学作为一种有组织、有计划、系统性的学校实践活动，需要一定的预设，按照预设的进程展开，才能保证在规定的教学时间内完成特定的教学任务，从而保证教学质量。同时，教学作为一种闪动着师生思维火花的对话过程，也会碰到一些不期而遇的因素，它们可能来源于教学内容，也可能产生于师生之间的提问、回答、交流，这些因素是教师事先没有预设的，教师如能抓住机遇，判断其蕴涵的教学价值，并作出创新性的处理与转化，教师和学生可能都会得到意想不到的收获。

　　预设是生成的基础，没有预设，教学质量将难以得到保障，生成也几乎是不可能的事情；生成是预设的拓展，没有生成，过分强调预设，预设有可能成为一潭死水，教师将沦为教书匠，学生则被培养成为书呆子。

四　目标的单一性与多样性

　　人是一种复杂的动物，不仅仅在于其生理结构与需要的复杂，也在于其心理结构与需要以及社会关系与角色的复杂。以培养人为目标的教学活动，不能无视人的这种复杂性。

　　在社本主义的影响下，学校教育培养过"政治人"、"经济人"、"机器人"等"单向度的人"。在行为主义心理学影响下，教学目标成了对知识的死记硬背，情感、态度、方法、价值观等因素被轻视和忽略，甚至被取缔。在现代主义强调分化的背景下，不同课程的教学目标"各司其职"，德育从教学中分离了出来并走向形式化，艺术、体育等课程沦为装饰性的点缀，政治、历史被贴上了副科的标签。这些都是教学目标被单一化所造成的负面后果。教学目标体系整体上被简约了，或者教学目标体系内部被分裂了，不同目标之间发生分离甚至走向对立。于是，复杂的人亦被简约化了，完整的人被肢解掉了。

　　我们认为，教学目标的单一性与多样性的区分，是相对的，某一项教学任务，明确其目标是必要的，然而，这并不能表明它只支持单一的教学目标而排斥其他的或显性或隐性的目标，学生总是以整体的身心参与到学习中，某一目标的获得往往也伴生着另一个或几个目标的获得，绝对单一性的教学目标是不存在的；另一方面，多样性的目标也并非均质化地存在于教学中，总有一到几个主要目标处于首位，并且，不同目标之间并非毫无关系甚至对立，而是相互渗透、相互促进的关系，这表明绝对分化了的多样性的教学目标也是不存在的。

五　目标的体验性与经验性

　　体验和经验，在不同的时期不同的人那里，有不同的理解，我们认为两者的区分也是相对的，但具体程度的差别，体验更倾向于人的生命性，是一个包括人的知、情、意、行在内的全身心的生命过程，并往往和理想、信仰结合在一起，经验虽然也常被从直接经验的角度理解成通过实践获得的认识，但相对于体验来说，它更倾向于人的认知性。

　　后现代主义者伽达默尔对体验的解释是："如果某个东西不仅被经历过，而且它的经历存在还获得一种使自身具有继续存在意义的特征，那么这种东西就属于体验。"[①] 可见体验不仅仅是停留在经历层面，并且经由这种经历获得了生命的意义。

　　《哲学大辞典》依据生命哲学的代表人物狄尔泰，明确地将经验和体验加以区别："体验与经验不同，经验预设主体、客体的对立，但是体验则无主体、客体之分，它是个体生命在时间之

---

　　① ［德］伽达默尔：《真理与方法》，上海译文出版社 1994 年版，第 78 页；转引自张楚廷《课程与教学哲学》，人民教育出版社 2003 年版，第 259 页。

流中，由内在（一束本能即知、情、意）与外在（自然、环境
与社会文化环境）共同造成的具有统一意义的实在。人们生活
在体验之中，并透过体验而生活。"①

我们颂扬生命，因为生命珍贵；我们颂扬体验，因为体验让
生命的珍贵显现。体验是超越的源泉，体验超越经验而达到理
性，体验超越物质而达到精神，体验超越暂时而达到恒久，体验
让生命获得新的生命，体验让生命的光辉自然闪烁，体验不止则
生命不息。在社本主义的教学目标观下，用认知排除了体验从而
排斥了超越，从而萎缩了教学的生命意义。

总之，体验了的目标，我们可以更深刻地去经验它，而经验
了的目标，我们则未必获得了深刻的体验，经验是体验的基础，
体验是经验的超越。教学中师生应发挥各种积极因素，促进经验
上升为体验。

六 目标的实用性与非实用性

社本主义观下，教学目标的实用性色彩非常浓厚，讲求
"对口"，但"对口"的结果往往使得目标越来越被窄化。实用
性并没有错，错的是片面追求实用性，以致非实用性（如人文
性往往是非实用的）被忽视。

"考什么，就学什么"，"怎么考，就怎么学"，都是目光短
浅的实用主义观，那些有幸被纳入考试科目的课程，因其被学科
化、概念化、原理化甚至教条化，于是，死记硬背、题海战术，
成了制胜的法宝，因为它们才是实用的。然而，当应试达到了极
端，这种实用也仅仅成为了相对考试而言才是实用的，离开了学
校，往往又丧失了其实用性，而被"非实用"化了，"知识还给

---

① 冯契主编：《哲学大辞典》，第804页；转引自张楚廷《课程与教学哲学》，
人民教育出版社2003年版，第259页。

老师了"，常有人这样感叹。可惜此"非实用"非彼"非实用"，彼"非实用"也许在当时并没有引起刻意的学习，然而在走出学校以后的生活中却愈益显得"实用"起来，并且历久弥新。

与学校教学相对应，社会上出现了另一道亮丽的景观——各种"速成班"如雨后春笋般抛头露面，不知是出于对学校实用性教学周期过长的不耐烦，还是出于对学校垄断教学的分庭抗礼，抑或出于好心的补充与加油，这种快餐式的学习模式不仅将实用性课程进一步压缩了，也把一些非实用性课程（如艺术类课程）给变相的实用化了。

"无用是大用"，教学中有很多东西从短期来看是没有实用价值的，然而，从学生长期的身心成长来看，很多非实用性的东西却在暗中发挥着不可估量的作用。情商曾经一度被看成是非实用的东西，然而现在却被研究发现对人的成才发挥着更大的作用。历史就是这样，追求实用的东西有时反而使我们迷失了自己，而追求非实用的东西，我们却过得很幸福。

看来，实用性与非实用性的区别也是相对的，需要我们突破狭隘、短期的眼光，将其有机的融合起来。

七　目标的继承性与创新性

地球上的一切生物，都在生长与消亡中留下了自己的痕迹，遗传和变异，构成了物种发展的两个方面。

脱颖于动物界的人类，其发展又超越了上述生理意义上的演化。而更突出在对其自身所创造了的文化的继承与创新。学校教学承担了其中的重要部分。

继承是创新的基础，创新是继承的拓展，没有继承，或者没有创新，人类社会都会停滞甚至倒退。在当代，创新更是被提到了更高的地位，并且被作为教学的任务和目标而制定在了教育政策中。科技创新、文化创新，最终都要落实到学校教学的创新。

后文我们还会继续谈到这部分内容，此略。

第三节　教学目标是学习与发展

一　教学目标是学习

（一）何为学习

何为学习？也就是学习是什么？是我们日常生活中所说的，"我们要好好学习"、"学习英雄的先进事迹"等中的学习吗？学习作为一个心理学术语，它的内涵应该与我们前面所提到的日常生活中对学习的理解有所不同。但就学习的定义是什么，不同的学习理论家有不同的看法。从心理学的角度看，大致可以分为三类：①学习是指刺激—反应之间联结的加强（行为主义）；②学习是指认知结构的改变（认知学派）；③学习是指自我概念的变化（人本主义）。① 这些定义尽管存在偏颇，但它们却从不同的视角揭示了学习的性质。在这里我们列出几种典型的学习的定义，以供我们更好地理解学习。有学者认为"学习是指学习者因经验而引起的行为、能力和心理倾向的比较持久的变化。这些变化不是因成熟、疾病或药物引起的，而且也不一定表现出外显的行为"②。而有的学者认为"在教育情境中学习可以定义为：凭借经验产生的、按照教育目标要求的比较持久的能力或倾向的变化"③。虽说这两种定义的表述不同，但我们可以看出他们对学习的理解都包含有以下的几层意思：①学习区别于本能；②不能把因成熟而导致的行为变化称为学习；③学习不一定表现出外显的行为；④学习是一种比较持久的行为变化。

---

① 施良方：《学习论》，人民教育出版社 2000 年第 1 版，第 2 页。
② 同上书，第 5 页。
③ 邵瑞珍：《教育心理学》，上海教育出版社 1997 年第 1 版，第 29 页。

（二）学习是教学目标的合理性分析

从生物进化的观点来看，学习是有机体适应环境的手段。有机体为了生存与适应，必须不断地改变自己的行为。经验积累引起的行为倾向变化的过程，也就是学习的过程。学习是教育存在的先决条件，也是教育的目的。不仅教育，社会的各行各业一刻都离不开学习①。因此，我们说教学的目标是学习，也就是说，我们通过教学首先就要让学生学会学习，而且明确学习什么。

可以说，学习是一种在学习者内部发生的事情。也就是说，学习本身是无法直接测量的，我们能够测量的只是学习的结果。打个比方，学习有点像风，我们肉眼看不见风，而是根据刮风的结果（如树枝的摇动）来判断风的强度的②。这里我们应该注意的是，一方面，我们可以通过测量学习的结果来判断学习是否发生，因为结果的正确性无疑隐含着学习；另一方面，没有正确的结果表现有时也并不一定意味着学习没有发生。这就是学习表述的两难境地。那么我们在这里所说的教学的目标是学习是一种什么样的学习呢？虽然我们在前面提到我们的目标表述不能过于详细，应该模糊一点，但是要我们教育者能够明确的话，这里的学习应该更侧重于外显的学习结果。似乎就只是通过学习去追求知识的记忆、掌握、理解与应用为标志的"外在发展"。而在个人发展方面，着重于追求的是以知识的鉴赏力、判断力与批判力为标志的"内在发展"。

因此，教学的目标是学习，但又不止于学习。

（三）学习方式的取向——不能被忽视的因素

学习方式通常被理解成学习者具有个性特色的认知和行为取向。它不是具体的某种学习方法，而是比方法内涵更为丰富的一

---

① 邵瑞珍：《教育心理学》，上海教育出版社 1997 年第 1 版，第 29 页。
② 施良方：《学习论》，人民教育出版社 2000 年第 1 版，第 4 页。

个概念，我们理解的学习方式，是包含了学习的理念、学习的方法、学习的行为在内的整合的概念，带有鲜明的取向性。下面简要论述几组较有代表性的学习方式。

1. 接受学习与发现学习

接受学习主要是指围绕现成的知识所进行的系统的接纳与掌握，主要运用识记、记忆、理解等学习方法。发现学习则主要围绕问题解决展开，学习结果具有一定的不确定性。

由于传统教学过多采用了接受性学习方式，因而有人主张发现学习，甚至贬抑接受学习。其实，并非所有的接受学习都要被否定。接受学习长期处于学校教学的主导地位必有其历史合理性，主要是因为学校教学长期传授的是间接性、简约化的知识，这是过去的学校教育的两条基本原则，虽然现在受到时代的挑战，但仍是当代学校教育不可或缺的基本原则。

一方面，对接受性学习的批判，要做具体分析，接受性学习分无意义接受学习和有意义接受学习两种情况，一般来说，我们主张有意义的接受学习，不主张无意义的接受学习。传统教学的弊端在于其中无意义成分较多。

另一方面，发现学习也并非都具有意义，发现学习的过程中要注重科学的发现方法以及必要的预设目的（可以是假设性的），这样发现学习往往才会有价值。

总之，接受学习和发现学习都是必要的学习方式，在实际中只有结合具体的学习任务，做到灵活运用、相辅相成，并以促进学生的理解和意义的生成为其最终目的。

2. 自主学习与他主学习

自主学习强调的是学习的自觉性、自律性，突出了人的主体能动性在学习中的发挥，他主学习则强调外部的压力对学生的管束、干预。

相对而言，我们更主张自主学习的方式，学生的学习是他自己的事情，教师无法代替，但我们也并不反对必要的他主学习，作为学生发展的外部原因，当学生学习的自主性不够时，他主学习是一种必要的强制力量，但学习方式不能停留于他主学习上，更不能无限制强化他主学习，否则学生的主体性必会受到限制而无法发挥。我们提倡他主学习向指导性的学习方向发展，在教师的合理指导下逐步提高学生学习的主体性，从而养成学生自主学习的方式，正如有的学者对教育的理解那样——教育是一种价值引导和自主建构，充分说明了学生在学习与发展过程中主客观因素的辩证关系。

3. 独立学习与合作学习

独立性是人的主体性的又一主要特征，而且是人主体性中基础性的特征，人只有获得了独立性，人的自主性、创新性等其他品质才能得以发挥。我们主要从学生个体的视角上来理解独立学习，它是一种建立在学生依靠自身努力的基础上的学习方式。

合作学习其实是一种社会性学习方式，以培养学生的合作精神与合作技能为主要目的。合作学习建立在师生平等的地位上才能真正展开，它不是服从，而是一种相互认同、相互接纳。

合作学习中蕴涵了独立学习，在合作学习中，合作与独立是一种辩证的关系，合作以独立为基础，合作的前提是独立，不是依赖，如果学生没有自己的观点，千人一面，合作就没有意义。三个臭皮匠，顶个诸葛亮，前提是三个臭皮匠都要开动脑子、出谋划策。合作又赋予了独立所没有的意义，在合作中，围绕共同的目标相互分工、优势互补、相互交流与帮助，共享经验，最终达到共同提高。

独立学习与合作学习也要根据学习任务的性质以及学生能力与需要的特点来进行合理的选择与安排。

4. 封闭性学习与开放性学习

封闭性与开放性是作为一个组织或系统所具有的结构特性。作为学习主体的学生，也是一个组织体，更是一个自组织体，学生的学习可以视作学生与环境之间的信息交流以及建立在这种基础上的学生心理内部的自主建构。如果仅以学生作为一个组织或系统来考察信息在学生与环境之间的流动的话，那么可以说几乎任何学习都是开放性学习，但是我们不作这样的理解。

封闭性学习与开放性学习的区分其实也是相对的，要看从什么样的视角去分析。

学生的学习总要借助一定的内容、方法、场所等因素，传统的学习常是以课本作为内容来源、以接受作为方法、以课堂作为场所，这几个因素包括学生与老师在内，形成了一个封闭的系统。

因此，我们将传统的固守于书本、固守于课堂，以接受性学习为主的学习视作封闭性学习，而将突破书本内容、突破课堂环境，广泛运用各种学习方法（如讨论法、调查法等）与课程资源（如社会资源、网络资源）的学习视作开放性学习。

这二者之间其实还有一些过渡性的形式，其实我们没必要从概念上对其作绝对的界定与区分。

真正值得我们重视的，仍然是要根据学习的任务与目的以及学生的能力、学习的资源等因素，来进行合理地、恰当地、适度地选择学习的方式。每种学习方式其实都有其适用的条件，学习方式之间并没有一种绝对的优劣关系，关键看其在什么条件下被运用。

在这个意义上，我们可以说，其实并没有哪种单一的学习方式能够适用于任何学习任务，我们选择学习方式时不能走进非此即彼的思维模式而固守一种单一的学习方式，很多时候往往是以一种方式为主，以其他方式为辅。在实践中，不同的学习方式是可以灵活地整合在一起的。所谓优秀的学习方式是整合的、也是具体的。

二　教学目标是发展

（一）何为发展

自从18世纪中叶以来，"发展"（development）就成为西方社会有关文化斗争的核心概念和重要隐喻。当时，"发展"就意味着"人性"的自我实现，意味着社会系统由低级向高级形态的进化，意味着整个人类一种绝对的成长过程。对"发展"的这种理解侧重于"发展"的文化意义。19世纪中叶，随着工业革命的迅速发展，特别是随着达尔文的生物进化理论的出现，"发展"具有了更多的经济和政治意义[①]。一直到了今天随着时代的进步，人们赋予了发展更多的意义，我们把发展理解为个体的自由和谐的发展。似乎更忠实发展的最初含义。

（二）发展是教学目标的合理性分析

人是所有动物中最高级的，但又是在生理方面尤其是大脑尚未成熟的状态下出生的。动物学家波特曼指出：如果人也想达到动物那种先天性的成熟程度，起码要在母体内停留21个月。然而恰恰是因为人的这种先天的不成熟，才使得人具有很强的可塑性和巨大的发展空间。因而，发展与教育就成为和人的成长相伴随的必然活动。这种发展不是局限于人生的某一阶段而是贯穿人生的全过程。"个体发展是指人的身心诸方面及其整体性结构与特征随着年龄的推移而发生不断变化的过程。"[②] "发展既包括身体各方面的变化，又包括心理各方面的变化；既有连续性的一

---

① 石中英：《知识转型与教育改革》，教育科学出版社2001年版，第336页。
② 叶澜：《教育概论》，人民教育出版社1991年版，第201页。

面，又有非连续性的一面；既是自然的客观过程，又是社会历史文化过程。"① 而作为教学对象的学生，正是在成长中的青少年，也就具有发展的无限可能性。但是作为教学目标的发展，应该是理解为发展作为不断进步的过程，总是与克服原有的不足、消除原有的矛盾联系在一起②。"教育活动的对象是人，它面对的是个体，所以，教育与人的关系，考察的是教育与个体发展的关系。个体是以活生生的生命形态存在的，生命存在于个体之中。说个体就是说具体的生命，而不是我们长期以来谈论的抽象的人、人的本质。所以，人的发展的第二种解释是把它与个体的发展联系起来。发展既是一种状态，又是一个过程。作为状态是个体生命发展的阶段性完成，作为过程是对已经完成的发展状态的不断否定和超越，追求新的发展。对发展而言，状态是相对的，运动是绝对的。因此，对个体生命的发展，我们也可以从静止的状态和运动的状态两个方面来考察它的含义。"③

在这里的发展我们还可以理解为马克思的全面发展。这里的全面不是一切方面，也不是所有的全面。根据马克思恩格斯的说法，全面发展主要是指体力和脑力的全面，肉体上的和精神上的全面，又指精神、文化自身的全面。也就是说全面发展，是相对于片面性，相对于局限性，相对于畸形……全面是相对于某种或某些片面的，相对于一切片面的全面发展，绝对意义上的个人全面发展是不可能的。如某人比另外一些人发展得全面一些；某人在某个领域比在另一个领域发展得全面一些，等等。因此，马克思的全面发展，与其说是"全面"，不

---

① 叶澜：《教师角色与教师发展新探》，教育科学出版社 2001 年版，第 100 页。

② 同上。

③ 冯建军：《生命与教育》，教育科学出版社 2004 年第 1 版，第 141 页。

如说是"多面";而"多面"又不可能是多多益善;比较恰当体现"多面"的是若干"基本面"。那么这么说是不是就准确地理解了全面发展呢。我们是不是还要回答"全面发展是谁的全面发展?"[①] 社会是由一个个的人而组成的,我们当然希望人人全面发展,可是必须是由实实在在的一个一个的人的全面发展,由一个一个构成人人发展,构成个个发展。基本的起点是个人的或个体的全面发展。或者说,必须到具体的个人来谈论全面发展;同时,这里所说的个人已经具有一般性,它并不是指某个个人,也不是某些特定的个人,而是可走向人、走向人类的个人。在这里,我们特别要强调的是:全面发展是在发展中走向全面,首先强调的是发展,只有持续发展,才有了考虑全面的前提,才有了需要去进一步力求全面,或同时去求得。因此,全面发展就是发展全面,或者说,目标是全面发展,实际过程是发展全面,即人应总是处在发展中,并力求全面。它的实际意义在于:我们的教学随时所要考虑的是促进学生发展,这是更基本的,更优先的。与此同时,我们要考虑的是:有些什么阻碍了学生的发展?我们自觉不自觉地做了不利于学生发展的事情没有?只要我们一心一意想着为学生的发展创造更好的条件,发展就有了,虽然全面不一定到来,但课程与教学的各方面都关注了,它的来到就会容易多了,可做的文章就大多了[②]。因此我们可以说,全面发展的实质是个性发展。也就是说我们在关心学生的全面发展的时候,如何看待学生的千差万别。我们在关心学生的目前发展的时候,更要关注学生未来的全面发展。此时,学生的全面发展或者是为未来进一步的发展作准备的发展,其基本内容是什么呢?学生的全面发展实质上是学生个性

---

① 张楚廷:《课程与教学哲学》,人民教育出版社 2003 年版,第 295—299 页。

② 同上书,第 300—301 页。

的发展。这句话包括三层意思：①就发展的基本内容来说是个性发展；②经由个性的充分发展实现全面发展；③离开了个性发展，全面发展是不可能的。① 那么个性发展又是怎么样的一种发展呢？是一种自由和谐的个性发展。因为自由发展是个性发展的前提，因为自由是个性存在的前提，而思想自由是全部自由的基础。历史表明，自由的丧失是从思想自由被剥夺开始的，虽然每一次的剥夺不仅最终失败而且让人们更懂得思想自由之无价。"思想形成人的伟大。""我们全部的尊严就在于思想。"人之所以为人，就在思想：人之所以伟大，就在他能思想；人之所以天赋自由，就因为他在思想着。因而，人的发展亦在自由发展。全面不一定是和谐的，和谐一定是接近全面的，和谐是多成分之间的一种软性结构特征；和谐必定是有利于发展，有利于健康发展和全面发展的；反之，和谐的丧失即阻滞发展，更谈不上全面。就心理的和谐发展而言，主要是知、情、意的和谐发展。如果这一结论没有疑问的话，和谐发展是相对于全面发展更为实质的内容。和谐发展不仅对于全面发展是必要的，而且是更充实的；尤其在注意到和谐必然包含着多面，而全面也只是相对多面的时候，对于发展而言，求"和"比求"全"显然更重要，"和"而易"全"，"全"丧"和"则不"全"。

从发展的内容看，我们注目于个性；从发展的结构看，我们着重于和谐；从发展的条件看，我们更珍视自由。只有自由，才能保证和谐；只有自由与和谐，个性才能充分展示；只有自由和谐的个性发展，才导致全面发展。因此，我们说我们的教学目标最终要达到学习者个性的自由、和谐发展②。

（三）学生发展的取向分析

学生是一个复杂的矛盾统一体，学生的发展具有丰富的内

①　张楚廷：《课程与教学哲学》，人民教育出版社 2003 年版，第 302 页。
②　同上书，第 311—315 页。

涵，亦具有丰富的时代性，这儿我们选取几种主要的学生发展的取向进行简要的叙述，对照历史，可以看到它们在理论与实践中都曾体现过。

1. 社会性发展与个性发展

历史的看，人与社会是对立而又统一的关系，然而，社本主义和人本主义将人与社会的对立性狭隘化、极端化了，社本主义片面强调人的社会性，人本主义片面强调人的个性，将人与社会绝对对立起来，肯定一方的同时却否定了另一方，要么将社会凌驾于个人之上，要么将个人凌驾于社会之上，从而其各自所理解的社会性与个性也是片面的。

然而，人是社会中的人，社会是由人构成的社会，从根本上说，人与社会是统一的关系，人与社会的同一性更值得现代人去关注和追求。

社会性可以理解为人的共性，体现在人们共同享有和遵守的社会风俗、道德、法律、信仰等因素中，个性则是社会性在人身上的丰富而鲜活的表现，从心理学角度看，个性表现为人的个性心理特征（如需要、兴趣、价值观、理想、信念、信仰等）与个性倾向性（如性格、气质、能力等）。

社会性与个性是辩证统一的关系，共性通过个性得以表现，个性蕴于共性之中，二者是"你中有我，我中有你"的关系，因而，学生的社会性发展与个性发展是相辅相成、有机融合的关系，而非对立的两极。

2. 生理发展与心理发展

人是一个矛盾统一体，其中生理因素与心理因素的矛盾运动，是推动人发展的一个机制。学校教学因而承担着发展学生生理、发展学生心理以及协调二者和谐发展的任务。

学生的生理发展与心理发展总体上都具有阶段性，并处于相互"平衡—不平衡"的矛盾运动中，教学要根据学生的身心发展水平制定教学目标，组织教学内容，体现学生发展的整体性、阶段性特征。

3. 智力因素发展与非智力因素发展

智力因素主要是人的认知性心理因素，包括识记、判断、推理、想象等，非智力因素主要指人的情意性心理因素，包括情感、动机、意志等。

从哲学的角度看，人的智力因素与非智力因素大体可以理解为人的理性与非理性，人是理性与非理性的统一体。

从总体上看，智力因素与非智力因素在人的发展中发挥着相互制约的关系，但也各自有着相对的独立性。

教学作为师生的对话交往活动，同样面临着发展学生智力因素与非智力因素并协调二者关系的任务。智力因素与非智力因素如果能协调发展，将会最大限度地激发人的创造潜能。

智力因素与非智力因素并非绝对要分离开来对学生进行培养的，而是可以结合在一起发挥的，多数科目都蕴涵着丰富的智力因素与非智力因素的教学资源，二者是可以在教学中相伴生的。

4. 全面发展与片面发展

上面列举了几对具体的人的发展取向，因而这里的全面发展与片面发展其实就不难理解，全面发展的内涵非常丰富，不同的人有不同的理解。我们认为，全面发展即社会性发展与个性发展的统一，生理发展与心理发展的统一，智力因素发展与非智力因素发展的统一，体现的是人的和谐发展的取向，与之相反，片面发展则是顾此失彼、非此即彼的发展取向。

全面发展作为一种教学目标的取向，是一个历史的追求，它永远是教育的理想追求，并随着时代的不同而不断丰富着内涵，历史上的许多思想家、教育家都有过论述，然而虽然它是一种教育理想，却并不缺乏现实性，历史总是具体而丰富的，教学作为一种人为的实践活动，总是可以在具体的历史条件下，充分利用现有各种有利因素，最大限度地实践全面教育的理想，在当代，更是如此。

第四节 教学的目标是继承更是创新

一 教学的目标是继承

（一）何为继承

继承可以理解为是某种东西的前后相继和传递的过程。如知识的继承或文化的继承。

（二）继承是教学目标的合理性分析

因为作为知识或者说文化主体的人本身就具有历史遗传的本性。我们都很清楚，人是自然人和社会人的统一。就其自然性而言，人的一些生物特征会按照生物遗传与变异的规律发展。前代人的身体特征，包括体型、外貌、血型、某些病原等，都会对后代人具有重要的影响。这就为知识或文化的继承奠定了自然基础，也就为继承提供了客观依据。同时，继承又是发展的内在要求。因为就人的社会性而言，基础在于实践。人们一提到人的实践，就知道实践具有和动物本能活动不同的能动性和创造性，但实际上，人的实践不单单是一个创造性活动，而是重复性和创造性相统一的活动。人的实践总是从模仿开始，模仿是重复性的表现形式①。模仿与继承密切联系。而作为人类实践活动结晶的文化而言，就更有其历史继承性，因为人类的历史具有延续性，文化也就从一代人手中传递到另一代人手中，从而延续至今，当然这种延续并不是固定不变的，但是变化和创新也是在继承的基础上进行。因此，无论对于作为主体的人而言还是作为客体的知识或文化而言，其发展都可以说是在继承的基础上进行。

① 周晓阳、张多来：《现代文化哲学》，湖南大学出版社 2004 年版，第 173—174 页。

对于教育而言，美国教育家赫钦斯有句名言："教育意味着教学，教学意味着知识。"确实，教育过程首先就是引导学生掌握文化知识的过程。教育的一项重要任务，就是用人类千百年来积累下来的文化知识的精华武装青少年的头脑，使他们能站在巨人的肩膀上攀登①。也就是说，教学的对象是人，而教学的内容是知识，那么我们说继承是教学目标就具有其合理性。

但是正如上面所说的，人的实践是重复性和创造性的统一，因为重复性，所以形成了人在实践活动中的模仿和继承，但是我们在继承的基础上，更为重要的是创造性。也就是说教学的目标不仅仅是继承，更是一种在继承之上的创新。

二　教学的目标是创新

（一）何为创新

创新是什么？是从旧的形态中去发现新的东西吗？还是去创造原来所没有的东西？在前面我们就说到人的创造性。那么我们能不能把创新理解为：创新，是指主体创造性的集中体现，是主体在新的时代背景和实践环节中，破除旧的东西，创立新的东西的过程。②

（二）创新是教学目标的合理性分析

人类的发展不能没有历史，很多东西包括人类本身就是一个历史性的延续，我们是在继承前人的基础上发展起来的。但是人类的发展又不仅仅是历史，而且在继承的过程中，并不是原封不动地照搬，如果那样就不会有人类的发展。也就是说，发展是一个由量变到质变的过程。量变到一定程度，就会发生质变；在质变的基础上，又开始了新的量变。人类的发展也就是一个在继承

---

① 叶澜：《教师角色与教师发展新探》，教育科学出版社2001年版，第107页。

② 周晓阳、张多来：《现代文化哲学》，湖南大学出版社2004年版，第183页。

的基础上不断创新的过程。作为人类社会发展重要的组成部分的
教育来说，人是教育的对象；而作为教育的核心部分的教学来
说，它的对象也是人。那么我们想通过教育或教学达到什么样的
目的呢？进一步说，我们的教学目标是什么呢？我们的教学目标
是继承，没错，我们要继承人类社会的结晶。但是我们不能仅仅
满足于原有的东西，那样会意味着历史的倒退。因此我们更为重
要的是在继承基础上的创新。所以我们说，教学目标是创新。通
过教学过程使原有的东西有所创新，而且通过教学使得学生具备
创新能力。在这里，我们还必须明确一点就是：真正的思想产生
在自由的环境下。我们的教学想让学生有所创新，必须为他们提
供一个自由的环境。就是我们常说的教学民主吗？教学民主的目
的也就是关注学生的自由。但是在真正的教学中，学生的自由度
有多大？可以说，只有主体自身拥有自由的空间，他（她）才
能真正地创新。

　　教学目标是学习，因为要通过学习去追求知识的记忆、
掌握、理解与应用为标志的"外在发展"。而在个人发展方
面，着重于追求的是以知识的鉴赏力、判断力与批判力为标
志的"内在发展"。因此教学目标是发展，而且是一种个性
的自由、和谐的发展。教学的目标是继承，因为教学的一项
重要任务，就是用人类千百年来积累下来的文化知识的精华
武装青少年的头脑，使他们能站得更高，看得更远。但是创
新更高于继承，要使教学在为学生提供自由的环境下，达到
创新的目标。

　　三　学习、发展、继承、创新四者的辩证关系及其当代人文
性

　　学习、发展、继承、创新——我们在相对宏观的层次将教学
的目标定位于这四个方面，并非毫无根据，这样的教学目标观具

有鲜明的时代性与人文性，是前面人文引领的和谐教学目标观的具体化。

同时，这四者之间又是一个相辅相成、辩证统一的关系，具有内在的关联性。

教学的目标是学习——只有在学习中，学生才会实现对先进文化知识的继承，才会实现学习理念、方法与结果的创新，从而才会实现自身的发展。

教学的目标是发展——只有在发展中，学生才能进行更高层次的学习，更高层次的继承以及更高层次的创新。

教学的目标是继承——只有在继承中，学生才能展开学习、从事创新、实现发展，"站在巨人的肩膀上，才能爬得更高、看得更远"。

教学的目标是创新——只有在创新中，学生才能进一步的继承，才能更新自己的学习，才能获得高度的发展。

总之，学习、发展、继承、创新四大目标相辅相成、缺一不可，它们又共同以人为核心，凸显时代特色。

我们所处的时代是一个弘扬人的主体性的时代，以人为本是当代社会的理念，它所针对的是社会中业已出现的诸多负面现象。在商业化大潮中，一部分人的主体性丧失了，一部分人的主体性张狂了，人的主体性中反思的成分丧失了，人的主体性中控制欲、占有欲的成分张狂了，于是，物质主义、权力主义开始流行，古老的宗教教义、伦理道德亦已失去神圣的光彩，人越来越缺少了内心的自省，人的信仰出现危机。

以人为本，就是要重新确立人的地位与尊严、重新发现人的价值与意义，重建社会人文，构建和谐的人类社会。人类总是向往光明的，社会必将会越来越尊重人、尊重人才。

学习与发展、继承与创新，正是在这样的多元社会中，根据当代社会对人才的要求，所确立的教学目标理念，它首先是尊重人、弘扬人的教学目标观，同时也是以促进社会发展为目的的，盖因在这样的教学目标观中，蕴涵了人与社会相互促进、良性循环的和谐构想。这种构想并非脱离实际，学习化、信息化的社会将为学校教学提供更多的机遇与资源。

第四章　教学内容哲学

第一节　知识与课程知识观基础

一　知识概念辨析

关于知识的问题是我们从事课程与教学内容研究最基础的问题，同时也是一个十分复杂的问题。对于什么是知识，如何定义知识，古往今来许多哲人均作过不懈的思考和探索，有过种种界定，但仁者见仁，智者见智，很难达成一致。

在我国古代典籍中，"知识"一词最早可见于《宋史·李庭芝传》："李庭芝……少颖异，日能诵数千言，而智识恒出长老之上。"细观全文，这里的"智"是指智慧、机智和机巧，"识"是指识见，对事物洞察和预见的能力，和今天知识的含义不尽相同。当代国内有学者认为：所谓知识，就是认识主体用内在认识图式结合、同化认识客体而再现出来或原则上可以再现出来的被观念化、符号化了的有序信息组合。并且还需要注意：知识所包含的观念化信息内容具有客观性；知识是主—客体相关联的产物，但又不能把所有主—客体相关联的产物都看作是知识；知识和认识既有联系又有区别。1979 年《辞源》对知识的解释是"相识见知的人"、"人对事物的认识"。1980 年出版的《辞海》将知识定义为"人们在社会实践中积累起来的经验"。《现代汉语词典》中知识的定义是"人们在改造世界的实践中获得的认识和经验的总和"。

在西方，最早对知识进行探究的是古希腊的智者学派，在他们看来，知识来源于个人的经验，由于每个人对事物的感受不同，因而没有绝对意义的知识。而柏拉图反对智者们的知识界说，认为知识不等于意见，它是经过证实的正确认识。

其实，在不同的历史时期，知识概念的重心有所不同。在古代，知识主要指关于世界的学问，如古希腊的苏格拉底认为知识是自我之知，而毕达哥拉斯的知识指逻辑、语法和修辞。在我国的道家和禅宗中，知识是自我认识和通向成名与智慧的途径，而在儒家思想中，知识是关于说话、处事和获得世俗成功的学问。古代的知识概念主要指书本知识，实用知识不属于知识的范畴。近代的知识指正确的认识，是主体对客体的规律性认识，知识是力量的象征。掌握了知识就可以用来支配自然，获得行动的自由。在当代，知识即财富，是经济发展的根本支柱，世界经合组织在《以知识为基础的经济》的报告中从经济学角度对知识进行了划分，它把知识分为四类：一是知道是什么的知识（Know – what），即关于事实的知识；二是知道为什么的知识（Know – why），即指自然原理和规律方面的科学理论；三是知道怎么做的知识（know – how），即关于技能和诀窍方面的知识；四是知道是谁的知识（know – who），涉及谁知道某种信息的知识，即关于人力资源方面的知识，它包含了特定社会关系的形成。其中，第一类和第二类知识可以通过读书、听演讲和查看数据库获得，第三类和第四类知识属于"隐含经验类知识"，是难以编码和度量的知识，它们的获取主要依靠实践。这个分类生动地反映了当代知识体系的结构性变化，同时，这类知识在古代与近代都不包括在知识范畴之内。而享有所有权和有法律规定的可编码知识资产，只是整个知识资产的"冰山一角"。

可见，知识概念丰富而多义，且与众多概念密切相关，人们常常未作任何区分地加以使用知识概念，其含义大多依据具体语境而定。但是，我们可以从中看出，第一，知识的定义可以从不同角度加以探讨，比如从哲学的角度界定知识，常常要从知识的来源等本质问题加以思考；如果从教育学的角度界定知识，则需要更多地从人类认识成果的那些知识入手。第二，知识虽然无处不在，无时不有，但却很难作出准确的界定，这种状况很像罗素晚年所感悟到的那样，"知识是一个不能得到精确定义的名词"[①]。

二　知识观的演进

"知识观即关于知识的观念。它是人们对知识的基本看法、见解和信息，是人们对知识本质、来源、范围、标准、价值等的种种假设，是人们关于知识问题的总体认识和基本观点。"[②]

知识观的形成，自然是基于对知识的理性理解。由上面的论证我们可以看出，知识是一个历史范畴，其含义自古至今不断变化。在现代社会，学者们给出了各种各样令人眼花缭乱的知识定义。学者们的学科背景不同，所做定义要强调的侧重点也有所不同。简而言之，有多少个知识研究者，就可能有多少种知识定义。随着历史的流逝，知识观也呈现出一些共同的特征，即由个体向"共同"转变，由个性趋向"共性"，由传统走向现代。从其流变而言，可以有近代知识观、现代知识观与后现代知识观。

（一）近代知识观

关于知识观，我们仍要回溯到古希腊。在古希腊，在苏格拉底那里，他通过对概念的探讨，逐步确立起"知识是对普遍必然性的本质把握"这一根本概念。在柏拉图那里，知识存在于我们的内心深处，是绝对真的和具有普遍必然性的观念系统；知

---

① 鲍宗豪：《论无知：一个新的认识域》，上海人民出版社 1991 年版，第140 页。

② 潘洪建：《知识视阈中的教学改革》，西北师范大学 2002 年博士学位论文。

识的本性和知识的存在是可能的和合理的。他对理念世界和现实世界进行了划分，他的这一划分，与其说出于存在论的考虑，不如说是从知识的角度考虑的：知识是永恒的，而意见则是变动不居的。巴门德尼更明确地对真理（真知识）与意见进行了区分。"把'知识'与'意见'区别开来是古希腊人对哲学思维的贡献。'意见'是个别的，随时间、地点、个人而变迁，'知识'则是不变的，放之四海而皆准。"①

　　总的来说，传统哲学有两个假设：一是知识具有普遍必然性；二是存在是知识的对象。近代哲学认识论的开端，就在于对这一知识观的继承和发扬。凡是知识，都具有普遍必然性，否则便称不上是知识。这是传统知识观的最根本观点，也是近代知识观的共同信条。近代哲学知识论的转向，就是以知识的普遍必然性作为其知识论出发点的。近代哲学以追求知识为目的，但近代哲学要问的不是什么是真正的知识，而是如何才能获得真正的知识，即关于知识的来源，获得知识的途径和真理观等问题。因此，近代知识观呈现出绝对化、非人化、非社会化的特征。

（二）现代知识观

　　自17世纪以来，"现代社会"的形态开始出现。在社会转型过程中，知识观也发生了转向，形成了现代知识观，其核心思想包括知识的如下信息：知识是我们关于外部世界的正确观念或认识，即具有真理性和确定性；知识是我们对于外部世界的规律性、划一性的认识，是对必然性的认识；知识是一个体系，它可以通过一定的方法（如演绎法），构成一个前后一致的系统；知识的系统是可以完备的，即如果我们能够找到一个正确的、最基本的原理（公理），我们就可以以此为基点，构造出完整的知识大厦；新知识的获得主要通过实验和分析，也就是对自然的解剖

————————

① 叶秀山：《思·史·诗》，人民出版社1988年版，第66页。

和考问；知识就是力量，它不仅能使我们征服自然，成为自然的主人，而且能够导致政治、经济和社会的进步，最终带来人的自由。现代知识观认为知识具有客观性、普遍性和中立性。所谓"客观性"，即指知识陈述正确地反映了事物的本质属性或事物与事物之间的本质联系，与事物本身的属性及事物与事物之间的本来关系相符合；所谓"普遍性"是指"普遍的可证实性"以及建立在其上的"普遍的可接纳性"；所谓"中立性"，也称"价值中立"或"文化无涉"，即知识是纯粹经验的和理智的产物，只与认识对象的客观属性和认识主体的认识能力有关，而不与认识主体的性别、种族以及所持的意识形态等等有关①。

一个世纪以来，特别是 20 世纪 50 年代以来，人类知识领域发生了许多重大的变化。

以知识经济、知识社会为背景的新的知识观认为：（1）知识是对开放的、复杂多变的现实的解释，而不是对封闭的、稳定的意义系统的客观反映。（2）知识是过程，不是结果。知识是学习者与环境相互作用的过程中发展而来的，并非终极真理。（3）知识不再具有绝对的客观性，而是依存于知识掌握者。知者与被知者紧密联系在一起。与此同时，知识不再单纯是社会历史认识的产物，而是个人经验的统合。（4）知识是作为整体的对自然、人类和社会的统合的解释，不能简单地划分为一个个独立的学科领域。当代知识系统不仅包括理论性、观念性的知识，更重要的是出现了一系列能够促进经济和社会发展的技术性知识（即 Know－how），这些技术性的知识与过去的工匠技术不同，它们包含着很强的理论性、原理性知识（即 Know－why）；它们又与近代的知识不同，因为它们是技术，有着很强的应用性、利益驱动性。这样一些知识和知识群的出现，是知识经济之知识的

① 石中英：《教育哲学导论》，北京师范大学出版社 2004 年版，第 152 页。

最重要的标志，它们反映了当代知识结构和本质的革命性变化。知识，在当今首先意味着一种实践能力、实践智慧，而不是理论能力。简单地说，拥有知识在过去意味着头脑中拥有很多正确观念、原则、概念、公式、事实，今天这些都不再那么重要，拥有知识意味着拥有实践能力，特别是创新能力。

（三）后现代知识观

应当承认，现代知识观对于推动自然科学和实验技术的发展乃至整个社会的进步起到了非常重大的作用。但随着社会和知识本身的进展，这种考问自然的知识观本身受到了考问：知识究竟有没有真理性、确定性？知识的历史表明，所有知识包括那些一度被认为是不可动摇的真理都是不正确的，错误的，那么，知识的真理性何在？知识是有关规律性、统一性的吗？有没有关于偶然性、随机性的知识？知识的历史表明真理都是有条件的，那么，知识的普遍性不是大有疑问了吗？认识了规律性和统一性就能克服偶然性了吗？知识的系统是可以完备的吗？新知识的获得除了实验和分析以外还有没有其他途径？社会科学是不是真正的科学知识？它与自然科学的区别在哪里？是否只有自然科学知识才可以称为知识？知识是否像人们想象的那样有力量？知识能使人们最终征服自然吗？知识的增长和传播能导致一个更加安全、平等、自由的社会秩序吗？

自 19 世纪末开始，特别是第二次世界大战以来，为了适应变化了的新的知识现实，哲学家在对上述问题的思考中，逐渐凸显出一种后现代的知识观。这种知识观认为：

1. "知识不是观念（表象）"，知识是一种信念、一种语言、一种工具，这是后现代主义者对知识本质的新的理解。从 20 世纪初开始，"信念"这个词日益频繁地出现在哲学著作中，直到最后"信念"取代"观念"成为后现代知识的核心概念之一。罗蒂说："俘获住传统哲学的图画是作为一面巨镜的心的图画，它包含着各种各样的表象（其中有些准确，有些不准确）并可借助纯粹的、非经验的方法加以研究。如果没有类似于镜子的心得观念。作为准确再现的知识观念就不会出现。"[1] 在罗蒂看来，不存在任何关于思想和实在的关系或语言和实在的关系问题，思想不过就是具有信念或愿望、具有可以用句子标识的行为习惯。利奥塔借用维特根斯坦的"语言游戏"理论，把科学知识和叙事知识看成形式不同但本质上一致的语言游戏，科学知识不过是科学家的共识和信念罢了。

2. 知识不是，至少不一定是关于必然性、确定性的，而是或者也可以是关于偶然性、不确定性、意外反响的，是关于在一个充满偶然、分岔、不稳定、突变的世界如何对付它们的工具。现代知识把数学、力学作为楷模，在这种知识观的心目中，客体、对象本身是机械的、必然的、可逆的、规律的，而我们所以看不透它，是因为我们的偏见、私见、传统、迷信等。揭开蒙住我们眼睛的纱幕，自然规律就会展现在我们面前。知识的目的就是探究必然性、规律性。掌握了必然性、规律性，我们就获得了自由。在后现代知识观看来，必然性、规律性都是极限状态，世界是偶然的、自发的，知识的目的不是掌握规律，而是预测偶然。利奥塔认为，后现代科学的主题是差异、反常、不稳定性、突变、非连续性、非决定论、语义学悖论、信息缺失下的冲突等[2]。

3. 知识是不可完备的，是片断、暂时的、不断生成和毁灭着的聚合体。知识的系统是一种聚合，而不是有等级结构的系统，只是没有确定的根基。费耶阿本德的"理论的增生原则"阐述了这样一种观点，即人类的知识"是一些互不相容的（甚

---

① ［美］理查·罗蒂：《哲学和自然之镜》，生活·读书·新知三联书店1987年版，第9页。

② ［法］让·弗朗索瓦·利奥塔著，车槿山译：《后现代状态——关于知识的报告》，生活·读书·新知三联书店1997年版，第125—126页。

至不可比的）各种知识越来越增长的海洋，每一种理论，每一个童话都是这个集合的一个部分，通过竞争，都对我们的意识的发展作出贡献"。

4. 知识的目标不是追求真理，而是"开发歧义，维护竞争"。现代知识观认为，我们的主要任务，是在我们自身的镜式本质中准确地映现周围世界。后现代知识观则认为，在克服了以为人生最重要的东西就是建立与某种非人类的东西（如上帝、善、实在、绝对命令）联系的信念，放弃了发现某种固定不变的，使我们可能用知识来代替意见的东西之后，理解和对话成为最重要的东西。对话需要的不是认识论的方法，而是解释学的方法，不是获得真理的方法，而是发现新的、较好的、更有趣的、更富成效的说话方式。在后现代文化中，将不再有人对绝对实在和绝对实在的表象感兴趣，对精确性的谈论将减少，而对创造性的谈论将增多。伟大科学家的形象不是把事情搞清楚，而是使事情变新。

后现代知识观用一句话来说，就是知识无根基、无系统、无结构、无逻辑、无规则、无标准、无方法。

三 知识观流变对现代教学的启示

随着对知识的"客观性"、"普遍性"的解构以及知识的"文化性"、"境域性"的揭示，人们越来越认识到：（1）认识对象是主体和社会所建构的，自然反映出主体和社会的价值趣味与文化偏好；（2）不仅所有的感知和认识都受着理论的指导，而且理性与文化及其包含的价值观念之间也存在着非常密切的关系；（3）事实证明，所有的知识生产都是受社会价值需要指引的，所有知识本身是体现着一定的价值要求的，所有的知识在传播过程中都是受权力因素制约的。这一切都表明，所谓知识的"中立性"只是人们一厢情愿虚构出来的神话，知识本来就具有价值的特性。

在传统知识观和现代教育观的支配下，教学的核心任务或基本任务就是正确、有效地传递和掌握课程知识，师生关系的基本性质就是知识的传递者与学习者之间的关系，教学的基本形式、教学原则、教学方法、教学评价的核心或最终目的也都归结于此、服务于此，学生被允许的活动范围也就限制在这个极其狭小的圈子里而不能越雷池半步，至于发展智力、培养能力、进行思想品德教育等都被看成是建立在课程知识的传递和掌握基础之上的，甚至被直接归结为对某种知识的掌握和应用。而新知识观则揭示了长期被现代知识观所掩盖的文化性、情境性、价值性、建构性。在这种知识观中，为了形成知识，教师的教学方式和学生的学习方式就应发生一定的变化。显然，传统的教学方式是应该遭到摒弃的，如研究性学习是新知识观在学习方式上的一种必然选择。要获得具有文化性的知识，知识掌握的主体必须参与社会生活，参与实践，把学生限制在课堂上，限定在教材中，他们得到的知识就会缺乏鲜活的文化根基。研究性学习自始至终充满着学生的实践探究与社会体验，通过这种方式获得的知识必然富有文化性。研究性学习强调在知识掌握过程中的主体体验，它提倡在问题的调查研究中解决问题，因此具有很强的情境性特点。知识的价值性是指知识对满足个体需要的一种属性，研究性学习是在使用与体验中获得知识的，因此，由此所获得知识的价值性是显而易见的。同时，知识的建构性也需要学生在学习过程中进行探究。

四　课程的知识观基础

人们对知识性质的认识影响着课程工作。"课程目标和内容的变化取决于人们是不是认为'真正的'知识存在于'现实世界'的彼岸，或者'真正的'知识是否内在地固定于个人心智的主观深处。在前一种情况下，课程会强调集中于目标或'科学'研究的活动，并且强调学习固定的客观观念和概念，后者则强调符号和隐喻的研究，如文学和艺术。"①

（一）学科课程的知识观基础

在课程思潮中，学科中心课程是最古老而又传统的课程形态，在学校教育实践中，它一直是学校最基本、最受欢迎的课程。古希腊罗马学校的"七艺"、中国古代学校的"四书""五经"都是典型的学科中心课程。

"学科中心课程的基本假设是知识的'旁观者理论'。该理论坚持主、客二分的哲学观点，把知识看作是独立于学习者之外客观存在的概念、原理、规律、理论等。知识是人们对客观现实认识的结果，是学习的客观对象，它不依赖于学习者而存在，不受学习者处理材料和组织经验特殊方式的影响。在他们看来，认识的目的在于排除个人经验、偏见，获得关于事物的绝对真理，心为'自然之镜'，认识主体要通过特殊的训练擦亮这面镜子，以便获得客观事物的纯粹知识。"② 笛卡尔通过对存在的怀疑，将主体从客体中强行分离出来，打破先前人与世界天然的融合共处，人从此获得高于自然的优先地位，成为自然的主人，可以随意处置自然，自然丧失了任何主体性经验和感觉，仅仅具有客体的性质与人对峙。"世界脱魅了，理性知识上升，成为霸权话语，光彩照人；感性知识下坠，个人直觉、经验、迷信、巫术逐渐失去话语的霸权地位，暗淡失色，成为弱势话语。"③ 人们确信，借助客观的方法（主要是观察与实验）就能获得对客观世界的绝对知识，人类由此踏上了对

---

① ［美］蔡斯：《课程的概念》，《教育学文集·课程与教材》（上），人民教育出版社1988年版，第260页。

② 潘洪建：《教学知识论》，甘肃教育出版社2004年版，第150页。

③ 潘洪建：《教学知识论》，甘肃教育出版社2004年版，第151页。

自然进行追寻、考问、探索的征途。客观世界被分解为多个细小的部分，分别由不同的学科加以研究，从而形成了各门系统的知识领域。

不可否认，学科课程在促进人类文化遗产和种族经验的传递，促进学生文化知识的系统掌握和智力水平的发展，把握学生的学业水平，有利于教师的教学等方面都起到了其他类型课程不可替代的作用，具有其他类型课程所不具有的优点和长处。而其他课程思潮的兴起及其对学科课程的批驳，同时也说明了学科中心课程具有不足和缺陷。如进步主义的经验课程思潮是对传统教育赫尔巴特学科课程理论的批判和超越，施瓦布倡导的实践的课程与"集体审议制"是从学科中心课程内部对自身的反叛和超越。显然，研究和探讨其中存在的问题对于学科课程理论乃至整个课程理论的发展都有着重要意义，对于课程实践也同样具有重要的指导意义。

综观课程理论和课程实践的发展，无非是在学科发展、学生需求和社会需要等几个方面之间寻求平衡的最佳点。就学科中心课程而言，它的着眼点在于侧重学科知识的传递及其发展，而相对忽视学生的心理需求和社会现实的需要，脱离了社会现实生活。这是学科中心课程思潮存在问题的根本症结，具体而言，其问题主要表现在：

1. 强调知识的专门化，忽视知识的关联性和综合性

从整体上来看，学科中心课程强调学生掌握系统的学科专门知识，主张以学科的知识系统逻辑来编排课程内容和设置课程，这样学生虽然易于掌握知识的系统性，易于深化，成为某一学科的专家，但这种课程编排割裂了学科之间的联系。而我们知道世界本身是一个整体，知识本身是综合性的，各门学科知识之间是互相联系的。各门学科知识的产生和形成是由于人们认识能力的局限造成的。人们解决问题不是只需要一种知识，而是需要多种

知识的综合运用。学生只掌握专门的知识，显然是不利于其整体能力、整体素质的发展的，也不利于其整体地认识世界。再者当今社会科学、技术、文化飞速发展，学科交叉、融合、渗透势不可挡，单纯的学科中心课程是不能适应人类知识授受和发展的需要的。

2. 强调知识的抽象化，忽视知识的生活化、实用化

由于学科中心课程片面强调知识的"永恒"的"不变的价值"，强调知识"要素"的重要性，强调学科知识的基本结构、基本概念、基本原理，这样就必然会导致学生只掌握抽象化了的概念、原理、规则，而远离丰富多彩的社会生活和学生现实需求。而知识从本源上来讲，源于生活，源于实践。脱离了学生的生活和现实，学生对学习的知识不知有何之用，就会失去学习的兴趣，另一方面学生不会用所学知识分析解决现实问题。这种忽视知识的生活化、实用化的做法也不会得到社会的欢迎，换言之，这样培养出来的人才是不适应社会的。

3. 强调知识的授受，忽视师生对知识意义的理解和创造，容易加重师生负担

由于学科中心课程对知识系统和人类文化遗产的偏爱，不自觉地就会强调学生对知识的死记硬背，强调学业标准，强调教师对学生学习的主导作用。又由于学科中心课程思潮强调知识的永恒性，强调知识对发展理性、智力的价值，又会不由自主地忽视学生、教师对知识的再理解、再加工，忽视师生对知识意义的发展和创造。这些都会使师生失去对教和学的快乐体验，使师生产生对抗，加重学生负担，导致师生关系紧张。进一步地说，培养出来的人只能是社会驯服的臣民，而不可能是有个性和创造性的现代公民。

（二）活动课程的知识观基础

"活动课程又称活动中心课程，它是针对学科课程的弊端而

出现的一种新的课程类型。其知识假设是知识的‘当局者理论’。该理论认为，知识不是人脑对客观世界的客观反映，而是个人积极创造的产物。个人在社会活动中领悟到各种事实材料之间的联系，通过对经验的重新组织所产生的关于事物意义的新认识、新体验与新观点，换言之，根本不存在外在于人的客观统一的知识，知识服从于个人的解释，正是由于每个人的解释不同，客观世界对每个人的意义也不尽相同，因而知识是因人而异的。"①

　　上述知识观在实用主义哲学中表现得尤为突出。实用主义强调个体对环境的适应，反对主体与客体的分离，试图用"经验"来调解主体与客体的内在冲突，认为经验是一个统一整体，既有主动的方面，又有受动的方面，凡是能产生积极效果、有助于达到预期目的的经验就是真正的知识，"有用即知识"，知识、真理不过是个人适应环境的手段，是个人有效行动的工具，否则毫无价值可言。杜威的"工具经验课程"建立在其独特的知识观之上。在其晚年的《确定性的寻求》一书中写道："可以被称为知识或者认识对象的任何事物，总是标志一个解答了的问题，一个除去了的困难，一种澄清了的混乱，已缩减成凝聚物的不一致性，一种控制了的烦难。"② 可见，在杜威看来，知识不是固定不变的，而是一个探究的过程，有待进一步的考察、检验、论证。"科学之所以有价值正因为它给我们一种能力去解释和控制已有的经验。"③ 因此，学校课程不能按各个学科分门别类地加以组织，而应该围绕各类活动加以安排。"学校科目相互联系的真正中心，不是科学，不是文学，不是历史，不是地理，而是儿

---

　　① 潘洪建：《教学知识论》，甘肃教育出版社 2004 年版，第 152 页。
　　② 张华：《经验课程论》，上海教育出版社 2001 年版，第 141 页。
　　③ ［美］杜威：《我的教育信条》，《现代西方资产阶级教育思想流派论著选》，人民教育出版社 1980 年版，第 10 页。

童本身的社会活动。"① 学校通过组织烹饪、缝纫、木工、金工、种植等活动，使儿童的社会生活得以延续，经验不断重组和改造，"做中学"是课程实施的基本途径。活动课程经过杜威的大力倡导、论证和芝加哥实验的尝试，在美国进步主义教育运动和欧洲"新学校"运动中得到贯彻，对世界课程革新产生了重大而深远的影响。

活动课程强调知识的主体特征和经验的整体性质，关于儿童的兴趣、需要、能力，重视知识与个体经验的内在联系，对于矫正学科课程的偏差具有很大的启发意义。但活动课程矫枉过正，片面夸大知识的主观性质，否认系统知识学习的必要性，降低了教学的学术水准，因而受到人们的种种指责和批评。

（三）综合课程的知识观基础

"综合课程的知识假设是知识的'生态学理论'：世界是一个有机体，人们对世界的种种认识也是息息相通、相互关联的，各门学科研究对象的区分仅仅出于人类认识能力的考虑，它是人类能力局限性的体现，而非客观对象使然。各知识领域和知识类型的关系是一种生态关系，它们相互影响、相互渗透、相互联系，共同构成有机的知识世界。"② 生态主义课程研究的直接目的是参与创造一种以可持续发展为特征的新文化；最终目的是为学生提供能使他们与自然环境、社会环境和谐共处，并从中汲取力量、获得智慧进而使身心得到和谐发展的教育经验。综合课程的目标是对这两个目的的深化和拓展。生态主义世界观认为人、自然、社会与文化本身是一个有机统一的整体。它们是内在地互

---

① ［美］杜威：《我的教育信条》，《现代西方资产阶级教育思想流派论著选》，人民教育出版社 1980 年版，第 8 页。

② 这一世界在波普尔那里被称为世界 3，亦即"客观知识"世界，以区别于作为客观物质的世界 1 和作为个人经验、意识领域的世界 2。还有学者提出了"世界 4"的概念，参见孙慕天《论世界 4》，《自然辩证法通讯》2000 年第 2 期。

相联系的。机械地割裂它们之间的内在必然联系，片面地强调单方面利益的做法是危险的。因此，课程理论中单一的社会取向、学生取向、知识取向是站不住脚的。将人与自然、社会、文化等对立起来，培养征服自然的人才的观念本身就是错误的。综合课程的实质就在于它是以学生的经验为主线，实现人与自然、社会、文化和谐统一的过程。在这个过程中学生的身心得到全面和谐的发展，这就是我们制定综合课程目标的根本指导原则。

学生通过综合课程能够形成与自然、社会、文化和谐共处以实现人类社会可持续发展的积极态度，培养学生对整个生态系统的责任感；使他们接触广泛的自然科学知识、社会科学知识以及人文科学知识。进而使他们学会认知、学会共同生活、学会生存以及学会终身持续发展的综合能力，培养他们的创造力和综合实践能力。人类迄今所存在的各门学科仅仅是这一有机整体的组成要素，它们按照一定的生态学规律相互联系，而不是一大堆自成一体、相互孤立的知识板块的随机组合。这一观点也反映了现代科学发展的基本定势：在高度分化基础上的高度综合。纵观人类知识的发展，人类认识大致经历了综合—分化—综合的发展历程。在古代，人类的认识混沌初开，所积累的有限知识在本质上具有综合的特性。这一状况直到15—16世纪的文艺复兴时代才开始改变。从那时起，知识体系的分化趋势便逐渐占据主导地位。17—18世纪，知识的分化达到空前的程度，人们对客观世界进行了分门别类的深入研究，各门学科开始形成了自己稳定的知识体系。自然科学的"三大发现"（即细胞学说、能量守恒与转化定律、进化论）改变了人类知识发展的轨迹，19世纪中后期到20世纪初，综合化趋势愈益明显。第二次世界大战后从旧"三论"到新"三论"的发展为知识世界的统一提供了坚实的基础，加速了科学综合化的进程。当然，知识在当代的综合已经不是对古代原始综合的简单复归，它是建立在高度分化基础上的综合，是一种更高水平的综合。

第二节　课程知识的类型与课程

课程知识的分类与课程的关系十分密切。本节将先探讨课程知识的内涵，然后尝试对课程知识进行划分，并分别探讨各种课程知识与课程的关系。

一　课程知识的类型

在探讨课程知识的类型之前，首先有必要对课程知识作出界定。课程知识社会学学者们更倾向于把课程内容称为课程知识或教育知识。应当指出，课程内容的基本性质是知识，课程知识是根据课程目标从人类的知识和经验体系中选择出来，并按照一定的逻辑序列组织排列而成的知识和经验体系。课程知识是课程得以实施和运行的内容，是构成课程的基本要素，是课程内在结构的核心成分。课程知识对实现课程目标具有重要的意义。

从课程知识与人类知识的关系看，课程知识是经过选择的人类文明的精华，是人类知识和学习者之间联系的纽带，是人类知识在课程中的具体表现。

关于课程知识的类型，依据不同的分类标准，可以将课程知识划分为不同的类型。从知识反映的不同对象来划分，一种比较可行的划分类型是将课程知识划分为科学知识、社会知识和人文知识。下面我们就试图分别探讨三类课程知识与课程的关系。

二　科学知识与课程

（一）科学知识的特征

在课程出现之后的相当长的历史时期内，课程知识（内容）

以人文知识为主要内容，直到近代以来，科学知识才逐渐在课程体系中占据主导地位，大工业的发展、资产阶级革命的胜利，对科学知识的发展、传播和运用提出了直接的要求，近代科学革命更是直接为满足这种需求奠定了坚实的基础。科学进入学校课程是教育及课程发展史上的重大进步，在普及义务教育的推动下，科学也相辅相成地成为推动人类教育从古代向近代转变的动力。可以说，科学知识特别是自然科学知识从进入学校到形成系统完善的课程体系，是课程近代化过程中的一个根本标志①。

培根、赫胥黎、斯宾塞等人为将科学知识纳入课程体系起了推波助澜的作用。赫胥黎被称为将科学引进学校的创始人。他认为像英国这样的工业大国，没有良好的物理和化学的教学，就会阻碍工商业的发展，不重视科学的教育是鼠目寸光的。基本与他同时代的斯宾塞提出的关于什么知识最有价值的口号，以及以科学为主要标准和内容建立起的课程结构，不仅反映了当时科学技术的最高和最新成果，而且在此后几百年间产生了广泛的影响。科学知识取向的课程自此获得了很快的发展，并成为各级教育所推崇和认同的主流课程。时至今日，科学知识仍然是现代课程的核心内容。

科学知识成为现代课程的核心内容，它具有以下特征：

第一，从知识与对象的关系上看，科学知识以人自身之外的客观世界为对象，科学知识存在和发展的目的是为了如实地反映所研究的对象，揭示客观世界和事物的发展规律，是一种"手段知识"。科学知识表征的对象具有实在性，没有实在性就谈不上科学活动，科学知识是一种"描述性知识"，是人类理性开发和理性认识的结果，它以求真为原则，旨在通过一套系统的概念符号和数量关系来反映不同层次自然界所存在的"事实"或

---

① 　丛立新：《课程论问题》，教育科学出版社 2000 年版，第 147 页。

"事件"。在反映的过程中，认识主体尽量遵循已有的研究范式（即科学主义研究范式），以便使自己的研究成果能够为某一知识共同体所接纳，成为一种具有"主体间性的知识"。

第二，在获取知识的方法上，科学知识的获得主要通过对纯粹客观世界与事物的"观察"与"实验"的方法，就知识的增长方式而言，科学知识的增长方式是"直线性"的。科学知识是对客观世界的"描述"或"说明"，就单个认识主体而言，这种对客观世界的"描述"或"说明"尽管会受到认识主体所具有的知识水平、理论传统或方法论的影响而出现错误与偏差，但是从人类的科学发展史来看，这些错误是可以在一定的理论传统内得到不断的修正或摒弃的，人类对于客观世界的描述和说明总体上还是呈现出一幅越来越清晰、越来越准确的图景。

第三，就知识的适用范围和特性而言，科学知识具有一定程度的普适性、客观性和真理性，并且是"价值中立"的。科学知识是一种具有"主体间性"的知识，因而具有一定程度的"普适性"，经过了实践检验的科学知识被认为是正确的，是具有客观性和真理性的，这种普适性、客观性和真理性是不以个人的意志为转移的。科学知识遵循一套为特定的科学知识共同体所认同的科学范式，任何人，无论他处于怎样的社会背景中，只要他接受了一定的科学范式，他都应该能够理解和接纳某种科学知识，应该有可能对某种科学知识的真伪进行逻辑上或经验上的检验。这种逻辑上或经验上的检验也是可以同时被其他人进一步证明或检验的。

第四，就知识的检验或辩护而言，科学知识诉诸"经验"和"逻辑"的"证实"、"证伪"或"证明"。科学知识作为一种描述性的知识，探讨的是具有普遍性的真理，这些科学结论要成为真理，就必须能够经得起经验的证实。科学知识的真理性在于它们是否在一定的理论传统下比较精确或准确地描述了某一自然现象，解释了某一事件。如果存在着迄今还没有被科学知识描述的自然现象，没有预测到的事件及其联系，没有得到揭示的规律，那么科学知识就是不成熟的，需要完善的，这也为科学知识的发展提供了可能。自然界与客观世界的发展永无止境，科学知识的发展也永无止境。人们正是需要在新的实践、经验和逻辑基础上提出新的理论假设，然后对其进行验证，以不断发展科学知识。

（二）科学知识导向下的课程

第一，在课程目的上，强调科学本身的价值和力量，强调课程要着眼于科学的发展和进步，即使谈到课程对于个体和社会的意义，也会归结到二者对于科学的依赖或者科学对于二者的巨大影响。

第二，在课程内容上，提倡和推崇科学，倡导课程应当以自然科学知识作为主要内容。重视各门科学知识在学校课程体系中的地位，课程的内容主要是书本、教材中呈现的一个个自然科学研究的成果，包括了基本的科学事实以及从这些科学事实中所概括、归纳和提炼出来的概念、命题、原理和公式等，并不断增加自然科学的内容，及时吸收科学发展的新成果，充实课程内容。

第三，在课程内容的编排方式上，以科学知识为中心，一方面重视自然科学知识自身的逻辑关系，运用一些专门的科学术语由古到今、由易到难、由浅入深地进行排列；另一方面要采用学习者能够接受的表达方式，要符合学习者的知识水平与心理发展特征，这就是"知识（学科）逻辑"与"心理逻辑"的统一。美国在20世纪60年代的结构课程改革运动中，课程编制就是采取这样的原则。

第四，在课程类型上，科学课程也经历了一个从分科课程向综合课程发展的过程，综合课程是当前和今后科学课程的主要模式。不过，综合课程的理论和实践研究还不是很成熟，在不少国

家和地区，科学课程仍然是以分科课程为主，特别是在基础教育
阶段更是如此。

在当今的学校课程中，科学知识仍然是课程的中心内容，在
学校教育中，通过课堂教学对学生进行科学知识教育仍然是学校
教学的重中之重。应当看到，由于科学知识对于我国社会主义现
代化建设的极端重要性，相对客观的、确定的科学知识仍然是最
有价值的知识。在人类社会走向知识经济的今天，科学知识在课
程体系中的地位受到了社会知识和人文知识的挑战，但科学知识
对于社会发展与人的发展的重要意义仍然毋庸置疑。在历史上，
各国曾经出现过一些忽视甚至否定科学知识教育的教育改革与运
动，但都以失败告终，其经验教训是十分深刻、令人深思的。因
此，在学校教育中通过课堂教学对学生进行科学知识教育仍然是
我国当前基础教育新课程改革的根基。

三　社会知识与课程

（一）社会知识的基本特征

第一，就知识与对象的关系而言，社会知识是一种"规范
性的知识"或"策略性的知识"，旨在借助于一定的理论传统和
价值立场，对"社会事实"或"社会事件"的现状与发展趋势
进行系统化、类型化或模型化的分析，并给予或提出有关的实践
建议或策略。

第二，在获取知识的方法上，社会知识的获得主要是通过对
蕴涵着价值的社会现象、事实与事件的"观察"、"模型化"与
"价值分析"的方法。从知识的增长方式上看，社会知识的发展
方式是"阶段性的"。社会知识是从一定的价值立场出发，对由
一定的价值所建构的社会事实与事件的分析与解释，这种分析与
解释在19世纪中期以来采用了自然科学的方法与技术，但是却
也受到了研究对象的限制。从根本上说，这种分析与解释受制于

一定社会中占主导地位的价值观念（包括意识形态）。社会科学问题的提出，理论的建构，策略的形成等无不受这种主导价值观念的制约。它们构成了社会科学研究范式的核心。因此，只有当一种主导性的价值观念被另一种新的主导性的价值观念代替时，也就是只有当社会发生重大的价值革命或社会变革时，社会科学家才可能提出真正是"新"的问题、理论和策略，社会知识也才能呈现出"发展"的态势。因此，社会知识的发展明显具有一种"阶段性"的特征。

第三，就知识的适用范围而言，社会知识具有鲜明的群体性、文化性。社会知识作为一种"规范性的知识"或"策略性的知识"，从它的存在形式来看，社会知识是一种整合的知识，社会知识不是为单个个体所拥有的完全个性化的知识，在某一特定的社会群体中，不同的个体之间还往往共享着同样的社会知识，因此，社会知识具有群体性。社会知识往往与认识者所处的时代或社会的状况与问题有着密切的联系，而且受到认识者所处的社会地位与阶层的制约，因此尽管社会知识在形式上具有某种普适性，但是社会知识在实质上却具有很大程度的文化性，与建构它们的社会主流价值观念有着内在的不可分割的联系。

第四，就知识的辩护方式而言，社会知识诉诸某一具体社会实践效果的"证实"或"证明"。社会知识作为一种规范性或策略性的知识，其真理性就存在于它们所指导的社会实践能够获得满意的结果，也就是所谓"实践是检验真理的唯一标准"。

（二）社会知识导向下的课程

社会知识导向下的课程可以称为社会课程，社会课程具有以下特征：

首先，社会课程的目标是，通过传播社会知识，培养青少年学生起码的社会意识和从事社会生活的能力，成为与一个国家特定的政治制度和广泛的社会生活制度相一致的公民。就当代社会而言，一个合格的公民必须具备以下素质：其一，必须意识到自己与社会的关系，意识到自己在社会公共生活中所享有的权利和所应尽的义务、所承担的责任。其二，必须意识到社会公共利益的存在以及社会公共利益的不可侵犯性，必须要能够识别各种旨在破坏社会公共利益的行为，并能够采取社会所允许和鼓励的方式与这种不法行为做斗争。其三，必须具有一些有助于认识、理解、建构和保卫社会公共生活领域的知识，以便能够为自己的权利、义务、责任和行为进行辩护，能够和他人一起形成一种为大家所共同具有的群体意识。其四，必须具有参与社会公共生活的意识、积极性和能力。①

其次，从课程的内容来看，社会课程的内容主要是一些有关社会生活的观念、理想、结构、制度和生活方式，它们一般通过一些基本范畴、命题、结论或行为规则体现出来。

公民教育是社会课程的灵魂。社会课程的公民教育基于对广泛的社会知识的理解和认知。公民教育旨在培养具有批判性思考能力的、对社会负责任的公民。

再次，就社会课程内容的编排方式而言，不宜采用自然科学课程教材编写的形式，即不宜围绕着知识的传递、理解、掌握和探究来进行，更不宜围绕着社会问题研究的方法来进行，而应该围绕着指导学生个体在不同年龄阶段参与不同范围和性质的社会实际生活来进行。

最后，就社会课程的课程类型而言，比较合适的课程类型应该是具有综合性质的"活动课程"，当前我国采取的主要方式是学科课程，即分门别类地在基础教育阶段讲授有关社会政治、经济、文化和社会发展的知识。这是不太符合社会知识的性质要求的，可以说在很大程度上是受了科学课程模式的影响。采取这种

---

①　石中英：《教育哲学导论》，北京师范大学出版社 2004 年版，第 170 页。

课程模式的优点是学生可以掌握一些比较系统的社会知识，包括一些基本的社会概念、法则、原理和规范，但其缺点是不能够指导学生形成实际参与适宜的社会知识的意识、素质和能力。而采取活动课程，就是围绕着学生实际参与的社会生活来组织课程内容。这种课程不仅可以帮助他们去理解和掌握社会知识，而且还可以创造条件使他们去感受和应用社会知识，使他们真正地懂得为什么要学习这些知识，真正地体会到社会知识的学习对于提高自己实际社会生活能力的价值，真正地意识到作为一个"社会人"可以分享的权利与不可推卸的义务和责任。此外，由于社会生活的性质不可避免地受到地域的影响，因此学生对社会生活的理解和参与也同样受到地域的影响。社会课程应该以"地方性课程"为主，在知识的选择上也要体现出其"地方性"[1]。

四　人文知识与课程

（一）人文知识的特征

第一，就知识与对象的关系上看，人文知识以自身之中的那个主体自我为对象，人文知识的对象不一定具有真实性，有些对象可能是纯粹的"虚构存在"和"美好的向往"，这些对象在科学知识体系中或许不被重视，但却可以成为人的情感需求和心理寄托[2]。

人文知识处处体现以人为中心的原则，人是人文知识探求的出发点和归宿，离开了人来探求知识就不能称其为人文知识，"以人为中心"是人文知识的性格。人文知识是"目的知识"而非"手段知识"，它的价值体现在知识本身。

可以说，人文知识是一种"反思性的知识"，旨在通过认识

---

①　石中英：《教育哲学导论》，北京师范大学出版社 2004 年版，第 172 页。

②　洪成文：《现代教育知识论》，山西教育出版社 2003 年版，第 142 页。

者个体对于历史上所亲历的价值实践（活动）的总体反思呈现出认识者个体对于人生意义的体验与感悟。作为一种反思性知识，人文知识具有非常明显的"个体性"、"隐喻性"和"多质性"。

第二，在获取知识的方法上，人文知识主要是通过对各种具体价值规范及其历史实践的"总体批判"与"反思"而获得的。就知识的增长方式而言，"人文知识"的增长方式则是"螺旋性"的。人文知识的增长呈现出一种不断地"回溯"与"重新"解读、体验和阐释传统知识的螺旋态势，完全超越了时空的、语言的和价值的限制。正是由于这种特点，因此在人文知识领域，人们经常能够听到"回到古代"、"回到中世纪"的声音，而这在科学知识和社会知识领域内都是不可能的，也是不必要的。

第三，就知识的适用范围而言，"人文知识"则具有超越文化界限的"个体性"。作为一种反思性的知识，人文知识尽管以一定社会和历史时期的价值规范为基础，但是它却从认识者个人背景出发力图超越这种文化价值的限制，达到对一种独特的内心世界的体验和表达。因此，人文知识既不像自然科学知识那样遵循普遍的范式，也不像社会知识那样受制于一定的价值观念和社会立场。人文知识具有一种鲜明的"个人风格"。对人文作品的阅读不是和一个科学范式的对话，也不是和一个时代的对话，而是和一个活生生的心灵的对话。人文知识没有特定的适用对象，但是人文知识又是适用于每一个对人生意义问题进行追问的人：不仅适用于富贵之人，也适用于贫穷之人；不仅适用于男人，而且也适用于女人。从这个意义上讲，人文知识最缺少时代的局限和阶级的偏见，具有真正意义上的"普适性"，构成了全人类的精神财富。

第四，就知识的检验或辩护而言，"人文知识"则诉诸个人生活世界的"证实"。人文知识作为一种反思性的知识，其主要目的不在于形成大规模的社会行动，而在于促使和帮助个体反思自己的历史生活，反思自己在历史生活中所信奉和实践的价值观念的合理性，并由此形成新的社会态度，确定新的生活方向。因此，人文知识的真理性就在于它们能否帮助个体从日常社会生活的"习惯"、"常识"和"程式"中摆脱出来，以一种新的眼光来重新审视自己的生存状态、生存理由和生活方式，因此，对于某一人文知识，既不可能进行"逻辑的"证明，也不可能进行经验的"证实"或"证伪"，还不可能通过促使社会集体行动的方式来获得认可，而只能通过一个一个个体的内心世界来加以欣赏、鉴别和认同。如果个体用审视科学知识和社会知识的眼光来审视人文知识，那么他们永远也不会真正地认识到人文知识的重要意义。

（二）人文知识导向下的课程

受人文知识特征的影响，人文课程具有以下基本特征：

第一，人文课程的目标在于唤醒和引导潜藏在学生身上的"人文需要"，向他们传递一定的"人文知识"，培养他们对于自己、他人以及环境的"人文理解"与"人文关怀"的意识和能力，促使他们树立高尚的"人文理想"和"人文信念"，从而成为一个真正的人。

第二，由于人文课程目标的特殊性，人文课程的内容也是比较独特的。人文课程的主要内容是人文知识，而不是科学知识和社会知识。人文知识是历史上思想家们直接有关人生意义问题的论述、表达、反思和探索，能够直接帮助人们对人生意义问题的认识与理解。

由于人文知识的特殊性，人文课程的选择应该突出"典型化"、"个性化"、"生活化"等标准。"典型化"是指人文课程的内容应该是非常"典型"的问题、故事、文学和艺术形象、生活经验等。这是因为，人文知识由于受自身性质的制约，它发挥作用的方式既不是要通过一定的方法或程序将自己"证明"或"证实"给人看，也不是要用不容置疑的口吻来约束和规范人的行为，而是要启迪人的相应的思考。因此，越是"典型的"问题、故事、文学、艺术形象以及生活经验越是能够达到这一目的。"个性化"的标准是指，人文课程内容的选择应该反映知识生产者独特的个人经历和所处的社会背景，之所以提出这一标准是因为他的人文知识和他试图探索与回答的人文问题都是蕴涵在他的生活经历和社会背景之中的，并因此具有很强烈的个性特征。因此，如果读者不理解他的生活经历和社会背景，就不能理解他提出和探索问题的心路历程，不能理解他所提出的观点、所创作的作品和所做的人生选择，从而也就不能够由人及己，展开自己的内心思考。"生活化"的标准是指，人文课程的内容应该是源于生活和贴近生活的，不能够选择那种只有少数学究们才使用的与理论建构有关的知识，而应该选择那些每一个人都可以使用的与促进自身意义反思有关的知识①。

第三，人文课程教材的编写应该围绕着人生意义问题的"反思"或者"反省"展开，或者围绕着日常生活实践中价值规范的合理性问题展开。学生随着年龄的增长，开始逐步关注自己的生理特征和社会角色，会提出"我是谁"这样的问题，这表明，他们作为人类社会中的一员，开始逐步用人文的视角来认真思考自己人生的问题。对于有关人生意义的问题，促进反思或反省比给出结论更重要。

第四，就人文课程的类型来看，适宜采用"讨论课"（Seminar）的形式。讨论课是当前在西方国家大学教育中特别是本科以后教育中广泛采用的一种课程类型，它以灵活多样的主题、

---

① 　石中英：《教育哲学导论》，北京师范大学出版社 2004 年版，第 176 页。

开放的组织形式和自由交流的精神氛围为主要特征，深受学生欢迎。之所以将这种形式作为人文课程开发的基本模式，原因在于这种课程比较符合人文知识的性质。在陈述形式上，人文知识是一种反思性的知识，带有很强的个体性和隐喻性。这种性质的知识与其说是就某一问题给人们一个"结论"，不如说是要"激起"人们更多的"反省"；与其说是要表明作者的"立场"，不如说是要渴望与人们的"对话"；与其说是要达成一个"共识"，不如说是要开发与生成新的"歧见"或者促成新的"理解"。

关于不同的课程知识的教学方式，我们将在第四节详细论述，这里就不多言了。当我们完成了对课程知识的类型与课程关系的分析之后，我们应当明确，课程知识是多元复合的，不是单一的，课程知识的划分不是绝对的，仅仅依靠单一的知识无法建立起完善而丰富多彩的课程体系，用单一的知识类型观无法从本质上对课程做全方位的解释和把握。然而，对课程知识的类型的研究为我们从整体上认识课程的复杂性提供了不同的视角和路径。应当指出，课程知识尽管时有对立，但对立总是暂时的，对立的结果必然是知识之间的冲突的消解，又有可能出现新的冲突，因此，知识之间的冲突和消解是周而复始、不断循环的，知识由冲突趋于融合具有必然性。这是因为：（1）知识的冲突的消解存在于教育需求中，教育需求是多样的、直接的，不同知识的冲突不是永恒不变的。（2）知识在现代发展的新特点使知识之间的对立逐渐变得没有意义。不同知识之间的界限已经模糊，片面地强调知识之间的对立不仅没有太大的意义，反而会阻碍知识的发展。（3）马克思主义的辩证统一为现代知识走向融合提供了方法论的可能，因为知识对立有可能造成知识相互割裂的消极结果，很有可能使不同知识体系产生自我封闭，从而不利于知识的向前发展，可以说知识由冲突走向融合是完全可能的。因此，知识的整合与汇流，应是知识发展的趋势。课程知识从对立至缓和进而走向融合，是课程发展的方向。

第三节 什么是最有价值的知识和课程

什么知识最有价值？这是一个古老的问题，斯宾塞早在 19 世纪就提了出来并根据当时的现状作出了令人信服的回答。在斯宾塞看来，"什么知识最有价值，一致的答案就是科学"。很明显，斯宾塞的观点具有强烈的功利主义色彩。他的直接结论是，在科学和工业主宰社会的时代，只有科学才是真正有助于个人幸福和社会进步的、最有价值的知识，因此，学校也应以科学作为课程体系的核心，以科学统治学校。从历史上看，除了斯宾塞，对于知识的价值，培根曾肯定了"知识就是力量"。从今天来看，知识的力量是一种以精神、观念形式表现和体现出来的理性力量，并由精神的观念的力量转化为物质的实践的力量。知识力量经过技术性物化，使人能自由地利用蕴藏于事物及其形式中的各种潜力，控制、驾驭、利用自然力量，即知识力量技术地物化为实践力量，这就可以改变人的活动方式与生存方式，为人类参与的物质、能力、信息的变换开辟新的领域，积极地改变人类世界的面貌，推进人类社会的发展。知识及其物化在本质上是人的文化性创造，但是，我们还必须充分认识到，知识力量的体现应该实现人与自然的和谐的统一，不能成为危及人类社会和人类本身生存与发展的破坏性力量。

另一方面，在知识的价值取向上不能片面地强调知识的"力量性"的功利方面，知识与人的关系要深入到精神的共契，而不只是外在的、工具化的占有。人们获取了知识，也同时意味着精神的参与，意味着知识成为具有个体精神的人的意义世界的有机组成部分。人类不只是要"掌握"知识，实现对知识的占有，还要强调个体精神的生成与提升以及知识的再生产，达到个体的经验世界与社会共有的"精神文化世界"的沟通和富有创造性的转化。

在西方，在科学的发源地希腊，科学被视为"自由的学问"，是人类"理性自由"的象征和人理解世界的重要方式。古希腊百科全书式的学者亚里士多德就认为："古往今来人们开始哲理探索，都应起于对自然万物的惊异；他们先是惊异于种种迷惑的现象，逐渐积累一点一滴的解释，对一些较重大的问题，例如日月与星的运行以及宇宙之创生，做出说明。一个有所迷惑与惊异的人，每自愧愚蠢；他们探索哲理只是为想脱离愚蠢，显然，他们为求知而从事学术，并无任何实用的目的。"因此，在教育上，有来源于古希腊的、指向人的自由的"博雅教育"。但从近代以来，在夸美纽斯的"百科全书式"的课程体系中已出现了课程知识"力量化"的痕迹。18 世纪的卢梭尽管崇尚自由，但他对待知识的态度也是实用主义的。到了 19 世纪，在斯宾塞的课程知识观中，评判"什么知识最有价值"的标准，完全是功利性的了。他之所以认定科学知识最有价值，就是因为科学知识是有"实际的功用"。但是随着社会的进步，时代的变迁，知识的激增，面对浩如烟海的知识，我们不得不重新叩问，什么知识最有价值，我们应该教给学生什么样的知识？这是一个知识观的问题，这需要我们每一个教师重新思考并作出选择。毫无疑问，20 世纪以来，特别是 20 世纪末以来，人类社会的知识观念和知识状况已经发生了重要的变化，变化之大使得我们根本就不能把这些变化纳入到传统的观念中去。可以说人类的知识传统正在发生一次巨大的断裂，或者说，发生着一次重大的转型。不论我们意识到还是没有意识到，这种断裂或转型会一直进行下去，并将重塑我们的生活。

一　从知识的特性方面而言

从知识的特性方面看，应该从客观性、确定性、显性、普遍性、中立性向客观性与主观性统一、确定性与不确定性统一、显性与隐性统一、普遍性与地域性统一、中立性与价值性统一的方向发展。就是说，对于知识的选择问题，从知识的性质方面考虑，不仅要选择具有客观性、确定性、显性、普遍性和中立性的知识，这反映了知识的真理性方面，而且还要选择具有主观性、不确定性、隐性、地域性和价值性的知识，这将反映知识的深刻性方面，这样二者相结合反映了知识的多样性。从知识性质方面看，课程知识的范围就大大扩展了。仅仅选择具有客观性、确定性、显性、普遍性和中立性的知识，反映的是工业社会的利益，着眼于对教育的强控制，反映了科学家对社会控制的要求，然而不符合义务教育的性质。同时将具有主观性、不确定性、隐性、地域性和价值性的知识选入教育领域作为课程内容，说明多样知识在教育领域的合法化，反映了后工业社会的要求，能够满足大多数人的利益。

二　从知识的种类而言

就知识的种类而言，知识多样性的凸显引起知识种类的变化。在工业社会中，人们一般将知识分为自然科学知识、社会科学知识和人文科学知识，认为知识必须是科学的，而科学知识又是能够学科化的，这样就排除了许多种类的知识。其实不然，现在更多的知识具有社会政治经济的合法性基础，从而被人们所认识，这些被人们所认识的知识尚未或者说根本就不能学科化。就种类而言，按照是否学科化，笔者将知识分为学科知识和非学科知识。学科知识可以按照传统分类：自然科学知识、社会科学知识和人文科学知识，因为这是发展比较成熟的知识分类。以前可以这样分类，现在也可以这样分类。不过，由于知识总体状况发生了从单一性到多样性的根本性质的转变，因而需要按照知识多样性的理念去重新认识这三类知识。对于非学科知识，传统上没有成熟的、人们公认的可供参考的分类资料，笔者在这里作出初步的尝试。按照知识的普遍性程度分为全球性知识、地域性知识和个人知识，其中的地域性知识和个人知识属于非学科知识；按照能否编码、是否具有显性特征可以分为显性知识与隐性知识，其中的隐性知识也属于非学科知识。这样，从知识分类的角度来看，课程知识也就大大丰富了。

三　从知识的需求方面而言

从知识的需求方面考虑，应该对知识需求进行详细的划分。可以从两个维度对知识需求进行细分：一个是纵向维度，一个是横向维度。从纵向维度看，基于知识需求的普遍性水平，有全球普遍的需求，一个国家的需求，国家内部一个地区的需求，也有个人的需求。一般而言，以前知识选择时，在这个维度上，有些国家侧重从个人需求的维度来选择，而另外一些国家则侧重从国家维度进行选择。现在经济全球化，特别是许多国家加入了世界贸易组织，又有一种呼声，要求从全球维度选择知识，甚至于直接从国外选择原版教材，以利于国际间的交流、对话与合作。这样，可以将知识分为全球需求知识、国家需求知识、地方需求知识和个人需求知识。从横向维度考虑知识需求，则需要考虑性别的知识需求、民族的知识需求、城市与乡村的知识需求、发达地区与落后地区的知识需求。这样可以分为性别需求知识、民族需求知识、城乡需求知识和地区需求知识，等等。

四　从知识载体方面而言

从知识载体方面考虑，在原始知识阶段，主要是口头知识，以后随着科学技术的发展，有了书面知识，作为课程内容的主要是书面知识，特别到了科学知识阶段，书面知识成了课程内容的全部，并且书面知识中还只有经典性的、能够被称为人类优秀文化成果的书面知识才能进入课程领域，这些特点决定了课程内容单一的特性。20 世纪中叶以来，随着计算机技术的发展，知识载体得到了新技术的支撑，决定了数字化知识的产生，这是在计算机系统、网络和数据库中经过整理、加工的知识，这些知识具有大容量、及时性和交互性等特点。这样，可以按照载体的不同将知识分为口头知识、书面知识和数字化知识。知识多样化就是需要将口头知识和数字化知识纳入课程，与书面知识一样，成为课程知识选择的源泉，从而构成立体的多种媒体相互配合的课程知识系统。

五　后现代知识观的启示

由普遍化的知识到境域化的知识。普遍化的知识也可称为客观化的或绝对化的知识，是 17 世纪以来人类所形成的知识观，是现代知识最基本的性质。这种知识观认为：真正的知识是不以个人兴趣、爱好为转移的，也不是以时间、地点为转移的，是普遍有效的；知识作为人类认识世界的结果，是如实地反映着、揭示着事物本质的，而事物本质是稳定的、唯一的，因此知识也应是确定的、不变的；个人的认识可能会犯错误，但人类总是朝着真理的方向前进的；尽管经验主义与理性主义在获得知识的方法和途径上存在着重大差别，但都是把寻找普遍的、确定性的、客观的或绝对的知识作为认识的根本目的。在 20 世纪之前，尽管哲学领域并没有最终确立知识普遍性和客观性，但是，普遍性和客观性仍然是各个知识领域内人们追求的目标。在日常生活中，普遍性和客观性则被不加批判地接受为知识的基本属性，知识也因此成为人们崇拜的对象，而不是思考的对象。

　　由等级化的知识到类型化的知识。等级化或类型化是就知识总体的结构来说的，也关涉到生产、评价、传播等一些知识制度。等级化是指在现代知识总体中，不同的知识依其价值被划分为三六九等，排列成一个明显的知识价值的谱系或台阶。类型化是指人们已经不再按照价值的等级来评价知识，而是按照知识的类型来评价知识，不同类型的知识具有同等的价值。类型化是对等级化的解构、摒弃和超越。现代的知识是等级化的知识，后现代的知识是类型化的知识。

　　由中立化的知识到价值化的知识。中立化与价值化是就知识与价值的关系而言的。中立化的知识观认为知识作为对外部世界的客观反映，是客观的，因而是价值中立（value – neutral）的，或者说价值无涉（value – free）的。价值观的知识认为，不仅人文学科的知识、社会科学的知识，而且自然科学、工程科学的知识，也都渗透有价值，反映着价值和追求价值的，因而是有价值偏向（value – bias）的，或者说是价值有涉（value – relevant）的。

　　由分科化的知识到综合化的知识。分科化与综合化是就生产、传播及运用过程中不同知识之间的关系而言的。分科化的知识状况是指在上述三个过程中，知识都是分门别类地进行的，彼此之间没有经常的、必然的联系。学者们也都以学科的归属来表明自己的身份。综合化恰恰相反，在上述三个过程中，知识与知识之间的学科界限已被打破，更多地具有了跨学科的性质。

　　由累积性的知识到批判性的知识。累积性与批判性是描述知识增长的方式和机制的。累积性是现代知识增长的方式，主要依靠学科知识的积累，等积累到一定程度，才会产生突破，知识才有所发展。批判性是后现代知识增长的方式，既依靠某门学科知识的积累，更依靠知识的怀疑、猜测、争鸣和反驳。累积性的知识增长具有线性的特征，批判性的知识增长则具有非线性的特征。前者的道路是唯一的，资料的占有成为科学工作的重要组成部分，新资料的发现成为知识发展的动力，最后的结果趋向一致的结论；后者的道路是多样的，问题的寻找和理论的猜测成为科学工作的核心，问题的深化才能促进知识的发展，新的问题在什么地方产生，新的理论就在什么地方出现，没有一个最后的一致的结论，知识发展的方向是无限多样的。波普尔认为，我们永远不能证明我们的科学理论正确，因为我们永远不会知道是否它们原来不是错的。但是我们可以使它们受到批评检验：理性批评取代了对其正确性的证明，科学以理性批评为特征。在社会和人文知识领域，批判就更是知识进步的杠杆。社会和人文知识都是价值有涉的，没有批判，就不会有新的理论出现，而且，批判不仅是事实性的，也是价值性的。

第四节　教学内容和教学方式

对于教学方式，人们以往研究的不太多。人们以往比较容易将教学方式和教学方法混淆，并忽视了教学方式。应当指出，教学方式和教学方法是有区别的。人们对教学方式也有着不同的认识。如，教学方式是教师和学生在教学过程中，为了完成教学任务，实现教学目的，采取的基本行为和教学活动在整体结构上表现出来的特征，既包括外显的行为，也包括相关的思维方式和态度①。又如，黄甫全认为，所谓"教学方式"，泛指各种教与学的组织实施方式，它使师生组成学习共同体，根据具体学习内容采用各种可能的有效策略和方法，使学生积极主动地投入到学习中，以获取知识和经验，掌握技能，并建构其知识经验的意义和价值。这样，作为一种教学方式，其核

---

① 温恒福：《论教学方式的转变》，《中国教育学刊》2002 年第 6 期。

心的成分至少包括：基本的教育教学理念、理论基础、活动对象、学生学习与教师教学引导的互动关系、活动情境与条件、操作体系与程序、方法与策略、评价系统以及这些成分之间的组合与互动即结构关系。这里需要指出的是，教学方式在具体运作的过程中表现出的动态特征，以及与操作内容、活动情境、师生偏好特征和需要的适应性，以及师生在活动方式的展开过程中的创造性和建构性。也就是说，教学方式所提供的只是大致的框架与核心的理念，至于具体的使用则是高度情境化和个性化的。

可见，教学方式不是具体的教学方法或教学策略，它是教师在完成教学任务时的认知、情感和行为取向。同一教学方式可以用于不同的教学方法。

教学方式也不是教学模式，它不是把教与学的活动仅仅看成是对某种"原型"程序或观念的再现与反映。教学方式并不敌视和反对典型性和程序性，但它不把活动的典型性和程序性看成唯一。与强调典型性和程序性相比，教学方式更把教与学的活动看成是实践主体的创造性构思，看成是根据实际需要和一定的科学原理设计和创造出来的新观念、新事物和新行为在活动与经验水平上的动态整合。

必须看到，不同的教学内容，有着不同的教学方式。即使同一种教学方式在不同的教学内容中都能得到运用，它的地位和发挥的作用也是不同的。特定的教学内容的教学方式是受教学内容的性质决定和制约的。

下面我们从三个方面，分别阐述科学课程、社会课程和人文课程的教学方式。

一　科学课程的教学方式

关于科学课程的教学方式，随着时代的发展，发生了一番变化，早期一般采用科学知识"教授"加"演示"或"证明"的方式开展教学，在教学中，对于知识教授的方法和形式同样注重科学性，讲究效率。此时即使关注学习者个体的兴趣、爱好和个性差异，更多地也是从达成预期的学习目标出发，而很少是从学习者主体发展的需求本身出发。传统的课堂教学在早期的科学课程的教学中占据主导地位。到了后来，则大力发展并采用20世纪60年代提出来的"发现教学"和"合作学习方式"。这里着重论述发现教学方式和合作学习方式。

（一）发现教学方式

发现教学是和发现学习紧密联系在一起的。发现学习是由著名的认知心理学家布鲁纳（Bruner，J. S.）率先倡导的。发现学习的提出具有深刻的社会与教育背景、科学背景以及课程本身发展的背景。在社会和教育上，20世纪50年代美苏争霸导致美国对教育的反思和改革，对高学术水平的科学后备人才的培养成为急需。在科学方面，各门科学的符号化、结构化、理论化程度不断提高，导致了对教学要素和课程结构的变革。在课程发展上，经验课程在对科学思想和方法的熏陶以及对学科专业人才的塑造上均显示出自己的力不从心，于是如何运用学科课程来弥补经验课程的不足就提上了议事日程。布鲁纳所倡导的学科结构运动正是这一时代精神的反映。

发现学习十分强调以学科的主要原理来建构课程，同时又十分注重让学生通过自身的体验去认识和发现学科的原理，促进学习动机，提高认知水平。在课程与教学活动方式上，发现学习正是这些基本理念的体现。

发现教学将学科知识教学的重点从教师对既有科学知识的讲授、演示或证明转移到学生对科学知识发现整个过程的"模拟"。教师在课堂教学中的任务不再是讲解、演示或证明，而是提出问题，然后就充当学生的"助手"，向学生提供分析和解决问题所需要的各种材料、设备以及其他辅助措施，帮助和引导学生通过自己的自主探究解决问题。当然，教师同时还充当学生学习的"激励者"、"引导者"、"组织者"等角色，在学生遇到依靠自己的能力不能解决的问题时或在学生感到懈怠、困惑时给他们以必要的指导和帮助。发现教学可以极大地提高学生学习的积极性、主动性。

1. 发现教学的基本步骤。发现教学一般遵循以下几个基本步骤：

（1）引导学生带着问题观察事实，展开教学活动。这里所说的问题可以是学科课程本身所引出，也可以是从学习主题出发引出，还可以是从社会生活中引出。但是问题本身要适合科学课程的特点和学生的认知发展水平，要有典型意义。问题提出时，教师可以采用多样化的手法，包括讲解、板书、演示实验或图例，以生动活泼的形式引起学生的好奇心和求知欲，激发发现的动机和热情。

（2）提出假设。在教师的指导下，学生对问题进行讨论，把所观察到的现象加以改组，从不同的角度加以研究，根据已有的知识研究和观察到的特征提出假设。在提出假设的时候要注意处理一对关系：既要允许各种猜测想象，又要指导学生明确因果关系，遵循逻辑推理，而不胡思乱想。

（3）形成概念、原理。发现学习最终是要使学生发现并获得学科知识的基本概念、基本原理和基本结构，在此基础上建构自己的认知结构。因此在对假设进行分析、验证和筛选的过程中，对假设加以完善和加工，用准确的语言进行表达，最终得出正确的概念、原理或定理。

（4）进行学习的迁移。把已经形成的概念和原理应用到新的情境中去解释新的现象，解决新问题，并在这个过程中加深对概念或原理的记忆、理解和运用，培养运用概念和原理解决问题的能力。

2. 发现教学的方法与策略。要使发现教学顺利地开展，需要在运用过程中注意以下方法和策略：

（1）激发学生的内部动机。发现教学方式十分强调学生形成独立学习的倾向性，激发学生发现的内部学习动机。而学生的内部学习动机是学生在学习过程中取得初步成就后产生的，所以要激发学生对科学课程内在的兴趣和发现的自信，需要使之获得成功的回报和喜悦。鼓励和及时的反馈与强化是一种有效的策略。

（2）培养学生创造意识，强调独立思维、直觉思维、洞察力的养成。学生探究能力的形成、可迁移的认知结构的形成是发现教学方式的核心价值，而探究能力和创造性思维的核心之一就是直觉思维，因此，在发现教学过程中，要大胆地凭借直觉思维来推断事物的联系，提出假设并验证假设。

（3）创造课堂教学的自由气氛。只有在自由的气氛中才能使学生展开想象的翅膀，大胆地进行思想的冒险。因此要用鼓励和引导的方式，不要拘泥于学生的暂时失败与挫折，特别是禁止用嘲弄的口吻否定学生的所谓不切实际的想法。

（4）有结构性地提供教材。要提供完整的教材，这些教材能够从多侧面证明假设，假设也能从教材中推导出来。教学单元必须是整个课程与学科结构中的有机组成，而且与其他单元有逻辑上的联系。

（5）运用发现的技巧。发现学习和教学是一个帮助学生掌握学科结构的过程，也是发现技巧和方法的培养过程。发现的技巧和方法有：渐次限定条件、缩小范围；将复杂的关系还原为简单的关系；利用类推由一事物推及另一事物；着眼于事物之间的相似关系，寻找共同规律；培育直觉思维，抓住智慧与思想的火花并将之扩大和延伸。

3. 发现学习的优点。发现教学方式有自己的优点。发现学习的优点主要表现在以下几个方面：第一，促进智力发展。因为通过亲自发现去学习，可以使人按照促使信息更迅速地用于解决问题的方式去获取信息。第二，激发学生的学习兴趣。发现学习具有刺激学生"发现的兴奋感"的作用，它可以使学生体味到发现中的乐趣，享受愉快的感受，从而将外部动机转化为内部动机，增强对学习本身的兴趣。第三，有利于学生掌握发现的方法和探究的方式。这种发现方法和探究方式是解决各种问题以及将来进行科学探索时所需要的，一经掌握就具有迁移价值。第四，有助于保持记忆。发现学习是使学生自身能够发现知识、组织知识并运用知识的学习过程，通过这一过程而形成的记忆，就会因具有丰富的"再生力"而长期保持下来。①

（二）合作学习的教学方式

合作学习理论与实践起源于 20 世纪中期的英国和美国，其主要的理论依据在于科学社会学对科学活动社会性质的揭示，旨在促进学生学习过程中的相互交流、合作与竞争。合作学习的教学方式强调教学以满足学生的需要为依据，主张学生更主动、充分地学习，强调学生之间相互促进、共同提高。

中外许多教育工作者将这种方式付诸于实践后发现，合作学习可以使学生提高学业成绩，习得合作技能，增进同伴友谊，学会关心和理解他人。

合作学习是指学生在小组或团队中为了完成共同的任务，有明确的责任分工的互助性学习②。它有以下几个方面的要素：积极的相互支持、配合，特别是面对面的促进性的互动；积极承担在完成共同任务中个人的责任；期望所有学生能进行有效的沟

---

① 施良方、崔允漷主编：《教学理论：课堂教学的原理、策略与研究》，华东师范大学出版社 1999 年版，第 129 页。

② 王坦：《合作学习论》，教育科学出版社 1994 年版，第 18—28 页。

通，建立并维持小组成员之间的相互信任，有效地解决组内冲突；对于个体完成的任务进行小组加工；对共同活动的成效进行评估，寻求提高其有效性的途径。

　　我们介绍一下合作学习的几种方法。先打一个比方，许多人都去海洋里游泳，但是不同的人却有不同的原因。从观察不同的人游泳时的举动，就可以看出他们游泳有不同的原因。例如，一些人游泳是为锻炼身体。这些人在水中快速地游一段距离后，看着防水表计算自己心跳的速度。另一些人去海洋游泳是因为游泳能使他们放松。这些游泳者经常漂在水面上，双眼望着天空。其他人还有另外一些原因。例如，想看看海洋生活，结交一些朋友，或者是以上诸原因兼而有之。这里的关键在于，每一组喜欢游泳者都是因为他们可以通过水上活动满足各自不同的需求。这样，每一组游泳者所做的活动都和其他组不一样。同样，不同的教育者喜欢（或者不喜欢）合作学习的方法也是出于不同的原因。这些不同的原因体现在他们进行合作学习的方法中。

　　本书介绍六种合作学习的方法：

　　（1）小组调查法。这是施洛莫·沙伦和他的同事以约翰·杜威的哲学理论为基础创造出来的一种方法。

　　（2）小组成绩分享法。这是罗伯特·斯莱文和他的同事以行为主义心理学理论为基础创造出来的一种方法。

　　（3）戴维与罗杰·约翰逊的一起学习和埃利奥特·阿伦森及其他同事的组合阅读，这是以社会心理学理论为基础创造出来的两种方法。

　　（4）MURDER：这是由唐纳德·丹瑟洛和他的同事们以认知心理学理论为基础创造出来的一种方法。

　　（5）活动学习法。这是以列昂节夫的活动理论为基础而提出的一种方法。

　　（6）问题解决法。这是以斯腾伯格的成功智力理论为基础提出的一种方法。

但是，对于科学课程来说，不论是哪种教学方式，最终都要求学生不仅要识记、理解和掌握一些现成的科学结论，而且还要求他们能够运用必要的方法、手段和技能对这些结论进行证实、证明、检验或辩护，都要求他们能够使用具有"普遍性"和"客观性"的科学概念和原理，能够运用恰当的表达形式来表述"科学发现"的结果。

在21世纪已经到来的今天，科学课程的实施要体现现代教学论的思想，应注意以下几点：

1. 把智力和创造力的发展作为学生个性全面发展的一部分来看待，从学生的个性发展出发，以学生为中心开展教学活动。这就要求教师要组织多样化的教学活动，包括演示、实验、讨论、问答、游戏等。

2. 教师从学生的生活实践经验出发，引导学生用"已知"去探索"未知"，激发学生的兴趣，产生探究动机。

3. 教师变讲授为主的教学为问题解决教学，引导、启发、示范、激励、评价和组织各种探究活动，让学生的学习具有科学家从事科研时的某些性质，具有"类创造"的特征，使学生运用已学到的知识去自主参与探究未知；并强化探究过程评价，使各类学生找到各自的问题角色，获得各自的成功体验，激发创新意识①。

二　社会课程的教学方式

就社会课程的教学方式来说，传统的社会课程的教学方式由于受学科课程教学方式的影响与制约，也主要是以教师课堂讲授有关社会知识为主。不过，为了帮助学生理解，教师在讲授过程中会举一些与需要讲授的社会知识有关的事例，并引导学生讨

---

① 张素娟：《科学课程设置的一些理性思考》，《学科教育》1999年第7期。

论。个别情况下，也会安排诸如参观、实习等一些课外、校外活动。这种以讲授为主的教学方式是不太符合社会知识的性质的，它具有一些弊端：（1）课堂讲授的教学方式虽然可以使学生掌握一些比较系统的社会知识，包括一些基本的社会概念、命题和原理，但是不能有效地指导学生形成实际参与适宜的社会生活的意识、素质和能力。（2）传统的课堂讲授的教学方式是预成性的，在大多数情况下，教师都会把学生的活动引导到教材的结论上，而且期望学生通过讨论、实地参观等活动后能够对教材知识掌握得更牢固，理解得更深刻。在教学过程中，师生之间的关系仍然是讲授者与学习者之间的关系，学生在理智上始终处于一种被动的地位。这种教学方式是以社会知识的传授和习得为目的的，教师传授以及学生的学习结果也是可预见的，因而这种教学方式必然是固定的、封闭的、消极的和被动的。这也是我们现在社会课程教学针对性、实效性和主动性不强的原因之一。

因此，单一的以讲授为主的教学方式是不利于社会课程的教学的。从社会知识的独特性质来看，社会课程的教学应突破课堂教学的局限，采取多样化的教学方式。

（一）"实践教学"的方式。这种教学方式不再将"实践"看成是课堂教学的"延伸"和"补充"，而是将其作为社会知识教育的一种基本组织形式。实践教学就是将社会课程的教学实践化和活动化。

不过，这里的"实践"又不完全等同于我们一般意义上所说的"社会实践"，后者主要是对学生进行有关思想政治的态度和立场教育，前者主要是对学生进行广泛的"社会教育"，不仅包括了与社会生活密切相关的思想政治态度和立场，而且包括了对社会知识、结构及其功能的认知，包括了对社会生活规范的理解和应用，包括参与社会生活意识与能力的训练，等等。此外，实践教学与社会实践的差别还在于，以培养合格社会公民为目的的实践教学是从学生刚接受教育开始，而且是根据学生参与社会生活的实际状况和学生的身心发展特征，分阶段有系统地加以安排的，而社会实践在一般情况下则缺乏这种系统性和阶段性。从教学评价上看，实践教学的评价重点不在于教材知识，而是在于学生参与各种类型社会生活的态度和能力。采用这种评价方式的目的就在于将学生学习社会知识的重点从"知识"引导到"行动"上来，从而有利于他们不仅在观念上而且在行动上成为一个"公民"。

（二）研究性教学方式。研究性教学也是社会课程教学的重要方式。研究性教学就是教师指导学生从学科领域和社会生活中选择和确定研究主题，运用类似科学研究的方式，主动地获取知识、应用知识、解决问题的教学活动。其核心是倡导学生在学习中树立主体研究精神，培养学生的群体意识和合作能力，培养和提高自我管理能力，以及培养学生的科学精神和实践能力。作为一种教学方式，研究性教学是适合于所有课程、所有活动的。对于社会课程，研究性教学具有特殊的意义。

研究性学习是一种以经验为本位的探究式教学方式和学习方式，学生既是学习的实践者，又是学习目标、学习内容、活动安排的制定者，学习结果的创造者。学生们在教师的指导下，带着自己选择的现实问题（课题），通过自己的研究活动，在"做"的过程中，"悟"出理解性知识，培养探究技能、探究性格。可见，研究性教学具有开放性、参与性、创造性、建构性和生成性。而将这种教学方式引入社会知识的教学，改革当前社会课程的教学方式，无疑可以增强学生学习的针对性、开放性，激发学生的主动性、积极性，从而提高社会课程教学的实效性。

将研究性教学方式引入社会课程的教学，学生通过对有关课题的学习和研究，能够主动去关注国内外社会现状，关心、接触和了解社会，并能够从一些新的维度和侧面来思考国家、社会和民族的历史、现状和未来以及社会的矛盾与问题等。通过研究性教学，可以培养学生从实际出发、实事求是的科学态度和科学精神，不迷信权威和不迷信自我的开放心态，不满足现成结论、敢于质疑的批判精神，运用知识、检验知识、改造知识、主动求知、独立思考的习惯，尊重差异、追求成功的创新精神；参与研究性教学，可以培养学生的信息素养，提高学生搜集信息、处理信息、表达信息的能力，培养学生综合运用知识分析、认识和解决问题的能力。研究性教学注重讨论这种方式，讨论如同社会课程的催化剂，可以有效地促进社会知识的教学。

研究性教学活动的程序主要有：（1）提出、分析、选择和确定课题；（2）制定研究的计划或方案，包括研究方法和步骤等；（3）实施研究活动；（4）总结研究成果——撰写研究报告或论文，应用研究成果等。

研究性教学方式在课题内容的选择上，应注意以下几个方面：（1）问题性。研究性课题的内容应选择适合学生学习和探究的某个小问题或小专题，多是学生自己提出的，或在与他人的互动和交流中产生的真实的问题。（2）开放性。研究内容并不是预先规定好的、标准的、统一的东西，同时这些问题或多或少带有某种不确定性，问题的答案常常是多元的，具有一定的选择性。应根据学生的兴趣、爱好和特长，考虑自己的水平和资源条件而确定。（3）现实性。所要研究的问题不排斥一些学术性、理论性、思辨性的问题，但更多的要源于真实的生活情境，具有较强的现实性、社会性、实践性。（4）综合性。我们不能局限在一门学科内选择课题，最好选择以本节课知识为切入点、联系其他学科知识的综合性课题。

（三）体验性教学方式。体验性教学方式是指根据学习的需要，在教师的指导下学生参与相应的社会实践活动或模拟真实的社会实践活动，从中获得丰富的感性知识，加深对理性知识理解的一种教学方式。体验性教学方式有三层含义：首先，它以教材的知识学习为基础；其次，这种体验活动是在教师指导下进行的；最后，这种体验活动可以是真实的实践，也可以是虚拟的。也就是说，可以是学生真正参加到真实社会生活中，从中获得真实的感受和体验，也可以是参加模拟真实的社会实践活动，从中获得真实的感受和体验。体验性教学方式具有真实性或仿真性、开放性、民主性、能力的综合性等特征。体验性教学方式对于社会课程和人文课程都是适用的。

将体验性教学引入社会课程的教学，具有重要的意义：（1）能为培养未来高素质的创新人才奠定基础。体验性教学方式是一种教育创新，它把培养创新能力和社会实践能力有机地结合起来，有利于学生了解和适应社会，有利于培养学生发现问题、解决问题的能力。（2）有利于促进学生个体社会化的发展。在学习过程中，通过体验性教学方式，教师有计划、有目的地组织学生走出校门，深入社会，了解社会，扩大学生的视野，在广泛的社会实践活动中接触各个阶层的社会成员，让他们真正进入生活的角色，亲身体验社会生活中的酸甜苦辣，面对现实，了解自己和他人，培养社会责任感和义务感，以促使其社会化。（3）有利于培养学生的综合能力，实现终身学习。学生通过参与大量社会实践活动，使他们的综合能力得到培养和提高。这里的综合能力主要包括独立完成任务的能力，人际交往能力，语言表达能力，信息处理能力，动手操作能力，创造发明能力，事故应变能力。体验性教学方式就是旨在让学生走向社会，在社会中学生会遇到许多自己没有预料到的问题，这些问题的解决，需要自己的学习和探究。学生提高了自己的能力，有利于他们实现终身学习。（4）有利于转变教师的教学观念。这种教学方式对教师要求比较高，要求教师要善于开发真实的社会实践资源，并能够将其归类，使其典型化。

应当注意的是，社会课程的多样化的教学方式不是对课堂教学的简单否定，而是合理的超越，它并不排斥通过课堂讲授来传授社会知识，相反，社会知识的教学应当注意课堂讲授与其他活动方式相结合，实地学习与学术讨论为补充。

三　人文课程的教学方式

人文知识及其课程具有自己独特的教学方式。

首先，人文课程的教学需要一个"真诚"、"自由"和"开放"的教学氛围，要培养学生一种"人文"的求知态度。人文课程的教学氛围是促使个体经验反省所必需的。只有在这种氛围中，学生才能揭开生活的伪装直面自己的存在经验，才能毫无顾虑、担心和恐惧地呈现、表达、反省自己的感受和体验。任何的虚伪、专制、等级和权威在人文知识教学中都是可以摒除的。人文知识是"目的知识"而非"手段知识"，它的价值体现在知识本身，这一性质要求求知者必须为求知而求知，把求知本身当作目的，也就是把知识当作真理来追求，当作信仰、信念来追求，并在知识的追求中获得内心的愉悦和满足，获得人生意义的感悟和启迪。人文知识作为一种反思人生意义、探讨人生价值的知识，对求知者而言其作用主要在于精神的陶冶、人生境界的提升、生活品位的提高。当代社会，人们对待知识的态度有功利化的倾向，功利化的求知已成为一种潮流。在"知识创造财富"、"知识就是资本"、"知识就是金钱"的时髦口号下，学生们对知识的学习大多抱一种功利的态度，实际中有用的知识就学，对没有多少实际用途的知识（如人文知识）缺乏热情。这就导致学生人文知识匮乏，人文素质低下。我们要向学生大力宣讲人文知识的作用，使学生理解人文知识是关于人生的"目的性"、"方向性"的知识，是获取精神食粮、增加生活底蕴的知识。倡导"闲暇的读书"、"趣味性读书"、"心境自由的读书"和"为读书而读书"，以淡化和消退过于强烈、过于膨胀的"功利心"，逐渐培养起学生非功利的"人文"的求知态度。这是人文知识教学的前提。

其次，人文知识的教学有自己独特的环节和形式。

人文课程的教学最忌"灌输"或"绝对化"，因为灌输或者绝对化阻碍了个体思考的空间和个体经验参与的道路，使得与存在经验有密切关联的人文知识变成了一个个僵化的"结论"、"命题"或"教条"，最终彻底地毁灭了人文教育。人文知识的教学应注重讨论，人文知识的传授要与人文精神陶冶相结合；课堂讲授与讨论相结合。人文知识教学的基本环节应包括体验、移情、理解、对话和反思。体验既指对某种人文知识得以产生的根源或背景，又指对与之相关的自身生活世界的一种精神感受。体验是人文教学的起点。移情是在体验的基础上消除人文知识或作品与自己之间的时空、社会和文化的隔阂，在自己与人文知识或作品之间建立一种息息相关的"同一感"。"移情"既不是放弃自我经验的独特性，也不是将自我经验投射到人文知识或作品之中代替它们说话，而是要在自我经验与人文知识或作品之间建立一种关联，以消除人文知识或作品相对于自己的"外在性"，为"理解"开辟道路。"理解"是在"体验"和"移情"的基础上对人文知识、作品及其与自身存在状况之间关联方式和程度的进一步"认识"和"把握"。因此，"理解"具有很强的"个性"和"主观性"。也正是这种"理解"的"个性"和"主观性"提出了"对话"的要求。通过不同理解者之间的"对话"，一方面达到修正或补充这种个性化和主观性的理解的目的；另一方面也有利于达到"视界"的融合，开辟新的意义空间。在"对话"的基础上，"反思"最终实现人文教学的教育性，促使师生双方展开对自我存在方式和意义的批判性检验。

再次，对人文作品进行人文阐释。有研究者指出，教育中知识传递的途径至少有三种：一是"言说"，二是"显示"，三是"体现"。"言说"是用清晰的语言和逻辑传递明确的知识（如自然科学知识）。"体现"是指通过实践来"表征"或"证明"，即福柯所谓的"通过身体操作灵魂"。而"显示"，不是将要传递的知识内容直接说出来，而是通过一定的载体呈现出来，然后依靠对载体的解释来引导学生发现和挖掘，帮助他们领会载体所包含的真正内容。人文知识及作品是这些知识内容的常用载体。人文知识的传递途径不是直接的"言说"，而是间接的"显示"和"体现"，所以，对人文作品的阐释直接关系到人文知识教学的有效性。以往人们惯用的那套"意识形态阐释"造成了人文知识的缺位和人文教育底蕴的流失，显然，只有对文学作品进行人文阐释，才能接近人文知识的真理，发挥人文知识资源的教育性。那么，什么叫"人文阐释"呢？

"人文阐释"作为一种阐释模式或阐释体系，包括阐释内容和阐释形式两个方面。从阐释内容看，其核心就是关注作品中的"人性"内涵，这里的人性，首先是人的类特性，然后才是人的社会性，如对《项链》中的玛蒂尔德，我们首先把她当作一个人，一个美丽的女人（而不是首先给她贴上某一社会阶层的标签），只有这样，才能理解她的追求、她的奋斗、她的辛酸、她的悲苦。当然，我们也不能完全无视人的社会性。如果一个人的追求、奋斗建立在损害他人的基础上，那么，他的追求与奋斗的成果就不值得歌颂，追求的失败与辛酸也不值得同情。这里有一个界限，就是"善"，善是人性的内核，也是人的社会性的分界线。我们可以为《陌上桑》中的"使君"翻案：因为"五马立踟蹰"、"宁可共载否"，他的犹豫，他的礼貌，都体现了他对罗敷的爱慕与尊重。但我们不能为周朴园翻案，因为周朴园对工人太凶残，对繁漪太专制、太冷酷。

人性的内涵是丰富的。但人文阐释偏重对人的德性伦理的阐释。人的伦理规范有两种，一是德性规范，即人的自身修养，人的内在完善；二是行为规范，即社会规范或外在制约。人文教育着眼的是前者。德性伦理包括正直、诚实、纯洁、高尚、公正、善良、勇敢等德性范畴，德性范畴与一些政治思想范畴（如遵纪、守法、爱国、爱党、爱人民、爱社会主义、团结、友谊等）是不同的，后者是社会、国家、集体对一个成员的要求，是一个公民的行为规范，前者是一个人不论在什么国度、什么环境中都必须具备的作为"人"的标志的品性。人文阐释在内容上包括不同类型和层次，如哲理阐释、文化阐释、审美阐释，等等。对人文作品，要充分挖掘其中所包含的形象的、情感的、审美的信息，"显示"和"体现"其人文意蕴和价值内涵。

人文阐释在形式上具有以下特征：（1）个人体验性。这一特性体现在阐释对象（人文知识）和阐释主体（教与学的主体）两个方面。就阐释对象而言，人文知识是认识者个体对人生意义的体验和反思，是作者个体独特的人生遭遇和内心经历，具有非常鲜明的"个体性"。对人文知识的理解和阐释"也只有深入到作者的整个生活史和内心世界之中才能达到相当的程度"。针对这一点，我们对人文作品的阐释，"既不可能进行'逻辑'的证明，也不可能进行经验的'证实'或'证伪'，而只能通过一个个个体的内心世界来加以欣赏、鉴别和认同"①。只有尽量多地结合作者有关的生活经历和心路历程，才能走进作者的心灵。就阐释主体而言，人文知识作为一种反思性知识，没有固定的适用对象，它适用于每一个对人生意义问题进行追问的人。它作用于阅读主体，"在于促使和帮助个体反思自己的历史生活，反思自己在历史生活中所信奉和实践的价值观念的合理性，并由此形成

---

① 石中英：《教育哲学导论》，北京师范大学出版社 2004 年版，第 175 页。

新的生活态度，确定新的生活方向"①。这里的"反思"、"形成"和"确定"，都是非常个性化的、个人体验性的行为，别人是无法代替也无法强制的。（2）生活情景性。"就知识的检验或辩护而言，'人文知识'则诉诸于个人生活世界的'证实'。"②对人生意义和价值的思考，总是伴随着生活的实感在鲜活的人生样态中进行的。这对人文知识的"生产者"（作者）是这样，对人文知识的"消费者"（读者）也是这样。人文知识包含在一个个典型的人生问题、生动的生活故事、鲜明的文学形象之中，对这些人文知识的解释不能采用理性分析的框架和逻辑概括的方式，而必须结合具体的生活情景与形象来进行阐发和体认。否则，理性之网过滤出来了观点立场、主题思想，而鲜活的人文感性汁液却遗漏殆尽。（3）感性的语言形式。人文教育的一个最重要的目的就是使人与周围世界建立起情感联系，而人与世界的情感联系不是在理性的思考上产生的，"而是在直观的、直觉的、审美的实际生活的联系中不自觉地建立起来的"。如"热爱大自然"，表面说的是情感，但作为一种语言形式却是理性的，它所表达的只是我们应该热爱大自然的理性判断。只有这种理性判断，学生是不会真正地从情感上建立起与大自然的联系的。而如果对大自然的美景进行具体的、感性的、审美的描摹，就能唤起人们对大自然的热爱之情。人文作品的阐释要借助感性的（直观的、情感的、审美的）语言形式，才能把其中的人文意蕴充分地挖掘出来，感染读者，熏陶读者。

第五节　课程知识及其教学的改革和建构

课程改革是整个教育改革的核心。当前，随着国家《面向

---

① 石中英：《教育哲学导论》，北京师范大学出版社 2004 年版，第 174 页。
② 同上。

21 世纪教育振兴行动计划》的制定，国家新的基础教育课程总纲也正在研究与制定之中。在制定基础教育新课程总纲过程中，中国社会的现实和未来发展需要得到了充分的考虑，成为整个课程改革方案的宏观背景。这其中特别强调了初见端倪的知识经济、日新月异的科技发展以及日趋激烈的国际竞争等对现行基础教育课程体系的挑战和新要求。以前将课程仅仅看成是科学知识的体系，知识具有霸道的品行，导致课程缺乏生气，也不能激发学生思考问题，为了激发学生的学习兴趣、启发其智慧，需要教师对教材进行二次加工。现在人们正在理论上消解了科学知识霸权，完全可以做到知识的多样化和冲突化。多样化和冲突性的知识，学生一定会更加感兴趣，因为其中存在着冲突和对抗，同时学生也可以从多样和冲突的知识体系中受到启发，从而使课堂教学充满智慧的活跃气氛。现代课程的缺陷就是由现代知识观所决定的知识霸权：强调统一性、标准性，压抑和蔑视个人知识、地方性知识；强调对书本知识的服从和机械记忆，不鼓励歧见和批判精神；由于分科而造成知识概念的支离破碎，知识的系统不能反映人们认识的真实情形；最为根本的是，这一切都逃脱了理性和价值的批判，成为理所当然的东西。这种建立在现代知识观基础上的课程是现代社会建制的一个重要组成部分。当现代知识观出现危机的时候，现代性课程也危机重重。社会和个体对现代课程的种种抱怨都是对现代化危机的反射或反映。站在新世纪的门槛上，为未来筹划的课程改革，必须从根本上深刻地反省我们在课程设计时所秉持的知识观，看看它是现代的，还是后现代的，是面向过去的，还是面向未来的。

　　为了使课堂活跃，教学改革中人们提出教师要给学生创造丰富多彩的活动，然而由于很多方法只是外在的活跃，看起来热闹，没有真正激发起学生的智力兴趣。现在提倡启发式、提问式，很多教师在课堂上面临着学生不能积极回答或者答案非常没有价值的现象，其原因在于学生的智慧不是靠技巧培养的，而是在多样而又冲突的智力气氛中得到发展的，这也是我们将课程知识选择作为课程教学改革中首先需要行政力量通过制定政策介入的理由。在课程改革中，将教学改革放在首要位置是不可能成功的，且不说侵犯了教师的专业自主权，首先是没有把握课程改革的根本。课程改革的根本是要对课程知识进行重新选择，同时保证课程知识选择满足大多数人的需要。

一　扭转对单一目标的追求

我国的基础教育长期追求"双基"教育的成功，而且一谈到"双基"，许多教师都会喜形于色，露出自豪之情，如果有人对"双基"略有微词，则会招致理直气壮的驳斥。有的学校，甚至一些重点学校以至名校，教师致力于将教科书的知识作为现成的结论直接传授给学生，随后辅之以大量的"典型"例题和"精选"习题，培养学生的解题技能，目的是使学生在考试中获得高分。2005 年高考刚结束，知名华人数学家丘成桐在浙江杭州与一群在高考中取得好成绩的数学尖子见面，结果令他大失所望。以致认为"大多数学生对数学根本没有清晰的概念，对定理不甚了了，只是做习题的机器。这样的教育体系，难以培养出什么数学天才。"究其原因，这些学生的主要学习方式是围绕题目，一遍一遍地做习题，教师授课时，也是围绕习题进行讲授。基础知识和技能完全为"应试"服务，其结果令人十分担忧。此外，所谓基础也不是多多益善，基础还有好坏之分，我们要发扬"双基"中有利的部分，剔除那些陈旧的、烦琐的、过难的、无意义的部分。当然，造成目前这样的局面，原因是多方面的，而且也非一日之寒所致。但教育目标的单一，不能不说是一个不可轻视的原因。

二　贴近实际，走向生活

传统的课程关注学科知识体系的完整，知识内在逻辑的严密。教科书的知识内容远离学生生活、社会进步和科学技术的最新发展，学科之间缺乏横向联系、综合交叉，造成学科的自我封闭。这样的学科知识体系枯燥单调，既使学生难于理解，又使学生所学的知识脱离实际和日常生活，成为僵化的教条。学生所理解的一门门科目，原有的鲜活的多面的形象被扭曲了，尤其是对一些自然科学的科目，学生误认为它们就是由一些难以理解的概念和令人生厌的公式堆叠起来的，学习这些科目的目的，无非是用这些概念和公式去解答没完没了的题目。科学的本质、科学的价值、科学的精神荡然无存。学生学习的兴趣和求知的欲望，思考与探究未知世界的动机，创造的精神与批判的意识一概被抹杀了。知识学习与现实生活的割裂，是传统知识教育的异化。三维目标的提出，既没有否定知识与技能的掌握，又倡导对知识的思想文化内涵的理解，引导学生情感、态度与价值观的形成，让知识贴近实际，走进生活，还学科以本来面目。让知识鲜活起来，恢复教育应有的功能。

三　重视体验和实践

教育的核心与根本，惟有依靠学生生命的投入，让学生亲身去体验科学，感悟科学，通过体验形成情感和感悟，依靠学生的生命活动去发展其自身的素质，实现知识的内化。学生只有通过自己的体验，实现对知识的理解和获取，才能实现思维的发展。缺乏学习者对知识的体验，这样的知识是僵化的、很难实现迁移的惰性知识。根据情景学习理论，人类知识是在活动过程中发展的，特别是人们如何去创造和解释他们正在做什么的表征，知识不是一件事情或一组表征，也不是事实和规则的云集，知识是一种动态的建构与组织。情景学习理论的中心概念是合法的边缘参与，认为学习者是新手，他们应该在参与部分共同活动的同时，通过对专家工作的观察与同伴及专家讨论等方式进行学习。新手应该在知识产生的真实情景中，通过与专家、同伴的互动，学习他们为建构知识应做的事情。知识也被看作行动与成功的实践能力，学习可以看作是一种增强对共同体验的情景参与能力，学习者从新手逐渐从共同体的边缘向中心移动，会较多地接触共同体中的文化，行动也会变得比较积极，随后更为广泛地接触并进入成熟的实践舞台，进而扮演专家的角色。而且，只有当学习被镶嵌在运用该知识的社会和自然情景中时，有意义学习才有可能发生，惰性知识才能避免。显然，重视学习过程，强调学生学习态度和学习中参与是十分重要的。

四　关注过程，学会方法

著名理论物理学家、诺贝尔奖获得者费恩曼说过："科学是一种方法，它教导人们：一些事物是怎样被了解的，什么事情是已知的，现在了解到什么程度（因为没有事情是绝对已知的），如何对待疑问和不确定性，证据服从什么法则，如何去思考事物，作出判断，如何区别真伪和表面现象。"而"过程"则主要是指在一般的科学研究中，那种普遍适用的系统化的操作方法和步骤。传统知识观认为知识是表态的，知识是对客观事物的真实表征，是完全中立的，是不依赖于认识主体的，是一种客观存在，具有普适性。过程与方法的强调，是对传统知识观的全面超越。而探究学习方式的提出，又从具体的教学方式上保证了过程与方法目标的落实。学习不再是学生被动地接受已有的结论或结果，而是更着眼于这种结论或结果是如何得到的过程，如何去获得这种结论或结果的方法。这样的学习，不再是机械地死记硬背现成的结论，而是要懂得为什么是这样，即不仅要知其然，还要知其所以然。在这个过程中，学会对事实的尊重、对结论的谨慎、对错误的勇于修正等。

五　体现价值

爱因斯坦对知识教育有很深刻的阐述："通过专业知识教育人是不够的。通过专业教育，他可以成为一种有用的机器，但是不能成为一个和谐发展的人，要使学生对价值有所理解并且产生热烈的感情，那是最基本的。他必须获得对美和道德上的善有鲜明的辨别力。"教育的人性化凸显，弘扬一种超越狭隘课程知识的充盈着生命关怀的人的新教育，是这次课程改革的亮点。同时，在后现代科学技术的时代，我们还要认识到知识和科学技术对人类造成的负面影响，即全面认识知识和科学技术的价值。新课程关注 STS 教育，提出价值情感目标是具有远见卓识的，因为自 20 世纪后期以来，科学技术飞速发展，由于对技术的误用和恶用，出现全球性的能源、资源短缺，粮食的匮乏，环境的恶化。所以人类必须与自然和谐共处，才能实现人类社会的可持续发展。

六　知识的个人主动建构

建构主义学习观认为，学习者并非一个有待填满的空樽，而知识也不是在那里等着被人发掘。学习者的思想中存在着一些已有的概念，知识就是由个人通过建构得来的。教师还要认识到，科学知识虽然是由学生主动建构的，但是如果只让学生自行建立概念，那样建立的概念将是比较松散的。因此需要协助学生联系新旧概念，并鼓励他们参与社会和培养他们勇于质疑的学习精神。

建构主义认为，一个完整的学习过程应该是由兴趣、知识、记忆、情感、感知、反省、行动、平衡、摄动、重建、迁移等组建而成的循环过程。这表明，学习是由情感发动控制的，是在真实情景中发生的，是在原有经验的基础上进行的。知识具有个性，需要个人的感悟和理解，知识中还包括不假言说、不可言喻、无法客观地编码或表征出来的所谓"默会知识"，这就决定了知识的获取必须有一个自主建构的过程。三维目标中的过程、情感态度目标，提倡自主学习和探究学习的学习方式，对知识的个人主动建构给予了充分的关注。

七　知识的社会协同

社会建构主义学习观认为，学习是一种社会文化活动，学习会受社会文化内容的影响，强调个体的参与，个体之间的交流沟通，在交流过程中建构知识，知识是学习者与他人磋商互动的社会建构的结果。个人学习是个人与其他人（老师或同学）主动进行沟通的结果。学习被视为一个交流的过程，而知识是由集体共同建构的。人与人之间的交流是学习过程的重要因素。知识是由各参与者建构而成的，交流是学习过程的一部分。学习是学习者在对失败和错误的反省中，通过交流协商克服危机对知识进行重构的过程。学习者运用各种工具，包括书本、电脑、资料、符号系统（如口语）等进行学习活动。这种观点鼓励学生的积极参与，鼓励师生之间、学生之间广泛的交流互动，鼓励多种资源、文本和媒体的开发与应用。新课程大力提倡合作学习，大力开发各种学习资源，实现信息技术与课程整合。三维目标强调过程与方法，强调情感，就是对知识的社会建构的特征的体现，是对知识"灌输"的否定。

八　知识的创造性

教学中应该突出学生对课程知识的独特理解、阐释、质疑、批判和创新，突出学生的知识创新意识、素质与能力。教师在教学中应该认识到教材知识的社会性、猜测性、价值性，应该认识到学生将来从事知识创新的真正基础是他们的好奇心、求知欲、批判意识、合作意识和综合意识等。将后现代知识增长方式与现代知识增长方式相比较，可以看出，已发生了巨大的甚至是革命性的变化。原来人们所信奉的"积累的"、"理性的"、"分科的"、"基础主义的"和"个体的"知识增长方式逐渐地显示出它们的虚妄、缺陷或不足；而"批判的"、"整体的"、"综合的"、"反基础主义的"和"社会的"或"合作的"增长方式在当代知识发展或科学进步过程中逐渐开始发挥积极的作用。知识增长方式的转变迫切要求实施教育改革、课程改革，重视对学生创新精神、创新素质与能力的培养。而这正是当代教育价值观的重要体现。

改变我们的课程理念。以往的课程理念强调知识的选择和组织，认为课程就是从人类总体的知识中选择出的有价值的知识，以合适的组织形式呈现给学习者。这种课程理念把知识看成是被动的、有待于选择的材料，将选择的标准看成是外在于知识的，如政治的、经济的、文化的因素等。知识本身所具有的权力性质被忽略了，逃脱在理性的批判之外。一场又一场的课程改革只是在选择知识的类型上有所差别，在知识的根本性质和组织方式上没有差别，在重新生产现代的知识问题上也没有差别。新的课程理念应该强调课程知识的多样性、非系统性、文化性与开放性。课程本身不是学习的内容，只是学习得以发生的条件和更多汇聚的平台。

重新审视课程的目标。知识性的课程目标应该被加以批判性地检讨，以显示出知识性目标的社会效果。掌握知识的要求是进行社会控制的一个重要方式。课程的目标应该超越知识而达到对学习者的存在的关注。存在关注最基本的一点是要培养学习者对所学知识内容的批判性态度，包括对课程知识本身的不完整性的批判和对课程知识的社会历史效果的批判。批判的目的不是简单地否定或抛弃课程，而是在批判之中使课程目标变得透明，并为更多的知识关联的出现提供条件。

调整课程结构。现代的课程结构如同现代的知识结构一样是等级的。自然科学与技术的课程在整个课程体系中占据了核心位置，被安排了大量的课时和丰富的财政支持。而社会和人文课程则被放置在课程体系中边缘的位置。这样的课程结构在满足社会和个体的功利性、物质性的同时，不能满足人们的精神生活的需要，是学校和社会精神空虚的一个根源。未来的基础教育应该增加和开发人文和社会方面的课程，旨在帮助人们更好地理解自己和社会，摆脱由现代性带来的意识和精神危机。

改革教学过程。现代教学过程是直接排斥学生个体知识和生活史的过程。课堂里的儿童是一个纯粹的学习者，其任务就是掌握教师所呈现的系统知识。长期的个体知识压抑最终使得学习者丧失了学习的天性和兴趣，成为一个知识的容器，一个自动化的知识容器。分门别类的知识教学进一步地束缚了学习者的头脑，使他们变得狭隘而又僵化。教学过程应该努力实现公共知识与个体知识、不同门类知识的富于个性的整合。

改革教学组织的形式。现代的教学组织形式也是现代知识的产物，是现代知识的空间权力的实现。高高在上的讲台和一排排的学生座位一方面传达着知识权力的关系，同时也在空间上限制了学生之间以及学生与教师之间平等和深入交流的可能性，从而也就限制了对权威知识进行重新阐释或集体反叛的可能性。要建立一种开放式的教室，鼓励学习者大胆质疑的教室，师生可以进行真实的深入的交往的教室。

第六节　学科和课程分化与综合的辩证法

科学和学科是课程的基础，科学和学科内容及其发展趋势必然影响课程教学内容及其发展趋势，同时也影响教育教学目标实现和形成人才的效果。不同学科及其课程的发展既有不同特点，也有共同倾向。在分化基础上的综合和在综合基础上的分化既是近现代不同学科和课程发展的共同趋势和基本规律，也应该是未来科学发展、学科建设和课程改革的基本依据。

一　学科分化是认识从混沌到有序的必由之路

科学作为人类认识世界的成果是系统的知识，作为人类认识和改造世界的活动则是形成系统知识的认识活动和应用系统知识的实践活动。人对世界的认识是从无到有、由表及里、由近及远、由浅入深的过程，也是从混沌到有序的过程。混沌不是整体和综合的认识，而是笼统、模糊、表层甚至无知的认识状态。科学分化为学科是人类认识从混沌走向有序的先决条件和必由之路，没有科学的分化就形不成学科，认识就不可能深入，也不可能从混沌到有序。但科学发展光有分化没有综合也不是或者不可能有序。有序是分门别类的认识和整体认识的统一，是在不同学科分门别类深入认识基础上的有系统、分层次的整体认识和在整体认识基础上不同学科分门别类的清晰、确定的深入认识。远古人对世界的认识是混沌的，不仅没有分门别类的认识，而且对整体的认识也是笼统、模糊、表层的。古代人的认识逐渐由混沌走向有序，作为系统知识的科学也开始发展。古代各种科学知识都包罗在统一的哲学之中，没有学科的分类。但亚里士多德的哲学及其分类已经具有了学科分类的初级形态或者初步性质。他认为，"哲学是区别于各门专门知识的关于普遍知识的学问"。他把关于普遍知识的学问都看成是哲学，同时他又把哲学分为第一哲学、第二哲学、第三哲学等。实际上他说的第一哲学或者形而上学就是现在的哲学，第二、第三哲学就是现在的自然科学、人文社会科学的各门学科。根据亚里士多德的著作目录，剔除被怀疑是伪作的篇目，他创立的学科有：（1）逻辑学：《范畴篇》、《解释篇》、《前分析篇》、《后分析篇》、《论题篇》、《辩谬篇》；

（2）物理学：《物理学》、《论天》、《论生成与消灭》、《天象学》；（3）心灵学及生命科学：《论灵魂》、《论感觉及其对象》、《论记忆》、《论睡梦》、《论睡梦中的征兆》、《论生命的长短》、《论青年和老年》、《论生和死》、《论呼吸》；（4）动物学：《动物志》、《动物的器官》、《动物的运动》、《动物的进程》、《动物的生成》；（5）哲学：《形而上学》；（6）伦理学：《尼各马科伦理学》、《犹台谟伦理学》；（7）政治学：《政治学》、《雅典政治》；（8）修辞学：《修辞术》；（9）诗学：《论诗》。①

　　世界或事物存在的整体与局部，人类认识的混沌与有序、笼统和系统、模糊与清晰、不确定和确定是相对的，科学和学科发展的综合与分化也是相对的。亚里士多德的哲学相对于他以前混沌、笼统和模糊的认识是分化、有序、系统、清晰和确定的，相对于以前个别、局部的认识也是综合和整体的。但相对于他以后的认识还是混沌、笼统、模糊和不确定的，非有序、系统、清晰、确定、分化和综合、整体的。如果把它缩小为一个小圆，站在小圆的外面看，就很难看到小圆里面还有许多分门别类、各有特点、相对独立的小圆，只能看到整体和综合。假如把它放大为一个大圆，站在大圆里面看，就能看到这个大圆是由许多既相互联系，又分门别类、各有特点、相对独立、层次分明、结构有序的小圆组成的。因此，既可把亚里士多德的哲学看作是科学和学科整体性、综合性的典范，也可把它看成是科学和学科分化和有序化的标志。莫兰认为，"宇宙发生学已经向我们指出'一'早已四分五裂（它当然还是'一'），对系统的思考让我们面临一个逻辑悖论：Unitasmultiplex（多样化的统一）。系统单位并非一个'一'是'一'的单一单位。一是'一'又非'一'"。"在'一'中不仅有'多'，而且还有'一'的相对性，在'一'中

① 俞孟宣：《本体论研究》，上海人民出版社 1999 年版，第 10—11 页。

不仅有相异性，而且还有不确定性、模糊性、双重性，有着分裂和对立。"① 这正是混沌的本来涵义。

空间和时间是无限的，人类认识到的世界永远只是无限宇宙空间和时间中的有限世界，人类没有认识的混沌世界永远存在。世界的混沌和有序、不确定与确定是永远并存和辩证的。人类对世界的整体和综合认识与深层和分化认识也永远是相对的，是从混沌到有序的无止境的过程。普利戈金认为，"现实世界的绝大部分不是有序的、稳定的和平衡的，而是充满变化、无序和过程的沸腾世界"。"有序和组织可以通过一个'自组织'的过程真地从无序和混沌中'自发地'产生出来。"② 莫兰的进一步解释认为，"混沌是分解、区别、对立之前的状态，即破坏力和创造力、无序和有序、解体和组织、宇倍利斯和狄刻尚混在一起难舍难分的状态"。混沌是源泉，所有起源都离不开含混、对抗和矛盾，都离不开协调和不协调、和谐的成分和不和谐的成分。"混沌虽然生成了有序和组织，但无序的对抗和补充作用也一刻不可缺少。"③ "无序没有在宇宙中完全代替有序，但是宇宙中没有一部分不存在无序。""无所不在的无序不只是与有序对抗，也和后者奇妙的合作以创造组织。"④ 混沌也是具有各种发展可能性和理解、解释可能性的存在。恩格斯在批评近代自然观时也曾指出："虽然十八世纪上半叶的自然科学在知识上，甚至在材料的整理上高过了希腊古代，但是它在理论地掌握这些材料上，在一

---

① ［法］埃德加·莫兰著，吴泓缈等译：《方法：天然之天性》，北京大学出版社 2002 年版，第 145 页。

② ［比］伊·普利戈金等著，曾庆宏等译：《从混沌到有序——人与自然的新对话》，上海译文出版社 1987 年版，第 10—11 页。

③ ［法］埃德加·莫兰著，吴泓缈等译：《方法：天然之天性》，北京大学出版社 2002 年版，第 19、38—40 页。

④ ［法］埃德加·莫兰著，陈一壮译：《复杂思想：自觉的科学》，北京大学出版社 2002 年版，第 156—157 页。

般自然观上却低于希腊古代。在希腊哲学家看来，世界在本质上是某种从混沌中产生出来的东西，是某种发展起来的东西，某种逐渐生成的东西。在我们所考察的这个时期的自然科学家看来，它却是某种僵化的东西、某种不变的东西，而在他们中的多数人看来，则是某种一下子造成的东西。科学还深深地禁锢在神学之中。它到处寻找，并且找到了一种不能从自然界本身来说明的外来推动力作为最后的原因。"①

虽然人类对世界的认识从混沌到有序不等于自然界进化从混沌到有序，但人类认识到的自然界进化从混沌到有序的过程和规律则与人类对它的认识从混沌到有序的过程和规律是一致的。科学和学科综合与分化都是对混沌的否定，是混沌的各种可能性的明确化、有序化和现实化。然而，科学和学科分化的有序和规律未必是科学和学科综合的有序和规律，科学和学科综合的有序和规律也未必是科学和学科分化的有序和规律。科学和学科分化和综合的有序和规律并非完全一致，不能相互代替。科学和学科发展的有序和规律是科学和学科分化和综合有机结合的有序和规律，是在科学和学科分化基础上的综合和在综合基础上的分化的发展趋势和客观规律，既不是只有分化没有综合的有序和规律，也不是只有综合没有分化的有序和规律。

二　学科分化和综合的辩证统一是学科发展的基本规律

科学和学科的综合是把本来具有各种联系可能性但目前联系不强甚至没有联系的知识、技术，或者在它们自然而然的发展过程中，或者是通过人的自觉的认识和实践使它们形成既相互区别，又相互联系和促进的整体知识、技术系统。科学和学科的分化是把本来具有各种分别发展和分别对待的各种可能性但目前则完全

① 《马克思恩格斯选集》第 3 卷，人民出版社 1972 年版，第 448—449 页。

联系为一体没有分别发展和分别对待的知识、技术或者在它们自然而然的发展过程中，或者是通过人的自觉的认识和实践使它们形成一个既相互联系和促进，又相互区别，各有不同特点、不同功能、分门别类的知识、技术系统。莫兰认为："所有的事物都既是结果又是原因，既是受到作用者又是施加作用者，既是通过中介而存在的又是直接存在的。我认为不认识整体就不可能认识部分，同样地，不特别地认识各个部分也不可能认识整体。"①

人对世界的认识一方面是追求其深刻性，另一方面是追求其全面性。深刻有助于全面但未必全面，全面有助于深刻但未必深刻。深刻必须分化，全面必须综合。学科的分化与综合，深入与全面是辩证的和相互促进的。学科分化是学科综合的基础或前提，没有学科的分化就没有学科的综合，学科分化到一定程度必然形成综合；学科分化的越深越细，学科综合的水平就越高。学科的发展只有全面没有深入或只有综合没有分化，学科综合发展到一定程度也就很难形成具有原创性的知识积累和高水平的综合。相反，学科发展只有深入没有全面或只有分化没有综合，学科分化和深入发展到一定程度就很难再继续深入下去。学科分化的方式有，一点式单项深入和单向发射的分化，多点式多项或多向深入和网络发射的分化。学科的一点式单项深入和单向发射的分化就是学科的分化，很难形成学科的综合，古代学科的发展基本就是这样的特点。学科的多点式多项或多向深入和网络发射的分化，既是分化也是综合，是分化与综合的统一。学科的多点式深入和发射不仅可以使学科之间形成网络式综合，也可以使学科之间在较深入的层次上融会贯通，形成高水平的综合。近现代自然科学的综合大都是这样一种综合。近现代学科综合的一个重要

①　［法］埃德加·莫兰著，吴泓缈等译：《方法：天然之天性》，总序：东方和西方的交融，北京大学出版社 2002 年版。

表现是不同学科之间形成了许多相互交叉的交叉学科或边缘学科。交叉学科既是综合的,是不同学科知识之间形成的综合,也是分化的,是某几门学科和学科整体中的分支学科。由于分化而交叉,使分支学科门类进一步增多,由于交叉而综合,使综合学科门类不断增多。现代知识的分化和综合既表现为自然科学内部分化及其不同学科之间的综合,社会科学内部的分化及其不同学科之间的综合,也表现为自然科学与社会科学之间的综合及其综合学科的分化。近现代以来在古老的地学中分化出来的海洋学又繁衍出 130 多门分支学科。经济学在近 30 年以来就派生出 100 多门学科。正是由于学科的分化,从而在此基础上形成了在物理与化学的结合点上出现了物理化学,在工程学与物理学的交叉点上出现了工程物理学,在量子力学与生物学的扩展性发展的边缘出现了量子生物学等自然科学内部相互渗透的第一代边缘学科;出现以特定自然界为对象,运用化学、物理学、结晶学、热力学、力学、材料学、物理化学等多种理论、知识、方法综合研究的光导纤维等第二代综合性学科;出现了信息论、控制论、系统论等自然科学和社会科学结合的第三代综合性学科。近现代学科发展的这些特点都是学科分化和综合相互影响的结果。

人对知识的追求既有自在自发性,更是自觉自为的;既有必然和客观性,也有应然和主观性;既是合规律的,也是合目的的,是自在自发与自觉自为,必然与应然,客观与主观,合规律与合目的的统一。科学和学科的分化和综合同样如此。分化与综合相互促进和制约是科学和学科发展的客观规律。但如何尽量消解综合与分化的相互制约,使它们最大限度地相互促进则是人为的。长期以来人们几乎一致认为,分化是近代科学发展的特点和规律,现代科学发展的特点和趋势是综合。但实际上现代科学发展也不只是综合的,而是综合与分化的统一。如果因为科学发展的某个阶段更重视科学和学科分化不重视科学和学科的综合，因此强调科学和学科的综合是可以理解的，但因此轻视科学和学科分化，就会使科学和学科发展成为无源之水，无本之木。人对世界认识的深刻性和全面性的追求是无穷尽的，科学和学科的分化与综合也是无穷尽的。全面深刻认识科学和学科分化和综合的特点和规律，积极实践，因势利导，有所为，有所不为，是促进科学和学科发展的关键。莫兰认为，世界上存在许多循环、悖论、二律背反，"我们瞥见了把恶性循环改良成良性循环的可能性，那将是一种自反的、有繁殖力的复杂思想。这就是引导我们前进的观点：绝不能打碎循环，而应该始终紧抓住循环。循环是我们的车轮，螺旋是我们的道路"。世界本来就是复杂性的，是多样性的统一，我们必须始终把"一"与"多"结合起来思考和解决问题。谁优待"一"，把它看作基本原则，谁就必然贬低"多"，即现象学中的表象；谁优待"多"（具体现实），谁就会贬低"一"（抽象原则）。"古典科学就建立在武断和简单化的'一'上，把多当作副现象或残渣给扔了。然而，没有一个能让我们在多中发现一和在一中发现多的可理解的原则，我们就不可能设想出系统的特性。系统是一个复合体（相互关联的不同部件的集合），只要我们把一和多结合在一起，这个复合体观念就会引导我们走向复杂。系统是这样一个单位，它来自多样性，联系多样性，内涵多样性，组织多样性，生产多样性。""所以，我们必须把一和多这两个观念不仅看作是对立竞争，而且还是互补的。"①

西方人习惯于通过分析来认识世界，由于认识能力和知识积累所限，古代科学是综合的，但近代以来科学和学科分化的速度越来越快，到现代形成综合化趋势。然而实际上现代科学和学科

---

① ［法］埃德加·莫兰著，吴泓缈等译：《方法：天然之天性》，北京大学出版社2002年版，第114—115页。

分化的速度不仅没有减弱，而且继续加快，同样又促进了科学和学科综合速度的加快。中国自古以来习惯于从整体上认识世界，唯恐科学和学科分化会破坏对世界认识的整体性。古代的科学是综合的，近代也基本如此，并一直认为西方科学和学科的发展所走的道路是违反规律的危险之路，但就是在这种自我满足的陶醉状态下，别人的科学发展了，我们的科学落后了。然而在中国现当代科学和学科发展还没有得到充分分化的状态下，有人不能汲取历史教训，还在或又在继续强调科学和学科的综合而轻视其分化，这种观点引起的后果是可想而知的。

三　课程的分化与综合是对立统一的，对教育都有重要价值

科学和学科的分化和综合必然影响到学校课程的分化和综合。同科学和学科分化和综合的发展道路相一致，古代学校的学科和课程基本上是综合的，近代以来逐渐分化①，现当代学科和课程的发展呈现出综合的趋势，大学形成和设置了生物化学、历史地理等综合课程，中学准备开设科学等综合课程，但分化的速度也在继续加快。分科教学与综合课程教学对教育具有同样重要价值，学科和课程发展的规律也是分化与综合相互促进和制约的规律。现在强调学科和课程的综合是因为目前学校的综合学科太少，不能满足学习者和社会的需要，不利于促进学生和社会的发展，但并不是要消除学科、专业和课程之间内容的差别。美国著名课程理论家施瓦布（J. J. Schwab，1909—1988）强调："我们不要因为拥有联合学术的新概念可以综合原来互相分裂的知识体系，就看不到我们所发现的各种现象之间的有些差别可能是确实存在的，学科之间的某些差别可能是永恒的。……科学、伦理学和美学可能实际上代表三个有着很大差别的研究对象。科学整体

---

① 南京师范大学教育系编：《教育学》，人民教育出版社1990年版，第410页。

性的学说，即坚持所有知识的统一的学说，要么是一种教条，要么是一种希望，但不是事实。"① 莫兰认为，"百科知识一词不该被理解为按字母排序的知识堆积，那只是知识的堕落。我们应该按其原义 agkulios paidea 来理解它，即把知识放在一个连锁循环中进行学习。实际上，学习就该是连锁性质的，也就是说我们应该把知识中各个孤立观点衔接成一个动态的连锁系统"。"连锁学习并不打算包容所有知识。那将重新落入堆积知识的陷阱，那将是无所不包的大一统的嗜好，用一个有序和协调的大口袋来囊括真实（真实必将从中溢出）。""所有企图把世界囊括在其逻辑中的体系都是一种荒谬的合理化。""所谓连锁循环学习，就是要把在本质上本应联系在一起但却被人从本质上分割开来的东西衔接起来。它努力指向的并不是各领域里的知识综合，而是关键知识、战略据点、起沟通作用的要点和把各分离领域组织起来的关节。"②

文艺复兴前后学校课程的发展变化

14 世纪以前	文艺复兴时期 14—16 世纪	17—18 世纪
文法	文法、文学、历史	文法、文学、历史
修辞学	修辞学	修辞学
辩证法	辩证法	论理学、伦理学
算术	算术	算术、代数学
几何学	几何学、地理学	三角法、几何学、地理学、植物学、动物学
天文学	天文学、力学	天文学、力学、物理学、化学

---

① 转引自张华《课程与教学论》，上海教育出版社 2000 年版，第 17 页。

② ［法］埃德加·莫兰著，吴泓缈等译：《方法：天然之天性》，北京大学出版社 2002 年版，第 114—115 页。

　　学科和课程的分化和综合相结合也是社会发展的需要。社会是一个由许多部门或门类组成的有机整体，是一个由相互联系的各种人或者人才组成的复杂系统。社会发展既需要知识和能力相对全面的综合型或复合型专业人才，也需要在某一专业领域深入钻研、精益求精、身怀绝技的分科型、特技型、应用型专业人才和在某些专业领域进行长期深入研究，有所发现、发明和创新的创造性人才。解决穿衣问题、住房问题、交通运输和环境生态等问题都毫无例外。综合型人才也是一种专业人才，它比其他专业人才有其优越之处，也有不足之处。只强调知识的综合化和形成综合性人才，而轻视知识分化和形成专业化人才，既不符合实际，也不利于发展。

　　科学和技术既有联系又有区别，不可合二为一。科学是以认识自然、社会和人自身为目的的，科学发展虽然有内在规律，但也有它的不可预见性，包括获得诺贝尔奖在内的科学发展史上许多重大突破都是科学家凭自己的兴趣自由研究的结果，甚至是偶然的发现。因此难以计划，必须提倡自由研究。而技术则是以对认识自然、社会和人自身认识的成果为依据来利用和改造世界为人类服务的，是可以预见和计划的。科学上的重大突破必然推动技术上的重大进步，技术上的重大进步也必然推动科学的进一步发展。但技术的发明和使用要比科学的历史要久远得多，某些技术即使是在今天也完全可以脱离科学自主发展①科学与技术的紧密结合是现代科学与技术发展的趋势，但科学与技术相对独立发展也是现代科学与技术发展的特点。为使国家的科学技术产生重大突破性发展，教育必须重视培养学识渊博的高精尖人才及其学科、课程的设置和教学。为了使现有技术普遍有效应用，教育也

---

① 　邹承鲁等：《科学与技术不可合二为一》，《新华文摘》2003 年第 11 期。

必须重视实用性和熟练性专业技术人才的培养及其学科、课程的设置和教学。科学和技术人才的培养都应处理好科学和技术本身及其二者综合与分化的关系。

学科和课程的分化和综合相结合也是人自身发展的需要。人的全面发展是自古以来人类追求的理想，当然也是现当代社会发展的要求和每个人的愿望。人类对自己全面发展的追求是无止境的，现当代人的发展比古代和近代人的发展要全面的多，然而现当代人对此并不满足，甚至把现实作为批判、改造的对象，以此来追求人的全面发展的更加美好的未来。社会现实永远是人的全面发展的条件，也永远是人的全面发展的限制或阻碍、批判和改造的对象。人的追求既有物质利益或享受的追求，又有精神道德完善的追求。为了使人的灵与肉紧密结合起来，使人得到全面发展，必须重视人文学科和课程与自然科学学科和课程及其教学的结合或综合，重视人文精神和科学精神的形成及其统一。人文教育与科学教育的结合有知识、能力层面的结合，有精神价值层面的结合。人文知识的教育并不等于人文精神的教育，并非一定能形成人文精神而不能形成科学精神，自然科学知识的教育并不等于科学精神的教育，并非一定就能形成科学精神而不能形成人文精神。人文精神和科学精神的结合与特定的人文知识教育和科学知识教育的结合有一定关系，但未必完全对应。自然科学知识的教育也可形成人文精神，人文社会科学知识的教育同样可以形成科学精神。牛顿学说就是很好的例证。"和而不同"是科学教育和人文教育结合的特点①。人文精神与科学精神的形成及其统一的关键主要是把科学的世界观、价值观、道德观和人生观教育渗透在各个学科的问题，而不完全是学科知识综合的问题。

学习兴趣是学习的重要动力，不同的人有不同的兴趣。现在

---

① 杨叔子：《科学人文和而不同》，《新华文摘》2002年第9期。

中小学甚至大学都很强调综合实践课程或综合实践活动课程，认为它有有利于激发学习兴趣，有利于综合掌握知识和形成综合应用知识的实际能力，有利于形成发现和创新能力等许多优点。但综合实践活动课程等综合课程，如同其他课程一样都有优点和缺点。课程如果只有综合，没有分化和学科、专业区别，所有课程都是"为了营养丰富的萝卜茄子一锅煮的大烩菜"，为了全面而不分轻重，眉毛胡子一起抓的综合课程，学生的学习兴趣肯定要比对现行分科课程的学习兴趣更差，也未必比分科课程更有利于掌握知识和形成能力，甚至技能、技巧。

分科课程是一种单一学科知识组成的课程模式，它强调一门课程知识逻辑体系的完整性，而不重视不同学科之间的相互联系。综合课程是有意识地运用两种或两种以上科学知识的观点、方法考察和探究一个中心主题或问题的课程。有以学科本位、以社会问题为中心或主题和以儿童为中心或本位的综合课程。综合课程可以是学科课程，也可以是活动课程。有文科或人文小综合，理科小综合，也有文理大综合，如环境教育课程、国际理解教育课程等。综合课程重视世界的整体性、生活的整体性和解决问题需要知识的相互联系性，但事物的整体性与知识的整体性，特别是掌握知识的整体性未必一致。综合学科和课程是不同学科和课程知识的有机结合和系统联系，不是它们的简单相加。不同学科和课程简单相加的"大拼盘"知识既不能全面深刻反映事物的本来面目和必然、系统联系，也不符合人对世界的认识规律，不利于人类认识世界，通过掌握、应用和创新知识改造世界。综合课程综合不好很容易使知识过于琐碎而不系统，甚至肤浅而不深入，很可能有利于人对世界的全面或综合认识而不利于人对世界的具体和深刻认识。然而真正的全面性或综合性是具有深刻性的全面性或综合性，真正的深刻性是具有全面性或综合性的深刻性。欠深刻的综合不是真正的综合，而是"拼盘"。欠全面的深刻不是真正的深刻，而是片面。学科发展既要防止"拼盘式"的综合、"走马观花式"或"蜻蜓点水式"的综合，也要防止"盲人摸象式"的分化。"走马观花式"或"蜻蜓点水式"的综合是欠深刻的综合，"拼盘式"的综合和"盲人摸象式"的分化结果都是支离破碎的知识，既不是深刻性的全面性或综合性知识，也不是全面性或综合性的深刻性知识。最可怕的是在分科教学的情况下，同一专业不同分支学科的教学内容只强调相互联系的综合性，不重视相互区别的深入性，以致使不同学科的教学内容相互重复，浪费有限教学资源，降低学习兴趣。这不是综合课程最容易形成的缺点，但它是已经表现的缺点。它不是浪费教育资源的唯一缺点，但它是造成教育资源最大浪费的最大缺点。

第五章 教学主体哲学

主体是具有主体性的人。主体性既是主体的本质体现，也是主体的价值追求，是人在实践中建构和发展的。但人如何建构自己的主体性，不同时代有不同的哲学基础、认识理路和实践策略。建构师生主体间性是当代教育的重要目标和实践策略，师生主体间性是师生平等交往、主动对话、相互理解的主体间关系及在其中形成、表现、发挥的主体性。形成师生主体间关系是提高学生主体性的重要基础。然而，在传统哲学中没有主体间性这个概念，不仅人与物的关系是主客体关系，而且人相对于物即便都是主体，但人与人的关系也还是主客体关系。以传统哲学为基础，师生之间只能形成主客体关系，不能形成主体间关系。现当代哲学认为，人与物的关系在任何时候都是主客体关系，人际关系，特别是师生关系是主体间关系。建构师生主体间性就必须改造传统哲学，以当代哲学的认识理路及其话语逻辑为基础，并使主体间性理论系统化和明晰化。

第一节 师生关系理念的发展

师生关系是教学活动中的首要、基本、核心关系，其他关系都服从于和服务于师生关系，围绕着师生关系展开。师生关系是构成教育本质的重要部分，不同的师生关系反映着不同的教育本质观和实践的或者行动的教育本质。师生关系的发展自古到今大体经历了三个性质完全不同的阶段，其趋势是师生关系逐渐趋向平等，趋向人性化。

一　从主客体哲学到主体间哲学

认识主体与人的自我意识发展有密切关系，古代人和婴幼儿自我意识水平较低，很难区别自己与世界的关系，甚至认为人是自然的一个组成部分。笛卡尔的"我思故我在"哲学发现了人的主体性，康德的"人为自然立法"哲学发展了人的主体性，黑格尔的存在与意识、物质与精神"头足颠倒"的哲学把人的主体性推向极端。传统哲学认为，认识者和实践者是主体，被认识者和被实践者是客体。在人际关系的主客体二元传统哲学中，只有主体的人才是人，客体的人与物没有两样，无论人多么伟大还是渺小只要是认识和实践的对象就与物一样是客体。

主体应该是具有主体性的存在，只有人才能具有主体性，因此只有人才能成为主体。至于不断提高人的主体性，人才更像主体。但在如何处理人这个主体与物这个客体、作为主体的人与作为客体的人的关系上，传统哲学中的主体事实上不仅无能为力，而且导致很多问题。如果所有人主体性都较低，那么人在世界中的地位和人的价值就很难凸显，如果一部分人主体性很高，另一部分人主体性较低，那么较高主体性的这部分人就很可能成为较低主体性的人的主体甚至主人，较低主体性的这部分人就很可能成为较高主体性这部分人的客体，甚至任意支配的对象。如果所有的人主体性都很高，大家都为了当主体而不当客体就必然导致争斗，甚至战争。近代以来人的主体性得到充分发挥，但也导致了一系列的问题，在人与人的关系中发生了两次世界大战，在人与物的关系中，生态环境日益恶化。于是有人认为人作为主体已进入黄昏，有人喊出不愿再做主体的呼声。人不做主体，谁来做主体，人不愿做近代以来这样的主体，而要什么样的主体，这是当代哲学研究的主要问题。

二　哲学主体间性的三重含义

　　主体间性是现象学的核心概念。胡塞尔认为，"完整的现象学可以分成两部分：一方面是作为'第一哲学'的本质现象学（或普通本体论），另一方面是'第二哲学'，即关于事实总体的科学，或者说，一门综合地包含着所有这些事实的先验交互主体性的科学"①。交互主体间性又有认识论和本体论两个层面。从认识论层面说，在主客体二元对立的传统哲学中，我和我们是主体，你和他、你们和他们是客体。但在胡塞尔现象学中，我、你、他或者我们、你们、他们不仅相对于自然物质世界都是主体，而且无论作为认识者还是认识对象都是主体，你和他虽然是对象，但也是主体。我与你、我与他、他与你或者我们与你们、我们与他们、你们与他们的关系都是主体与主体的关系。我不是以相当于物的另类或客体来认识和对待你和他，而是以物以类聚、人以群分的方式，以认识和对待自我主体的方式，特别是以将心比心的方式认识和对待你和他。从本体论层面说，一切对象都是意识所指的对象，哲学作为一门严格科学的主要任务是研究意识的发生、发展、本质和客观性，而客观性也就是主体间性，主体间的共识和同构。世界是由"我们"共同构成的世界，是一个主体间世界。主体间的相互建构及其对客观世界的共同建构即主体间性。我对客观世界的认识也是以他人的认识为基础和参照的。主体间性与主观性相对立，是以原初还原、类比统觉、同化移情、视阈共呈等方式，从我的身体出发，经过他人的身体的构成、他人的心灵和自我的构成、主体间的客观世界的构成、他

_____

　　① 胡塞尔：《笛卡尔沉思》，第289—299页。引自《胡塞尔选集》，编者引论，上海三联书店1997年版，第18页。

人的自在的客观世界的构成和他人与我的交互的构成五个步骤或环节，最后导向了一种彻底交互的、无限开放的单子共同体也即先验自我的共同体①。他说，"作为客观的自然，世界的存在意义尤其是自然存在的意义，正如我们所说的那样终究包括对一切人的存在。无论我们在什么地方说到客观实在性这始终是被共同意指的。""借助于这种（构成意向性的）公共化，先验主体间性有一个主体间的自己性领域，在该领域里它构成了客观世界；这样，作为先验的'我们'它是一种这个世界的主体性并且也是一种人们的世界的主体性，而该世界是一个借以主体性使其自身成为客观现实的那种形式。然而，如果主体间的自己性领域与客观世界仍应该在这儿区分的话，那么，当作为自我的我基于那种从我自己本质内的来源中被构成的主体间性而取得立场时，我们就能够认识到，客观世界在严格意义上并不超越那个领域或那个领域自己的主体间本质，而毋宁说作为一种'内在的'超验性在它之中固有地存在着。更严格地说，作为一种观念的客观世界——一种主体间的（主体间地共同化的）经验的观念相关物，而该相关物可以用观念的方式存在并且永远和谐地被坚持——本质地被联系于主体间性，该主体间性的组成的诸个别的主体具有相互一致的与和谐的构成体系。因此，世界的构成本质上涉及单子的一种'和谐'。"②

　　胡塞尔的主体间性理论得到解释学和后现代主义思想家们的普遍认可。哈贝马斯认为，一切社会问题都是合理性问题，社会合理性问题只有通过人的交往行为的合理性才能解决，而真正的

---

①　张在林：《我与你和我与它——中西社会本体论比较研究》，西北大学出版社1999年版，第177页。

②　[德]胡塞尔：《笛卡尔沉思》，英文版，第92、107—108页。引自张在林《我与你和我与它——中西社会本体论比较研究》，西北大学出版社1999年版，第169页。另见倪梁康选编《胡塞尔选集》，上海三联书店1997年版，第879—894页。两书对同一内容的翻译表述不同，本文采用前者的翻译表述。

交往则是主体间相互理解的交往①。罗蒂认为，自然科学的自然性
其实是它的合理性，自然科学的客观性就是它的主体间性②。雅斯
贝尔斯认为，教育是人对人的主体间灵肉交流活动，是人与人精
神相契合和我与你的对话，训练和控制是心灵的阻隔，如果把教
育当作训练，人就成为单纯的客体③。但萨特对主体间性理论则不
以为然，认为"这个我们不是主体间的意识，也不是一个以社会
学家们所说的集体意识的方式作为一个综合整体超越并包括意识
各部分的新存在。我们是通过特殊的意识体验到的"，"'我们注视
他们'的这个'我们'与'他们注视我们'的这个'我们'不可
能在同一个本体论水平上"。"对于对象——我们的体验和对于主
体——我们的经验之间完全不对称。前者揭示实在存在的一维并
相当于单纯充实着对为他的原始体验。后者则是被历史的，沉浸
在加工过的宇宙和特定经济类型的社会中的人所实现的心理经验；
它不揭示任何特殊的东西，这是一个纯主观的经历。"④

主体间性理论能否成立的关键是如何看待作为对象人的问题，
把对象人等同于对象物或者客体与把对象人看作是与认识者的人
具有同样本质的人，其结果完全不同，这主要是价值选择问题。

三　师生关系理念发展的三个阶段

第一阶段，师生主客体关系，即教师主体，学生客体。哲学
主张天人合一，主客不分，把人看作是天的一部分，天不变道也
不变，人也不变，人只能遵从天的规律，听天由命，事实上人没

---

① 余灵灵：《哈贝马斯传》，河北人民出版社 1998 年版，第 165—200 页。

② ［美］理查德·罗蒂：《后现代文化》，上海译文出版社 2004 年版，第 48—90 页。

③ ［德］雅斯贝尔斯：《什么是教育》，生活·读书·新知三联书店 1991 年版，第 2—3 页。

④ ［法］萨特：《存在与虚无》，生活·读书·新知三联书店 1987 年版，第 519、537 页。

有一点主体性。教育教学活动中，教师代表社会，代表天、天道，代表皇天、皇上，因此是主体，学生是客体，只能遵从天的意志，教师的意志，学生遵从天的意志就像臣民遵从皇上的意志一样只能惟命是从。

第二阶段，师生双主体关系，其实质也是师生双客体关系。教师与学生互为主客体，实际上还是以主客体哲学看待师生关系。近代社会追求师生平等，以学生为中心，为主体，但找不到合适的理论，脱离不了传统哲学主客体二分法，因此就形成理想目标追求与理论之间、实践之间的矛盾：把学生当作客体来认识，把学生当作主体来培养的矛盾。

第三阶段，师生主体间关系，试图彻底改变传统哲学关于主客体的划分，使师生都成为完全平等的主体，形成主体间理论。主体间理论与双主体理论虽然把师生都看作是主体，但双主体理论同时也把师生看作双客体，而主体间理论中师生任何一方在任何时候都不是客体，师生之间没有客体，因此主体间理论与双主体理论有本质的不同。

四 师生主体间性话语逻辑

主体与客体概念单从语言对事物的命名来说只是一个形式逻辑的简单问题，但从哲学角度说，却是关系到对人的本质和价值认识的大问题。因为人是自然性、社会性和思维性的统一，是客观物质世界、客观精神世界（作为文本的思想）和主观精神世界（正在进行的思想）三个世界的统一[1]。统一就是不可分割。世界上不存在没有自然性的社会人和思维人，也不存在没有社会性和思维性的自然人。在认识和实践过程中，人作为认识和实践

---

① ［美］卡尔·波普尔：《客观知识》，上海译文出版社 2001 年版，第114—201 页。

者永远是主体，认识和实践对象的物永远是客体，但把作为认识对象的人究竟看作是主体还是客体，关键不在于人本来是主体还是客体，而在于人的价值观和思维倾向性。人与人无论有多大差别都要比人与物的差别小，人与物无论有多大联系也比不上人与人的联系大，人无论是作为认识和实践者还是作为认识和实践对象都有本质联系，都与认识和实践对象的物有本质区别。如果重视人与物的形式联系，轻视其本质区别，就会以形式逻辑认识问题，把认识和实践过程中各要素的形式联系和区别或者认识的指向性（谁认识谁）作为标准划分主客体，笼统地把作为对象的人与物都当作客体，把人际关系也看作是主客体关系，把人的相互影响等同于人与物的影响。如果重视人与人的本质联系及其与物的本质区别，舍弃其形式联系和区别，则会以哲学思维思考问题，把认识和实践过程中各要素的实质联系或者思想作为划分主客体的标准，把作为认识和实践者的人和作为认识和实践对象的人都看作是主体，特别是把对象人也看作是"被思考和被感知的社会的自为的主体存在"，是正在认识和实践着的主体①。

古今中外任何一个正常人都具有一定的主体性和发展成为主体的主体性潜能。但古人未能充分意识到自己是物的主体及其主体性。相关学者普遍认为，人的主体性是由于近代哲学家笛卡尔提出"我思故我在"和康德提出"人为自然立法"才真正被发现和确立②。在笛卡尔看来，所谓主体性即人的思想性或主观性，所谓主体即思想者或思者。思者常常以两种方式存在：思的发出者和思的对象。如果说思者是主体的话，那么，无论是发思者的思者还是被思者或受思者的思者都是主体，只有无思者自然物和社会物才是与主体相对应的那个东西：客体。人对于物永远

---

① ［德］马克思：《1844 年经济学哲学手稿》，人民出版社 1985 年版，第 78—80 页。

② 莫伟民：《主体的命运》，上海三联书店 1996 年版，第 1—44 页。

是主体，物永远是客体。人与人的关系永远是思者间的关系，是主体间关系。就康德提出的人为自然立法而言，人当然是立法者主体，自然当然是立法对象客体。但人不仅要处理好与自然的关系，为自然立法，也要处理好人与人的关系，为人自己立法。人由于有理性，有意志成为自然和自己的立法者，同样人也是由于有理性，有意志成为自然法则和"绝对命令"的守护者。如果说立法者是主体，那么守法者也是主体，人际关系同样是主体间关系。思想来源于实践并指导实践，实践是思想之本体，人之本体，思想是实践之本质和人之本质。思想者是主体，实践者是有思想的，当然是主体。思想者和实践者是主体，被认识和被实践的人也有思想，也是主体，是以共主体性被认识和被实践的主体。马克思认为，人由于有类意识而"在自己的普遍性中作为思维的存在物自为地存在着"①。

　　主体是具有主观精神的客观存在，客体是不具有主观精神的客观存在。自然物和社会物都不具有主观精神，因此都是客体。人无论是认识和实践者还是认识和实践对象都具有主观精神，因此都是主体。人的自然性是主体间性的物质基础，属于物性或不具有主观精神的客观存在。但"自然的人的本质只有作为社会的人说来才是存在的"，否则就只是物的本质，不是人的本质②。主体是具有主体性的人，即具有主动性、自主性和创造性的人。人的主体性既是人的本质体现，也是人的价值追求，是人在实践中建构和发展的。人是否是主体是对人的本质的判断，人是否具有较高主体性则是对人的发展程度的判断。人无论是具有较高还是较低主体性都是主体。具有较高主体性的主体是非主体性较低的主体，相对于具有较低主体性的主体被视为具

① ［德］马克思：《1844年经济学哲学手稿》，人民出版社1985年版，第78—80页。

② 同上。

有主体性的主体。具有较低主体性的主体是非主体性较高的主体，相对于具有较高主体性的主体被视为缺乏主体性的主体。主体间关系是主体相互理解关系，理解有不同程度。缺乏主体性的主体和不被理解甚至被误解和伤害的主体还是主体，不是客体；人际关系还是主体间关系，不是主客体关系，主客体关系是人与物的关系。具有自然性的人的本质是其思维性等社会性，不是自然性。具有无意性、被动性、盲目性等非主体性的人的本质也是其主体性，不是客体性。自然和社会客体具有不以人的意志为转移的可被认识和利用的客观规律。主体间性则是可被认识和应用的合规律性与合目的性的统一。尽管把人看成是主体，人未必就有很高主体性，但更容易提升其主体性；把人看成是客体，人也不是客体，但其主体性提升就会受到抑制，人就更像客体。揭示主体间相互理解的可能性和规律是主体间性哲学的最高价值。

在教育活动中，不仅教育者是具有主动性、自主性和创造性的人，受教育者同样如此，师生间的关系是主体间的关系。形成、发挥和提高学生的主体性是近现代教育的主题，但其哲学基础和话语逻辑与实践目标明显矛盾。传统哲学在师生主客体关系基础上形成的师生"双主体"关系其实也是师生"双客体"关系。目前许多教育学著作普遍推崇的所谓"学生主体，教师主导"的新理念其理论基础还是主客体二元对立的传统哲学。以传统哲学为基础只能形成把学生作为客体对象来认识和目标主体来培养，把客体的学生培养成主体的人，发展学生客体的主体性等混乱逻辑和矛盾理论。事实上，教育者把学生当作客体来认识，就不可能把学生当作主体来形成，即使把他当成主体来形成，由于把他当作客体来认识，认识到的是学生客体发展规律而不是学生主体发展规律，因此也不可能以形成主体的方式来发展学生的主体性。当代哲学师生主体间关系理论消解了传统哲学的各种矛盾，把师生关系看作是主体间关系，把学生既当作认识者、学习者和实践者的主体，又当作被教育者认识和教育的对象主体。在师生主体间关系中，学生和教师在任何时候都是主体，学生在认识教师及其教育教学内容时是主体，在被教师认识和教育时也是主体。教师在认识和指导学生时是主体，在被学生认识和影响时也是主体。这为师生主体间关系的形成和学生主体性的提高提供了可靠的理论依据。

第二节　两种师生关系的不同主体性

人作为主体具有类主体、群主体和个主体三个层面。类主体是指人类从整体上相对于自然来说是认识、实践的主体，自然是被人类主体认识、改造和利用的客体。个主体、群主体是指每个个人和每个团体不仅相对于自然来说都是主体，而且无论是在认识和影响他人和其他团体对象时，还是在作为对象被他人和其他团体认识和影响时都是主体。主体性不仅是个体的，也是集体的。主体间性以个体主体及其主体性为基础，但又不是个体主体性的简单相加。主体性既是主体在处理与自然和社会客体的关系中形成、发展和表现的，也是在处理与社会和他人的主体间关系中形成、发展和表现的，前者是主客体关系中的主体性，后者是主体间关系中的主体性。主体间关系中的主体性不仅与个人的主体性有本质区别，而且与主客体关系中的主体性有本质区别。人的主体性发展和提高的过程就是人的主体化过程，由于不同时代和社会的人对人与自然、社会和他人关系的认识和实践不同，人的主体性表现或主体化程度和人对自然、社会、他人和自己的认识程度也不相同。教育提高学生的主体性主要是以书本知识为中介通过教师的教和学生的学或师生主体间关系间接认识客观世界来进行的，所以在师生主体间关系中提高学生的主体性也就成了教育提高学生主体性的主导途径。由于不同时代和社会的人对教育本质、价值和师生关系的认识和实践不同，教师和学生的主体性表现或主体化程度也有差异。教育的本质是主体间的指导学，而不是主体对客体的栽培和造就。

一　师生主客体关系中师生关系是非平等的，师生主体间关系中师生关系是平等的

　　无论历史发展、现实状况和未来命运如何，平等都是人类追求的永恒理想，都是相对于人而不是相对于物来说的。人与物或者主客体谈不上平等与否，在师生主客体关系中师生关系很难真正平等。在主体间关系中，不同的人在性别、职业、职务、知识、能力、思想品德等方面都有一定差别，但无论有多大差别都有人之所以为人的本质特征和作为主体性主要特征的平等人格尊严。平等人格尊严只有在主体相互尊重的主体间关系中才能形成，主体也只有具有平等人格尊严才能形成主体间关系。在师生主体间关系中，师生的知识、能力、思想、品德是有差别的，但他们不仅作为认识和实践者主体的人格尊严是平等的，而且作为认识和实践对象主体的人格尊严也是平等的。

二　师生主客体关系中的主体性是单向的，师生主体间关系中的主体性是双向的

　　师生主客体关系中的主体性是追求价值者的主体性，目的是单向的，师生主体间关系中的主体性不仅是追求价值者的主体性，也是价值追求对象的主体性，目的是双向的。人的价值或人认识和实践的价值在于创造和享受价值。人通过追求价值不仅创造物质和精神价值，而且创造和提高自身价值，人是无价之宝，具有无可比拟的价值。在主客体关系中人是追求价值主体，人的主体价值是要通过对象客体的价值来体现，主体追求到的客体的

价值越大主体的价值也就越大。在主体间关系中，人既是追求价值主体，也是价值承载主体或价值对象主体；既要追求自身的主体价值，也要理解其他主体，建构其他主体的主体性，实现主体间的主体性价值或者共主体生存与发展的共同目标。人作为认识和实践者的主体价值与作为被认识和实践者对象的主体价值是同样重要的。在教育活动中，教师与学生都是全方位的主体，既是自己想成为的主体，也是对方希望成为的主体。教师作为价值追求者主体既希望自己具有较高主体性，更希望他追求到的最终价值：学生成为具有较高主体性的主体，学生的主体性越高教师的价值就越大。学生作为教师价值追求的对象，既希望经过教师的指导和自己的努力成为具有较高主体性的主体，也期盼指导者教师是具有较高主体性的主体。

三　师生主客体关系的主体性是强制的，师生主体间关系的主体性是交往和理解的

主客关系的主体性生成于对象化活动，反映的是以"我"为中心的能动性、强制性、占有性。主体不仅要征服自然，占有物，也要征服人类，占有人。更容易形成和表现为个体的和集权的甚至霸道的主体性。主体间关系的主体性则是众多主体在交往中所表现的以"共存主体"和谐一致性，生成于交往实践，反映的是主体与主体相互理解和融合、塑造、改造的关系①。师生关系无论是主客体关系还是主体间关系都是通过教育教学内容和方式等中介而形成的，对师生关系的认识不同教育教学活动的目的、内容和方式也不同，反之亦然。师生主体间关系的形成方式是师生交往和理解的方式，没有师生间的相互理解就没有真正的教育。无论是胡塞尔的先验主体间性还是哈贝马斯的交往主体间

---

① 冯建军：《主体间性与教育交往》，《高等教育研究》2001年第6期。

性都是理解的主体间性。"从心理间到心理内的运动过程是产生主体间性的过程。"① 师生主体间的交往和理解是心灵的沟通，情感的共鸣，知识的交流，能力的相长，思想的碰撞，智慧的体悟，人格的敬仰，不是物的机械运动，人与物的作用是平等、双向、主动、自由和共有的，不是霸道、单项、被动、强制和占有的②。

四　师生主客体关系中的主体性的形成遵循的是天人对立和主客体对立的规律，师生主体间关系中的主体性的形成遵循的是天人和谐或合规律性与合目的性统一的规律

事物的高级存在和运动方式包含事物的低级存在和运动方式。自然可以离开精神而存在，精神不能离开自然而存在。自然运动和发展的规律是不以人的意志转移的，但人遵循规律是有选择的。作为高级存在方式的社会人或者主体的发展及其本质的形成是合规律性与合目的性的统一，甚至是理性与非理性的统一。学生身心发展的规律既有客观性也有目的性，教育不仅要遵循其自然生长规律，在社会影响下的身心发展规律，更要不断建构、扩大和丰富学生的生活世界，特别是精神世界，遵循扩大或者丰富了的精神世界规律，遵循建构、扩大和丰富精神世界的规律。忽视人的自然生命存在的理性和忽视人的社会存在的非理性必然导致上帝死了之后理性主体必然死亡和人们不愿再做主体的结局③。

---

① ［美］莱斯利·P. 斯特弗等主编，高文等译：《教育中的建构主义》，华东师范大学出版 2002 年版，第 150 页。

② ［德］雅斯贝尔斯：《什么是教育》，生活·读书·新知三联书店 1991 年版，第 2—3 页。

③ 金惠敏：《孔子思想与世界和平——以主体性他者而论》，《哲学研究》2002 年第 2 期。

第三节　师生主体间关系中学生主体性
建构的基本原则

由于主体间关系中的主体性不同于主客体关系中的主体性，因此，在师生主体间关系中建构学生主体性的原则也不同于在师生主客体关系中建构学生主体性的原则。在师生主体间关系中建构学生主体性的首要原则是平等交往原则，其他原则都与其有紧密联系。

一　自我确认原则

凡主体都是有意识的作用者，无意识的作用者只是作用物而不是主体。凡对象都是主体的对象，也都是意识到的对象或意识所指的对象，没有意识到的对象只是被作用物或被作用客体而不是主体的对象。在人际关系或社会关系中，每个人能否意识到自己和对方都是主体是能否形成主体间关系，并形成、发挥和提高各自的主体性的关键。在教育中，无论是教师和学生都把学生当作客体，还是教师把学生当作主体，学生把自己当作客体，或者教师把学生当作客体，学生把自己当作主体，都很难形成师生主体间关系，学生的主体性都很难发挥和提高。只有教师和学生都既把自己又把对方当作主体，师生关系才能真正成为主体间关系，教育教学活动才能真正确立学生的主体地位，形成、发挥和提高学生的主体性。

二　指导学习原则

教育的存在条件是学习，教育的发展过程是学习，教育的最终目的是学习，教育是主体间指导学习。这种教育本质观从根本上确立了学生的主体地位。每个人都是需要不断完成的存在，青少年更是如此，是不完全知晓人生全部价值、教育全部意义、自己的全部需要及其与社会需要的关系，不能完全自主完成，需要教师指导的主体。但从根本上说学习是学习者主体自己的学习，任何人都绝不能代替任何他人学习；教育的根本目的是提高学生的主体性，是由于有人需要学习和受教育而不是因为有人需要教育别人或当教师才有教育的产生和发展，学生是教育的终极原因或出发点和终极目的或归宿。主体间指导学习教育是教育者根据社会与人的发展规律和需要、目的，系统指导学生自觉主动学习知识，发展能力、体力，形成技能和良好思想品德的活动，是受教育者与自然、社会、学校等环境相互作用的自我建构：自我教育、自我选择、自我设计、自由发展的实践，也是师生平等交往、相互理解、融合、促进和共同提高的过程。

三　研究性教学原则

古人认为，天不变道也不变，反映客观规律的知识当然也不变，述而不作和师道尊严自然就是教育的基本原则。近现代哲学或者认为知识是主体对客体的客观反映甚至反应，轻视主体对知识的主观建构，或者认为知识是主体的主观内省，轻视知识的客观性。建构哲学认为，知识是主客体相互作用的产物，是客观反映与主观建构的统一。虽然刺激反应、客观反映和主观建构都需要思考，但刺激反应强调刺激本身对知识形成的作用，客观反映强调思维与刺激的对应关系，主观建构则强调智慧对刺激选择、加工和知识的创造作用。事实上教师和学生从来都不是知识的容器和输出、输入知识的机器，都有知识建构和创新的潜能，知识能否建构和创新的关键在人的认识理念和实践方式。在师生主体间的平等交流、主动对话和相互理解基础上形成的研究性的教和研究性的学，即研究性教学是知识建构、创新和提高学生主体性的基本条件。

四　人文关怀原则

以人为本，注重发挥人的潜能是现代教育的最高目标。人类发展历史和现实观察证明，每个正常的人都具有很大的发展可能性，如果一个人能自尊、自爱、自立、自主、自强，也能受到别人的尊重、信任、关爱、理解、支持和鼓励，其潜能就能得到最大限度的发挥，变成现实能力，反之则不然。学生是不成熟的主体，但他要比不成熟的客体，甚至成熟的客体成熟的多。虽然不能说学生的发展完全是由教师和他自己的态度决定，但"罗森塔尔实验"等许多事实充分表明，一个人能否自尊自信自强，教师是否把学生当作主体来教育其效果是大不一样的，甚至是天壤之别的。挖掘潜能需要调动积极性和发挥主动性，调动积极性和发挥主动性就是挖掘潜能，目的和过程是一致的。目的是过程的必然结果，过程的展开就是目的的实现。这就是杜威说的，教育目的在教育活动之中，而不在教育活动之外，教育活动之外没有教育目的的道理。

五　独特共在原则

人与社会互为基础，相互促进。人是社会的人，社会是人的社会，社会和个人的关系是对立统一的矛盾关系。这种矛盾关系既可能是主客体的对立关系，也可能是主体间的统一关系。在主体间社会关系中，社会与个人互为目的和手段，个人无论是目的还是手段都是主体，是主体目的和主体手段，不是客体目的和客体手段。其教育是既重视实现社会目标，又重视满足个人需要，以促进人的社会化和个性化统一发展为不懈追求的教育；既不是轻视个人发展的"社会本位教育"，也不是脱离社会发展的"个人本位教育"。师生通过主体间的教育交往成为正确处理人类、国家、民族、社会、集体与个人关系及其长远利益和现实利益的具有较高主体性的社会成员，既具有鲜明个性又高度社会化的人，社会化和个性化的统一的人。

六　全面发展原则

主体间指导学习的教育追求的目标和形成的主体是既有理性又有情感的主体；既有科学精神、科学知识、科学能力，又有人文精神、人文知识、正确价值观和行为能力，德才兼备的主体；既重视知识的接受、继承，又强调知识的创新、发现、发明的主体；既强调智力、能力、理智和理性的形成和发展，也重视需要、兴趣、情感、意志、态度、理想、信仰等作为理性发展动力的非智力、非理性的形成和发展的主体；既强调认识能力的形成和发展，又重视实践能力的形成和发展的主体；既坚持以人为中心、以人为本，又重视人与自然和谐发展，社会与经济可持续发展的主体，是面向现实，面向世界，面向未来的主体。总之，是德、智、体等全面发展的主体。

第六章 教学过程哲学

第一节 教学过程相关概念分析

任何学科领域的研究都必须从明确基本概念的含义与用法开始，因为界定一个概念，就意味着采取一种特定的研究取向和行为理念。

以往有关对教学过程相关概念的阐释和运用，尽管对教学教程中的各种因素均有所考察、分析和归类，但在分析层次、分析对象、分析单元等方面，仍有必要作进一步的澄清和探讨。

一 教学与教学过程

"从概念上讲，教学既是只有一种理解和解释的教育学的最抽象的概念，又是可能具有多种理解和解释的最具体的概念。"①从抽象意义上讲，只要是教师的教和学生的学都是教学；从具体意义上讲，又可根据不同角度有不同的定义。

诸多研究者在关于教学本质的研究中，将教学与教学过程作为同一性概念使用，对此，可从三方面理解。

首先，从教学的本质属性来看，无论居于何种意义，任何教学都有其外在形式、内在结构与具体属性，而表现为一定的存在状态，这是影响教学的一切内外因素之间现实的综合作用的整体

---

① 郝文武：《教育哲学》，人民教育出版社 2006 年版，第 79 页。

结果①。实质上，教学只能现实地存在于各种状态的连续变换中，因而，教学作为"存在"应具有过程属性。从此种意义上讲，教学与教学过程具有同一性。

其次，在存在主义哲学视域中，"存在先于本质"。也就是说，没有先于存在的本质，人只有先存在着，才能不断地生成和建构自己的本质。当我们在讨论教学的本质时，同样必然首先要体悟教学的存在，因为同样没有先于教学存在的教学本质。

在普通教学论视野中，教学是已然存在的事物，是"存在者"而不是"存在"本身。这种视阈的教学是先于研究者而存在的客体对象性存在，因而，它只是摹写、解读、静止的对象，而不具有建构、生成的动态过程特质。

教学哲学的研究对象则是教学的存在本身，"面对的是教学这一'存在者'本身如何存在的问题"。所谓教学存在，严格说来统指在人类历史长河中曾经存在、正在存在和可能存在的教学对象，以及人们头脑中关于教学的既有经验、行动观感、未来理念等教学意识，同时还包括由此而衍生的作为教学意识客观化存在形式的教学理论。哲学视阈的教学过程研究就是从教学的存在一般出发，"视教学本身为一类有着独立于人的主观意识的自身发生、运行、演进与消亡历程和机制等自在属性的客观存在，试图在本然的意义上去把握教学最一般的、普遍的和本原的内在之道、自在之理，希望能由本而知末、由源而及委，以明何所由，以鉴何所是，以论何所能，以知何所去"②。既然是研究教学作为"教学的存在本身"、"如何存在的问题"，当然教学作为这一视阈的研究对象与教学过程逻辑地具有同一性了。

另外，过程思维也给我们提供了理解教学与教学过程概念同

① 裴娣娜：《教学论》，教育科学出版社 2007 年版，第 129 页。

② 张广君：《论教学本体论》，《宁夏大学学报（人文社会科学版）》第 23 卷，2001 年第 1 期（总第 94 期）。

一性的新视角。所谓过程思维，就是以过程思想看待事物存在的方式，它是过程哲学内在的思想方式。过程哲学创始人怀特海认为，每种事物都以过程的形式存在，是各种状态之间不停的转化、生成过程。过程的特征在个别事物中表现出来，理解个别事物也必须根据包含在其中的过程来理解。基于现代哲学由实体性思维向过程性思维的新转向，教学本身作为一个"事件"就是所有关系项生成该事件的过程，因此"怎样生成"就是"过程"，"实际存在物是如何生成的构成了这个实际存在物是什么……它的'存在'是由它的'生成'所构成的"[①]。教学作为人为的和为人的存在本身就是一个过程的存在、生成的存在。

如此看来，无论在普通教学论视阈还是在教育哲学的存在论或过程哲学视阈，教学与教学过程都具有不同程度的同一性。

二　教学过程基本内涵

对于教学过程，也可从不同视阈进行理解。在普通教学论视野中，有如下颇具代表性的观点[②]：

有日本学者基于时间的考察，认为"教学过程系指展开教授活动和学习活动的时间流程"[③]；苏联有学者提出了系统整体观并构建了以"过程"为重心的教学过程理论；德国控制论意义上的教学论学者则着重过程的控制方面，视教学过程为控制学习者行为的过程[④]。

我国学者早期对于教学过程的研究较多聚焦于认识论、系统

---

① ［加］迈克·富兰著中央教育科学研究所·加拿大多伦多国际学院译：《变革的力量：透视教育改革》，教育科学出版社 2000 年版，第 47 页。

② 裴娣娜：《教学论》，教育科学出版社 2007 年版，第 127—128 页。

③ 日本筑波大学教育学研究会：《现代教育学基础》，上海教育出版社 1986 年版，第 278 页。

④ 李其龙：《德国教学论流派》，陕西人民教育出版社 1993 年版，第 93—100 页。

论的视阈，如江山野先生提出的教学过程层次的、发展的和整体的观点；唐文中先生提出的教学结构对于教学性质以及各因素的先在意义观点；李秉德先生提出的教学过程是认识活动与实践活动统一的观点。

20 世纪 90 年代末，我国学者对教学过程的研究呈现出整体反思、综合批判和系统创新的态势，其中以张广君先生的研究为代表。他提出，应在吸收借鉴各家所见之长的基础上，坚持整体联系的、动态层次的和周期时序的观点，并将教学过程放到教学本体存在的层面上来理解和把握①。这一观点提示我们，应在理性层次上整体审视、系统把握教学过程这一教学存在"如何存在"。而这种抽象化、普遍化和一般化的研究正是对教学过程的反思性非线性研究，即研究教学过程这一"存在者"本身如何存在的问题。

从上述关于教学过程的既有研究来看，人们在注重对教学过程中认识问题进行传统分析的基础上，更多地注意到这一认识活动所赖以发生的社会和人文背景、所意欲达到的整体的价值目标，所直接关涉和密不可分的心理过程和个性发展问题。尽管研究的客观结果并非尽如人愿，但这些研究中，不论认识的或实践的、审美的或交往的、系统的或控制的，各类观点都力图从各自的理论立场或视角，完整地反映和把握教学的实存②。

三　教学过程基本要素

（一）教学要素研究概说

教学过程要素分析是教学过程研究的基点。关于教学基本构

---

① 张广君：《"教学过程"的阐释：比较分析与辩证把握》，《湖南师范大学教育科学学报》2003 年第 2 卷，第 1 期。

② 张广君：《教学本质研究 20 年回顾、反思与展望》，《克山师专学报》2002 年第 1 期。

成方面的研究，比较有代表性的观点有三要素说、四要素说、五要素说、六要素说、七要素说和三三构成说等①。这些研究因分析角度不同（如是"教学"还是"教学过程"等）、分析所使用的单位概念不同（如"要素"、"基本因素"等），而在所得单位数目、归类等方面有很大差异。因而，尽管已有研究"已从最初直观的简单的描述发展到不同方法论指导下的各种角度、各个层面的抽象分析"。但"在分析层次、分析对象、分析单元等方面，仍须进一步澄清"②。甚至有些分析结果中，还存在概念中词语表述同形异义的现象。例如，在较新的两种要素分析理论中，对于"实体"概念的应用就存在抽象与具象的层次差异。

实体是客观世界中存在的且可互相区分的事物，实体可以是人，也可以是物体实物，也可以是抽象概念，例如：职工、学生、教师、课程等都是实体。作为哲学的抽象概念，实体是古希腊哲学家亚里士多德首创的一个重要哲学概念，也是后来西方哲学史上许多哲学家使用的重要哲学范畴。又译为本体。其含义一般是指能够独立存在的、作为一切属性的基础和万物本原的东西。

这是对于实体概念的概览，但在不同的话语背景中，实体意涵则迥然不同。

三要素说提出，可以基于动态和静态的不同角度，将教学要素分为实体性的构成要素和活动性的行为要素，并且在侧重于静态结构分析时，依教学系统实体性的构成要素，将教学系统要素分为学生、教师和教学内容③。此项研究中，实体显然不是涵指

①　裴娣娜：《教学论》，教育科学出版社 2007 年版，第 4 页。
②　张广君：《本体论视野中的教学要素：新的综合》，《宁夏大学学报（人文社会科学版）》第 24 卷，2002 年第 5 期（总第 107 期）。
③　张广君：《本体论视野中的教学要素：新的综合》，《宁夏大学学报（人文社会科学版）》第 24 卷，2002 年第 5 期（总第 107 期）。

哲学性的抽象概念，而是可触知的、有形的物体。

　　将教学要素分为教师、学生、教材和手段，是因为基于教学存在诸实体成分的本体论意义，这四个要素是作为任何教学活动及其过程所必需的承载全部教学性质的基本要素，各自具有不可替代的本体论地位和作用①。此处的实体显然是哲学本体论意义上的抽象概念。

　　因而，我们说，既往关于教学要素的研究虽然表面看来差异很大，实质上，因研究的层次、对象、单元及方法论原则的不同，每项研究间"并不存在真正的对立和冲突"，只有深入领会每项研究不同的层次、对象、单元及方法论原则，才能切实把握其意涵与价值。另外，从何种角度分析教学要素取决于研究的宗旨②。

　　（二）教学过程要素系统分析

　　在现代教学研究中，"人们已日益倾向于把教学视为由若干相互关联的要素组成的具有特定功能的复合体，即教学系统"③。对教学组成部分的系统分析克服了传统教学的原子分析观，将现代教学研究推向了一个更具内在逻辑联系的新的理论高度。

　　要完整地把握教学过程，就必须将其作为一个独立的系统放在社会存在系统的特定层次上，对教学过程诸多因素进行概括性的分析。这样，我们就有可能进一步把握教学过程的职能、运动机制和基本属性。

　　系统思想产生于古代哲学，自 20 世纪以来，融入科学主导

---

　　① 张广君：《本体论视野中的教学要素：新的综合》，《宁夏大学学报（人文社会科学版）》第 24 卷，2002 年第 5 期（总第 107 期）。

　　② 裴娣娜主编：《现代教学论（第一卷）》，人民教育出版社 2005 年版，第 152 页。

　　③ 同上书，第 151 页。

元素而逐步成为导致人类思维方式变革的科学哲学。从教学系统角度分析教学过程要素，即用在时间过程观念基础上的空间系统观念，来分析构成教学活动的必要因素。

基于对教学过程要素研究的哲学思考，我们需在教学过程作为"存在"的本体论意义上把握其系统要素的本体存在。在辩证思考既有研究中各分析单元对于教学整体存在的独特意义及各分析单元之间的内在联系的基础上，对于"要素"的规定性分析或许可在某种程度上起到正本清源的目的。

要素（Feature），主要含义有二：1. 构成事物必不可少的因素，如词汇是语言的基本要素；人物、环境、情节是写小说的三个要素；2. 组成系统的基本单元。从要素的基本含义可透析其本体存在的规定性如下：1. 要素是作为一个系统是否存在的依据和规定，即要素存在，系统就存在，要素不存在，系统作为特定的系统就不存在了；2. 作为基本单元的要素在系统中是相互独立的，即各要素间相互对应并处于同一层次[①]。

要素存在的这两个规定性共同决定了某一要素在一个系统中存在的可能性和现实性。如，教学目的、教学方法、教学反馈（"七要素说"构成要素）作为教学的组成要素对于教学系统来说，仅具有一个方面的规定性，即决定教学系统是否存在，但不具有"相互独立"这一方面的规定性。

综合考察组成教学的各个要素，教师、学生、教材、环境既具有决定教学系统是否存在的规定性，又具有"相互独立"的规定性。教师、学生、教材、环境在教学系统中是相互对应并处于同一层次中的，而教学目的、教学方法、教学反馈等因素是教师、学生、教材、环境相互作用的媒介。因而它们具有成为教学

---

① 黄甫全、王本陆：《现代教学论学程》，教育科学出版社2003年第2版，第98页。

系统要素的可能性，但不具现实性。它们作为教师、学生、教材、环境四要素相互作用的媒介存在于教学系统之中，但又不现实地具备成为教学系统基本要素的重要条件。

综上所述，基于空间系统观念并以此要素的本质内涵为基点，在既有关于教学要素的研究的基础上，我们提出，教师、学生、教材与环境是组成教学系统的基本要素。

第二节　教学过程结构阐释

一　从结构主义哲学思潮看教学过程结构及其演化

结构主义（structuralism）作为一种哲学思潮，产生于20世纪初，然而，关于结构的思想，却不属结构主义所独有。实质上，在结构主义产生之前，结构思想就早已存在。在公元前，人类就开始思考物质的结构、人的结构等问题。现实生活中，结构的思想、结构的方法更是被广泛地运用。

因而，严格说来，结构主义不是一种单纯的传统意义上的哲学学说，只是"随着近代科学的发展，人们发现结构的概念十分管用，结构方法被广泛运用，结构观念从局部到整体的扩展，使得哲学家们感到它是可以用来观察世界的普遍观念。这样就有了结构主义"①。

结构主义作为一种哲学思潮在不同领域有不同表现，并且其自身也在发生着变化，其后出现的后结构主义继续探讨着结构，只是在"主义"上与结构主义分道扬镳。

当我们需要用结构主义思想及方法更深刻、更准确地描述教学事实并探析解决教学问题的策略时，首先应对结构主义思潮的实质及其核心概念作一解析。

———————————

① 张楚廷：《课程与教学哲学》，人民教育出版社2003年版，第4、22页。

（一）作为哲学思潮的演进——结构主义、后结构主义与结构主义改造

1. 结构主义思潮。任何一种思潮的产生和发展都有其特定的历史、文化背景。结构主义的历史可以追溯到 20 世纪初的欧洲。当时部分学者针对现代文化分工过细，只求局部、不讲整体的"原子论"倾向的弊端，提出了"体系论"和"结构论"的思想。他们渴望恢复自文艺复兴以来中断了的注重综合研究的人文科学传统，强调从大的系统方面来研究文化的结构和规律性。其中最有代表性的是奥地利哲学家路德维希·维特根斯坦在《逻辑哲学论》（1922）中所表达的见解：世界是由许多"状态"构成的总体，每一个"状态"是一条众多事物组成的锁链，它们处于确定的关系之中，这种关系就是这个"状态"的结构，也就是我们的研究对象。这是一种最初的结构主义思想，它首先被运用到了语言学的研究上。其后逐步波及心理学、教育学等领域。

结构主义"对事物的本质作了某种回答，并被认为具有普遍性，因此成为一种世界观；同时，以结构的观点考察事物亦是一种方法，其普遍的方法论意义更加受人重视"，因而，结构主义成为一种哲学思潮并盛极一时[①]。

结构主义主要是一种方法（认识和理解对象的思维方式之一），即在人文科学（人类学、心理学、语言学、文学批评等）中运用结构分析方法所形成的一股研究潮流或倾向，其目标是"永恒的结构"：个人的行为、感觉和姿态都纳入其中，并由此得到它们最终的本质，即"明确地寻找心灵本身的永恒的结构，寻找心灵赖以体验世界的，或把本身没有意义的东西组成具有意义的东西所需要的那种组织类别和形式"[②]。

---

①　张楚廷：《课程与教学哲学》，人民教育出版社 2003 年版，第 4、22 页。
②　[英]特伦斯·霍克斯著，瞿铁鹏译：《结构主义和符号学》，上海译文出版社 1997 年版，第 9 页。

　　在结构主义的诸多流派中，布鲁纳和皮亚杰的结构主义更贴近关于教育的论述。布鲁纳主要是在课程与教学论的微观领域探讨结构要义，而皮亚杰因其宽厚的科学和人文根基而建构了纵观的结构哲学。这一极具理论高度的结构主义哲学思想（观念和方法）对于我们即将探讨的教学过程结构具有方法论的指导意义。因而，以下选取一些核心概念简要陈述。

　　先说说结构的特性。在皮亚杰的理论中，"结构是一个由种种转换规律组成的体系，这个转换体系作为体系（相对于其各成分的性质而言）含有一些规律"①。一个结构包含三种特性：整体性、转换性和自身调整性。

　　所谓整体性是指，一个结构中的若干成分是服从于"能说明体系之成为体系特点的一些规律的"，而正是这些规律赋予了由成分组成的结构以整体性。需要注意的是，作为结构整体的整体性质与作为结构成分的成分性质是不同的。

　　转换性是结构的核心概念，它是整体性的基础，没有转换性就没有整体性。也就是说，因为转换性的存在才有了规律，换言之，规律因转换而生；而整体性又是由规律赋予的。可以说，转换性赋予了结构以结构功能，凡结构，必然存在转换关系。因而，转换性是结构的一般特性。

　　自身调整性指"能自己调整"，并"带来了结构的守恒性和某种封闭性"。"这是一个相对概念，变换必导致变，但仍在结构内变；不具自身调整性的调节则可能导致新的结构。"②

　　再看看结构主义的原则。结构主义方法的本质和首要原则在于，它力图研究联结和结合诸要素的关系的复杂网络，而不是研究一个整体的诸要素。分述如下：

----

　　① ［瑞士］皮亚杰著，倪连生、王琳译：《结构主义》，商务印书馆1984年版，第2页。

　　② 张楚廷：《课程与教学哲学》，人民教育出版社2003年版，第41—42页。

原则一"关系重于关系项"体现了结构的整体性，即强调结构中各成分的关联比要素自身更重要，成分的性质可放在结构关联中考察。

原则二"共时性重于历时性"与结构一定的守恒性、封闭性概念有关，即强调从客体时间的或空间的横断面去考察客体同一时间的各要素关联，从而撇开客体结构的发展变化，把握客体的原初结构。

原则三是"深层结构重于表层结构"。结构有深层与表层之分，对深层结构的把握具有更重要的意义，应透过表层结构把握具有转换规则的深层结构。①

这些观念和方法虽不尽完善和充分，但对于教学论研究仍具有可资借鉴的合理成分。

2. 后结构主义思潮。由于结构主义本身的局限性及其作为哲学思潮本身建构、批判的发展规律，结构主义必然地、历史地受到了后结构主义的质疑，并且这种质疑具有针锋相对的性质。

"结构主义通过结构看事物，后结构主义则通过变化看事物；结构主义重共时性，后结构主义则重历时性。"从结构主义和后结构主义的基本观点和方法论来看，它们之间的对立既可视为科学主义与人本主义长期对立中的一环，又可看作现代主义与后现代主义在一个更宽阔的战场上的较量。然而，从双方的对立和较量中亦可看出，后结构主义也是"首先肯定人的理解具有可追根溯源的构成性本质"，只是从方法论上批判了结构主义的结构中心论，更看重非线性及迂回和跳跃。由此看来，后结构主义与结构主义是紧密联系在一起的，后结构主义也"并不是完全否定结构，而是抛弃了结构主义的简化主义方法论，认为应当从不同于结构主义的视角去看待结构。亦即二者是主义之间的对

① 张楚廷：《课程与教学哲学》，人民教育出版社 2003 年版，第 43 页。

立，而非结构存在与否的观念对立"。可以说，后结构主义只是在"主义"上与结构主义分道扬镳了，然而它们继续探讨着结构，也许是面目全非、不太像结构的结构，却仍然是结构①。

3. 辩证唯物主义结构观。结构主义与后结构主义本质的不同在于，结构主义认为，意义来自于能指与所指的任意性关系，而后结构主义认为，所指是找不到的，只有能指在"滑动"② 也就是说，在结构主义看来，能指与所指具有一种武断随意性。以语言符号系统来说，一棵树的概念（即所指）和由"树"（即能指）形成的音响——形象之间的结构关系就构成一个语言符号，然而，作为音响——形象的"树"（能指）与在大地上生长着的实际的物质的树（所指）之间并无必然的"符合"之处。作为语言符号，树的意义就是来自于它的能指与所指的一种武断随意性关系，并且正是这种武断随意性，才使得词语结构保持不变。③ 而在后结构主义看来，作为意义本质的所指是变动不居的，我们所能看到的，只有能指在"滑动"。也就是说，我们所能看到的仅是"树"作为语言符号的音响——形象（能指），但对于"树"的意义本质的所指是变动不居的。这实质上是一种后现代的思维，我们当然地能够给予理解：作为"树"的所指，有时可以是生长于大地上的物质的树，有时可以抽象为庇护、伟岸、生命、轮回、希望……因而，可以这样理解，结构主义与后结构主义的对立，就是静止性、凝固性与流动性、历时性的对

---

① 张楚廷：《课程与教学哲学》，人民教育出版社 2003 年版，第 48—49 页。

② "能指"和"所指"是语言学上的一对概念，"能指"意为语言文字的声音、形象，"所指"则是语言的意义本身。索绪尔把符号看作是能指（signifiant，signifier，也译施指）和所指（signifié，signified）的结合。拿玫瑰花来说，玫瑰的形象是能指，爱是其所指，两者加起来，就构成了表达爱情的玫瑰符号。陈岸瑛：《从符号学的角度看文字与书法》，来自中国论文下载中心 http：//www. studa. net/。

③ ［英］特伦斯·霍克斯著，瞿铁鹏译：《结构主义和符号学》，上海译文出版社 1997 年版，第 16—17 页。

立。

而辩证唯物主义基于对客观的尊重及对事物本质的关注，既尊重结构的客观存在，又将关联作为基本的研究对象。所以，辩证唯物主义的运动观、发展观能够全方位地考察结构，建构了"共时性与历时性的统一观"、"稳定性与可变性结构的统一观"、"整体性、层次性、开放性、流动性的统一观"。马克思主义的这些结构观念所提示的实际上是关于事物结构性质的普遍原理，对于结构主义改造有重要意义①。

（二）作为核心概念的解析——结构、近结构和超结构

与结构主义、后结构主义、辩证唯物主义结构观相对应，有诸多结构的概念值得我们进一步深入分析，如亚结构、软结构、近结构、超结构等。在此仅应理解教学过程结构之需，将结构、近结构与超结构概念作一简要辨析②。

1. 结构。结构一词源于拉丁语"structura"，"原指统一物的各部分、各单元及其关系，指构成、建造"。在自然辩证法中，意指物质系统内各组成要素之间的相互联系、相互作用的方式，与"功能"相对，组成一对范畴。

客观事物都以一定的结构形式存在、运动、变化。物质结构多种多样，可分为空间结构和时间结构。可直接牵涉于教育的结构概念、特性及原则已于上文简要陈述。

2. 近结构。"近结构是一种生成性结构。"例如，在结构 A 中增加（或减少）成分时，就会生成新的结构：A + 容纳了新的转换关系，并保持了整体性，从而生成了新的要素、新的结构；A − 同理也是一个具有新的转换关系的新结构。所形成的结构 A +（或 A −）是特别值得关注的。对近结构的考察使我们有了

---

① 张楚廷：《课程与教学哲学》，人民教育出版社 2003 年版，第 51 页。

② 同上书，第 51—54 页。

更宽的视野，利于我们运用比较思维，准确把握结构的变化（生成性特质）。

3. 超结构。超结构是一个极具后现代主义色彩的重要的概念。在对结构、亚结构、近结构等作出深入解析的基础上，人们发现，仍有"环绕着成分的文化、哲学、精神等可能的现象"的存在。这些成分是带着"光环"的成分，使得旧结构观念下的成分面目一新。它们现实地存在着，但超出了原有的结构、亚结构分析框架，因而可称之为超成分。相应地，就有了超关联、超要素，从而形成超结构概念。当我们以超要素的眼光去看待教学过程四要素时，它们会变得更真实、更丰富。

二　教学过程结构阐释

"有时候是事物的丰富让我们看到了结构，有时候是结构让我们看到了事物的丰富。"① 教学作为人为的和为人的存在，其本身就是教学关系和教学实体的辩证统一体。正是教学作为这一辩证统一体的丰富性让我们看到了结构，并且在对结构的分析中，更让我们看到了教学的丰富。

将教学过程置于社会存在系统的特定层次上，对其诸多因素进行结构性的分析，利于我们进一步把握教学过程的职能、运动机制和基本属性，从而从本体上把握使得教学内外关系趋于稳定的教学的独有规定性。

结构主义第一条原则就是"关系重于关系项"，意即结构中各成分的关联比要素自身更重要，成分的性质可放在结构关联中考察。

在教学过程结构体系中，存在着"教学关系—师生关系—教与学的关系"这样一条垂直存在的"主导性关系链条，它们

---

① 张楚廷：《课程与教学哲学》，人民教育出版社 2003 年版，第 59 页。

在不同层次上表征着教学活动"，其中教与学的关系是这一主导性关系链条中的核心关系。"对它的深入分析和理解，是把握全部教学论关系的关键。"①

　　教与学的对立统一关系因居于本体存在的层次，且最能体现教学本身的特殊性和普遍本质，而被称为教学的本体关系。这一关系结构因具有一般结构的特性和原则而呈现出复合化倾向。也就是说，当教学结构系统中，教师、学生、教材、环境这四个要素处于教与学的对立矛盾统一的教学本体关系时，可以是由学生、教师、教材、环境组成的学的关系集合和由教师、学生、教材、环境组成的教的关系集合按教学目的取向所构建的新的关系集合体。值得注意的是，结构的整体性和转换性告诉我们，"同样成分的系统或集合，其转换的内容、性质不同，就成了不同的结构，因而，具有不同的规律性，不同的整体性"②。

　　上述教学过程结构中学的关系集合和教的关系集合虽具有同样的成分，但这些成分间转换的内容、性质不同，于是，就成了不同的结构，具有了不同的规律性和不同的整体性，从而形成教与学关系的深层结构与表层结构。

　　教与学关系的深层结构即处于教学得以生成、存在的静态和内隐逻辑层次上的结构。在这一结构中，"教学的根本目的、出发点和归宿都要体现、落实于学的状态，教的必要性建基于学的必要性，教的现实性取决于学的可能性，教的准备依存于学的准备。整个教学的着眼点在于学的态势，教学的社会、心理和控制三方面因素要统一于学的态势"。学是教与学矛盾关系的主要方面，处于主导地位；而教则是矛盾的次要方面，处于从属地位。

　　教与学关系的表层结构即处于教学得以生成、存在的动态和

---

① 裴娣娜：《教学论》，教育科学出版社 2007 年版，第 130 页。
② 张楚廷：《课程与教学哲学》，人民教育出版社 2003 年版，第 42 页。

外显的逻辑层次上的结构。在这一结构中，"教学的具体目的目标、教学任务、内容、方式方法、手段等的组织、选择和确定，首先主要是通过教师的主导作用而表现在教学活动中"。"教师的教，在价值引导、动力调控、过程有效性等方面，直接影响着学生的学。"①

　　教与学关系的深层结构和表层结构事实上也就是教与学相待而立、相对而成的教学关系的两种存在结构，它们分别对应着教与学关系的对待和对成关系状态。两个层次的关系在任何教学活动中都共同存在并整体发挥着作用②。深层结构的属性制约或影响着表层结构的建构，表层结构是深层结构的具体化和必然表现。深层结构如不能转化跃迁为表层结构，教学就无法现实地生成，教学目的就会始终处于观念形态乃至流于虚妄；表层结构如若脱离了深层结构，教学则处于主观任意、低效运行状态，并进入退化过程，学与教对称关系结构将逐渐转化还原至深层结构，终至现实教学结构的消解③。

　　并且，在具体的教学过程中，深层结构与表层结构这两种相互对立的关系形态又可根据教学的现实条件和进展而发生不断的转换，从而呈现出矛盾运动态势——教与学的矛盾关系从深层静态的观念形态转化为表层动态的实践形态，从以教对学的适应为主转化为以教对学的引导为主。但这一矛盾关系的转化是需要条件的，如若满足了特定条件，深层结构即可跃迁为表层结构，从而完成一个自我实现的周期；如若没有满足特定条件，新的动态平衡就不能实现，现实的表层教学结构即刻消解，系统再次返回深层结构状态。此时，教与学的矛盾又面临新形势下的适应和选择，如若重新满足了特定条件，深层又可向表层跃迁。之后，当

①　裴娣娜：《教学论》，教育科学出版社 2007 年版，第 131—133 页。
②　张广君：《多维视野中的教学关系》，《教育研究》2003 年第 6 期。
③　查有梁：《系统科学与教学》，人民教育出版社 1993 年版，第 295—297 页。

再次面临新的适应和选择时，又存在一个是否满足条件，是否继续更高层次的跃迁或回归的问题。总之，教与学关系结构的矛盾运动将始终经历深层结构—表层结构—深层结构—表层结构……这样的螺旋式上升的动态运演过程。教与学关系结构的矛盾运动如图 6 - 1 所示①。

图 6 - 1

教学的深层结构和表层结构间具有上述跃迁、转化、动态发展的矛盾运动机制，但理想的转化需要一些特定的条件，只有具备了这些条件，深层结构和表层结构间的转化才会呈合理的、动态演进的螺旋式上升态势。

我们知道，结构具有整体性和转换性特质，同样成分的系统或集合，其转换的内容、性质不同，就会形成具有不同规律性、不同整体性的不同结构②。教学过程的深层结构和表层结构同样具有结构的整体性和转换性，虽然两个层面的结构成分是相同的，但因其转换的内容、性质不同就成了不同的结构，具有了不同的规律性和不同的整体性。并且，结构主义第一条原则就是"关系重于关系项"，所以在深层结构中，教师、学生、教材、环境这四个要素相互间的关系不同于表层结构中四要素的关系。两个层面的结构因各要素间的不同的关联而呈现出不同的状态；两个层面中各要素的性质也因不同的结构规律性而不同。

下面，根据结构特性和原则，基于对教学深层结构与表层结

① 裴娣娜：《教学论》，教育科学出版社 2007 年版，第 133—134 页。
② 张楚廷：《课程与教学哲学》，人民教育出版社 2003 年版，第 42 页。

构间矛盾运动机制的把握，我们来分析在深层结构和表层结构内部，教学四要素如何相互作用并在相互作用的过程中建构使教学过程得以进行、教学深层和表层结构合理转化的特定条件。

（一）"人—人关系"结构阐释

关于教学过程中师生主客体关系的讨论自古以来从未停止过。目前来看，学生中心论和教师中心论这两种在师生地位、作用问题上的极端观点已不多见。近年来出现的较有影响的观点主要有"主导主体论"、"双主体论"、"过程主体论"、"阶段主体论"和"主体间论"。每种观点都因考察背景、基点不同而带有各自的倾向性，但总体意趣皆指向教学合目的合规律的发展目标。

以下立足教学深层结构与表层结构间矛盾转换机制的结构分析法，或许可以为我们理解师生关系打开一扇新的窗户，或许仅从某种角度印证"过程主体论"和"主体间论"的某些观点。无论如何，对深层结构和表层结构中师生关系的关注仍不失为理解教学本身的必由之路。

因为结构主义强调"关系重于关系项"，所以在深层结构中，教师、学生、教材、环境这四个要素相互间的关系不同于表层结构中四要素的关系。

在教学的深层结构中，整个教学的着眼点在于学的态势，"学是矛盾的主要方面，处于主导地位，规定着教学的可能性质与进程，体现着教学的总体预期效果"，而教则是矛盾的次要方面，处于服从地位。因此，在深层结构中，学生是主体，决定着教的必要性、现实性。表层结构中，"教是矛盾的主要方面，处于主导地位，教领导着学"，因此，四要素中，教师是主体，"教师的教，在价值引导、动力调控、过程有效性等方面，直接影响着学生的学"①。

---

①　裴娣娜：《教学论》，教育科学出版社 2007 年版，第 131—133 页。

　　由此可见，基于微观结构分析，在教学过程中，师生关系从主客体关系角度来看，确存在过程性特质，即在深层学的集合中，学生是主体；在表层教的集合中，教师是主体。如果超越主客二元对立的思维方式，可以在更宏大的领域发现，师生关系确存在着主体间性，并且这种主体间性现实地处于一种动态的势能转化的状态，即师生双方各自的主体性在系统运行的机制当中动态地显现其价值。事实上，人类哲学的真正归宿，既体现在主客关系之中，也体现在主体间关系之中，它们二者互为补足、互为前提。主体间性是对主体性的丰富和发展，是把过去仅涉及主客关系的主体性扩展到包含主体之间关系的主体间性。对师生主客体关系可以从认识论、实践论和价值论三个方面作三维思考——认识论层面，师生同为主体；实践性层面，在教学过程的深层结构和表层结构呈现不同状态：深层结构中以学为主导，表层结构中以教为主导；价值论层面，学生为主体，教师为客体。

　　（二）"人—物关系"结构阐释

　　作为主体的人（教师、学生）与具有主体性价值的物（教材、环境）间形成的主干关系也可分为静态、内隐的深层结构与动态、外显的表层结构。

　　在静态、内隐的观念层面，教的必要性建基于学的必要性，教的现实性取决于学的可能性。因而，教师要以学生的学为主导，为学生和教材、环境搭建视阈融通之桥。为此，教师需在理解学生的同时，准确把握教材、理解环境。此时，教材、环境就处于矛盾的主要方面了，它们充分地发挥其自在的主体性价值。当然，这一主体性价值需要在与教师、学生的相互关系中才能实现。

　　例如：拿教师与教材、环境关系来说，在深层结构层面，即静态的观念层面，教师首先要走进文本，进入文本所承载的文化时空，与作者对话，与编者对话，与作者所处的环境对话，与教材所处的环境对话。在此阶段，教师需达到忘我之境才能真正融入文本。此时，教师的主体性受制于教材、环境的主体性。在教师与教材、环境的对话、互融过程中，教材、环境体现出了它们潜在的主体性价值，教师与教材、环境具主体间性。通俗讲，我们提倡备课要"三备教材"——一备：作为普通读者与文本真情对话，此备乃教师与文本作者的对话，教师需沉浸于教材情境当中才能真正与文本产生视阈共融；二备：教师作为教者与文本理性对话，此备乃教师进一步与文本作者所处环境、编者及教材所处环境的对话；三备：假想学生角色与文本现实对话——此备乃教师在准备进入教学的表层动态的实践层面前的最后一步工作，即与学生、学生所处的环境、师生互动的情境对话。在此"三备"过程中，教师与教材、环境呈动态的主体间对话、共融的境遇，如果教师始终以强势主体的态势存在，教材、环境就会失去其作为教学要素的存在价值——教材将失去其历史性和生成性特质；环境将失去其开放性和生态性功能。

教师、学生与教材、环境在动态的实践层面时，教师、学生处于矛盾的主要方面，他们作为主体人有意识地引领着教学实践的现实进程。即使这样，我们仍不应从静态的对象性活动的角度，将教材、环境看作被掌握的客体，而应从动态存在的角度，关注教学要素间互动性的运行过程。莱纳曾强调指出，"不应以'教学内容'这个概念取代'教养内容'，因为'教养内容'属于被掌握的客体，表示的是要学习的社会经验"；"教学内容则指的是教学的运动，亦即瞄准教材内容的那个教与学的相互联系活动的运动"[1]。基于教学要素分析的教材概念应该与莱纳提出的教学内容概念一致，从其现实存在形式来说，只有在经历了教

---

[1]　[俄] 沃·维·克拉耶夫斯基：《教学过程的理论基础》，江西教育出版社1996年版，第48页。

与学的主观设计、有机整合、意义建构（特别是学习者的意义建构与生成）之后，教材才真正成为现实的存在。同理，客观外在的教材与环境只是主观内隐的个人意义的基础和来源，却不能构成或等同于其本身；教与学对教材与环境的合目的合规律的形式解构和意义建构，成就了教材与环境的内在生成。这样，对于教师和学生来说，任何教材和环境都不是自然自在的而是个性化生成的。

综合分析教学四要素在深层结构和表层结构中不同的相互作用和势能转化的特征，我们发现，四要素各自具有主体性因素和客体性因素，并在深层结构和表层结构中呈现动态的势能转化态势。拿教师来说，虽然教师作为教学系统的直接设计者、组织者，而成为教学存在的第一责任主体，但不可否认的是，教师在教学过程中又具有主客体统一的属性，即作为能动的主体，教师可以意识到来自于包括学生、教材、环境在内的教学客观因素的作用与规定；作为受动的客体，教师承载着主要来自于教学外部社会要求和教学内部学生需要的双重作用与规定，并因此而在具体教学进程中作出某种性质的反应。因而，在教学过程中，教师既有主观展示、主观规定的一面，又有客观制约、客观规定的另一面[①]。教学系统中的其他要素（学生、教材、环境）与教师一样，在教学过程中同样具有主客体统一的属性——作为人（教师、学生），既有能动的主体性，又具受动的客体性；作为物（教材、环境），既有受动的客体性，也潜在能动的主体性。

三　教学过程超结构阐释

教学过程作为一个人为和为人的存在，对其分析不应忽视其

---

① 张广君：《本体论视野中的教学要素：新的综合》，《宁夏大学学报（人文社会科学版）》第24卷，2002年第5期。

中的文化因素。传统结构方法的局限和弊端在于其所秉持的科学主义与人文的对立。这种科学主义的分析方法，"分析"掉了一些看似不反映本质的现象。实质上，事物不是简单的线性、稳定形态，它本身就是个丰富的复合体。超结构思想的真正价值在于，其意趣并非对科学与人文的调和，而是强调对事物的本来面貌给予应有的尊重。因而，"结构主义所可能忽视的文化（即见物不见文），由于超结构而得以避免。当以超结构的结构眼光去看待时，结构本有的丰富多彩就可以充分显露出来"。超结构的这种"超分析"，使"事物本有的丰富性在结构主义中消融的危险性可能降到最低限度"①。

虽然以科学主义为原则的结构主义分析，容易使我们"见物不见文"，但当我们把握表层结构与深层结构的内在运动机理，本体地分析教学系统各要素间关系时，我们仍欣喜地触摸到了科学主义中的人文灵魂。这一发现，客观地颠覆了传统的教学过程认识论所强调的教学要素间主客体认识与被认识、改造与被改造的二元对立模式。

上一部分的结构分析，仅对教学过程中系统要素互动关系的理解提供了些许逻辑的思考，而结构改造主义所秉持的超结构思想却可使我们在描述教学事实时，将思维触角伸及更深刻、更宽泛的领域。因为超结构思想不是基于分析，而是基于阐释。

阐释学，又称解释学、诠释学等，其与分析学的对立是明显的。简言之，阐释是描述的、非线性的、主客体融合的；分析常是逻辑的、线性的、主客体分离的。阐释学以哲学主体间性为根本思想要旨，并将主体间性延伸、扩展至更广阔的领域。"维特根斯坦和伽达默尔哲学解释学认为，主体间关系是在语言共同体

---

① 张楚廷：《课程与教学哲学》，人民教育出版社 2003 年版，第 56 页。

中通过对话形成的相互理解的关系。不仅人类之间可能生成主体间的关系，甚至人与自然关系也应该是一种相互协调的'朋友'关系，是一种'主体间'关系。"①

以超结构的思想阐释教学过程的系统运行机制，我们发现，教学要素间的关系实质上也是一种主体间关系。

（一）环境的超结构阐释

基于对"近结构"的认识，将教学四要素系统结构，减少环境这一成分，可生成一个具有新的转换关系的新结构，这一包含教师、学生、教材的新结构即教学四要素系统结构的"近结构"，我们可将其看作教学系统四要素的子系统。

系统理论认为，"系统与子系统之间具有相对性。任一系统都是在和环境发生物质、能量与信息的交换中变化、发展，所以保持动态稳定性和开放性是系统的本质特征"②。因而，无论教学系统还是子系统，都具有非平衡的开放特质，其中环境起着至关重要的作用。基于教学四要素系统而言，环境作为活跃性很强的一分子，与其他要素交互作用，构成一个有机的教学"生态系统"；基于教学三要素子系统而言，环境又成为独立于子系统之外，干扰"教师、学生、教材子系统"熵值的要素③。

由此可见，环境并非教学系统中被认识、改造的孤立、静止、线性的纯粹客体要素，而是同其他教学要素间具互融、理解的主体间性价值——只有当"环境"与子系统内部组织呈"能

---

① 郝文武：《教育哲学》，人民教育出版社 2006 年版，第 115 页。

② 何克抗、郑永柏、谢幼如：《教学系统设计》，北京师范大学出版社 2002 年版，第 5 页。

③ 注解："熵"是不能再被转化做功的能量的总和的测定单位，"熵的定律"说明，在一个封闭的系统里，所有能量从有序向无序状态转化。当熵处于最小值，即能量集中程度最高、有效能量处于最大值时，那么整个系统也处于最有序的状态。相反，熵为最大值、有效能量完全耗散的状态，也就是混乱程度最大的状态。参见杰里米·里夫金、特德·霍华德《熵：一种新的世界观》，上海译文出版社 1987 年版，第 27—40 页。

量交换"的主体地位时,系统才不会"走向死寂"。

(二)教材的超结构阐释

在上一部分"人—物"关系结构阐释中,我们已认识到,教材不论在深层结构还是在表层结构都对整个教学系统运行施与着重要的作用,它的历史性和生成性特质使其成为"教学活动中最有实质性的因素"。以下对教材的超结构阐释将使我们更深入地理解教材在教学过程结构中的本体意义。

教师、学生与教材的关系问题是教学阐释学的基本问题之一。人们常问:是站在书本之上去读书本,还是让书本站在上面让我们去读?教师、学生与教材之间是否只有认知的联系?学生在读书时是否在"读人",或者,是否在通过读书而"读人"、通过"读人"而读书?这一系列的问题让我们想到了这样两幅图景①:

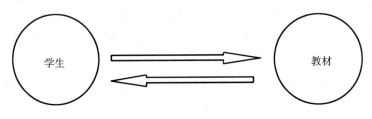

学生　　　　　　　　教材

图 6 - 2

图 6 - 2 所描绘的是基于传统认识论的对象性阐释的文本解读观。学生与教材间仅为认识与被认识的关系,学生作为认识主体走近教材,教材作为客观性、确定性的认识客体等待学生的认识。

图 6 - 3 所描绘的是一个基于哲学阐释学的对话性文本解读观。在这一超结构意义理解下的图像中,学生在走近教材时,所携带的不只是认知,而是携带着作为生命的个体情感、意识、期

---

① 张楚廷:《课程与教学哲学》,人民教育出版社 2003 年版,第 114—115 页。

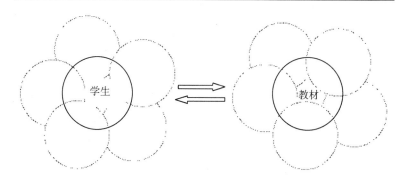

图 6 - 3

待等"前见"。图的左边学生这个实线圆圈和一系列虚线圆圈构成了一个整体，那些虚线圆圈可命名为意识、情感、期待、态度等作为生命个体所拥有的一切；图的右端，教材也不只是中间那个实线圆圈，而是与象征着教材所承载的历史、文化（作者的历史性、教材的历史性）的一系列虚线圆圈一起，构成了完整的教材存在。

　　在这一超结构的理解中，教材（文本）解读摒弃了"作者—文本"的解读模式而转向"文本—读者"的解读模式，把读者的解读视为文本的本体存在，把解读活动作为文本构成不可或缺的本体层次。这样，文本从静态的物质符号中被解放出来而还原为鲜活的生命，文本解读不再是单方面的对象性阐释，而是文本与读者的反映交流过程；文本解读不再是复制文本，而是通过读者的体验、理解对文本的重新建构。这种模式的文本解读通过读者的体验、理解、建构显现文本意义，在文本意义和情感的领悟中与世界融为一体，它既是文本的存在方式，也是解读主体存在的方式①。

　　以上两个图描绘的是学生与教材间的"双边关系"，当有了

---

　　①　曹明海：《当代文本解读观的变革》，《文学评论》2003 年第 6 期。

教师参与后形成的"三体关系"比"双边关系"复杂很多，亦如一个十八阶微分方程。如果要图示"三体关系"，那么，在图6-2中，学生与教材之间的联系线条将要由两条增加到十条、百条，交织成网。而这一联系网的织成，恰是与教师的功夫密切相关的，因为在"三体关系"中存在着教师对教材和学生对教材两个无法分割的阐释过程，并且，学生对教材的阐释在很大程度上取决于教师对教材的阐释①。

关于阐释，我们应"把一种和独断相联系，受到机构及其权威确认的并总以捍卫独断的教规为目的的解释和非独断的、公开的、探究性的，有时甚至在进行解释时导致'不可理解的'文本解释相区别"②，也就是说，有必要将独断型阐释与探究型阐释相区别。独断型阐释以论证的姿态"坏了阐释学的名声，也破坏了超结构"，而探究式阐释所看到的不只是结构，还会有超结构。在超结构的视野下所进行的"探究式阐释，不仅使解读者看清文本的历史、社会背景，还看到它的品格、风度；探究型阐释既容纳了'可理解的'，也容纳了'不可理解的'，仅仅从信息的角度也所获更丰；探究型阐释不是复制，而是创造，或者至少给创造留下了最大的空间，因为探究型阐释使文本更具开放性（而无论文本本身的开放度如何）"③。

教师以超结构的眼光进行探究型阐释，可以把教材及教材所能显现的思想、意识、文化、精神乃至对教材的一种自然超越一起呈现，那么，教师所看到的学生也是超结构视野下的学生，教

---

① 张楚廷：《课程与教学哲学》，人民教育出版社2003年版，第115—116页。
② ［德］伽达默尔：《真理与方法》，上海译文出版社1994年版，第301页。
③ 张楚廷：《课程与教学哲学》，人民教育出版社2003年版，第116—117页。

材的超结构也可在学生面前呈现。如此，学生对教材的阐释就不是"空着手进入认识的境界，而总是携带着一大堆熟悉的信仰和期望"[①] 的阐释了。这样的教材阐释消除了教材内容的客观性和确定性本质，具有丰富性、生动性和随意性的特点，使得教材具有了一种相对主体（教师、学生）而言的主体间性或主体感受性。

经超结构的教材阐释观的分析，我们发现，伴随着人类认识论、价值观的发展及后现代哲学（超结构理论）的兴起，对于教材（文本）的理解由"原意论"（将理解的正确性，也就是掌握知识作为最重要的理解尺度）走向了"生成论"（强调主观感受性或曰经验性、理解的创造性、理解主体间的对话性、理解的精神性），这实质上是由真理符合论向价值符合论的转变，是教材（文本）理解范型由独断型向探究型的转变。

但我们也需要冷静反思近年来教育研究中的"人文观照"现象引发的教材（文本）理解的相对主义、主观主义、虚无主义的倾向，辩证处理"原意论"和"生成论"间的关系，使之相辅相成，实现教材（文本）的合理价值。

第三节　教学过程本质反思

事物的本质是事物间必然、普遍、内在和稳定的联系，是一事物区别于其他事物的根本特点。教学本质，就是"自在于教学这一事物本身，使其既可成为其自身又可与其他事物相区别的内在规定性"。由于教学只能现实地存在于各种状态的连续变换之中，因而，教学本质与教学过程本质"并无根本区别"，只是

---

① ［德］H. R. 尧斯著，顾建光等译：《审美经验与文学解释学》，上海译文出版社 1997 年版，第 7 页。

教学过程的本质着眼于现实"过程"的动态性方面①。

一　教学过程的本质概说

对教学过程本质的思考，是教育领域探索不止且屡有新得的追问。这一研究体现出人们试图用"现象与本质"的哲学思维方式，来深入认识和把握教学过程。回顾教学过程本质研究的历程，我们发现，不同的教育理论学派或者持不同的研究方法的学者对教学过程的本质会作出迥然各异的研究界定。

（一）教育理论学派的理论主张

关于教学过程的本质，不同的教育理论学派建基于自身的理论体系而各持主张。诸如，形式教育理论认为，教学是促进人的内在官能显现和成长的过程；主知主义教学理论认为，教学是知识授受和观念运动的过程，是习得间接经验的过程；行为主义教学理论认为，教学是个体亲身探索、操作而获得直接经验的过程；人本主义教学理论认为，教学是人性的表达和自我实现。这些各具特色的理论主张，曾深刻地影响了教学理论的发展，并导致了教学实践体系的分化和多样化②。

（二）不同研究方法的学派观点

研究问题的方法论从根本上决定着研究过程及结果的整体走向和性质。概览不同学者运用不同的研究方法对教学过程本质的思考，大体可归纳为九种：特殊认识说、认识发展说、传递说、学习说、实践说、交往说、关联说、认识实践说和层次说③。这些研究从不同的层次、不同的视角观照教学过程，其所反映的可能只是教学存在不同侧面或层次的质的规定性，然而，我们仍可

① 李定仁、徐继存：《教学论研究二十年》，人民教育出版社 2001 年版，第78 页。

② 裴娣娜：《教学论》，教育科学出版社 2007 年版，第7 页。

③ 同上。

从过程、功能和关系这三个维度，对以上九种观点作出简要评析。

九种观点中，较有代表性的有四种：特殊认识说、认识发展说、实践说和交往说。这四种观点提供了观察教学过程本质的三个基本维度：过程、功能和关系。其中，特殊认识说和实践说侧重于教学过程，认识发展说侧重于教学价值和功能，交往说侧重于教学关系。事实上，不同的教学过程本质观都是从特定的概括出发，对教学过程的本体存在作了一定阐述，为人们观察教学提供了不同的路标。从此意义上来说，以往关于教学过程本质的研究都有其存在的本体价值，对于我们整体把握教学的规律和机制富有启发和帮助①。

二　构建新的教学过程本质观

上述对教学过程本质的研究在价值取向上存在"唯一"、"有限"和"多"的不同类别。那么，教学过程本质是唯一的、有限的还是多重的呢？此乃对教学过程本质研究最基本的价值取向，对这一问题，多年来一直有不同的回答。

抛开既有研究中的确定性取向，我们或许可以从本体论和认识论的不同意义上，获得如下思考：从本体论的角度看，教学过程本质只能有一个，必须坚持教学过程本质的一元论。但是，如果从认识论的意义上来说，无论"唯一"、"有限"还是"多"，"都只不过是对不同认识层次、认识阶段及其结果的某种标识或表述而已"。"唯一本质论"未必就已经真的"本质"在握，"多元论"也未必就"其谬大焉"。实质上，就哲学存在论来说，"教学过程本质"与"教学过程本质观"并非同一"存在者"，"教学本质自在的唯一性或整体性是一回事，人们对它的主观反

①　裴娣娜：《教学论》，教育科学出版社2007年版，第8页。

映、理解和表述则是另一回事"①。也就是说，"教学过程本质"较之"教学过程本质观"是更本源的存在，是本体的存在，而非观念的存在。"教学过程本质"作为本体的存在，具有惟一性和整体性；而"教学过程本质观"作为观念的存在，具有生成性和开放性。

因而，我们认为，应该把握教学过程本质"本体存在"和"观念存在"的不同意义，在充分肯定各研究学说理论价值、历史地位和应有的合理性的前提下，针对其所存在的问题及其在教学实践的反映，从方法论的高度进行反思、质疑与批判，反映和表达教学理论与实践的要求，突破传统教学过程本质观的局限，以现代哲学新思维构建现代教学过程本质观，从而在理论扬弃的基础上观照教学改革实践的实际问题，促进理论本身的发展，进而给予实践以更加有效的理论指导。

（一）交往实践本质观

在对教学过程本质的研究中，实践性观点具有较高的认可度。传统的教学过程本质观以为，教学过程是一种由师生双方共同完成的特殊的实践过程。"实践说"就其对教学过程本质的认识来说，有两层含义：一是指教师作为实践主体对学生客体进行转变、塑造的过程；二是指师生共同的实践活动或行动过程。这种本质观，无论是从教师的角度，还是从师生共同行动的角度，其着眼点都是教学过程中自主行为者具体的感性的外部行为及其结果所蕴涵的意义，这种意义对于活动来说是根本性的②。

这种观点虽然在突出强调教学过程中具体的感性的"生活"及其所带来的改造意义等方面，具有一定的启发意义，但其仍面

---

① 李定仁、徐继存：《教学论研究二十年》，人民教育出版社 2001 年版，第79 页。

② 李定仁、徐继存：《教学论研究二十年》，人民教育出版社 2001 年版，第69 页。

临如下问题：一方面，不论是从教师还是学生的角度，对教学过程实践本质的概括都有以偏概全之嫌；另一方面，如若在师生共同实践的层面上，则须进一步厘清共同实践的主体如何确定、师生各自的定位及其间的相互关系等问题。

要厘清这些问题，需将实践置于交往的情境中，建立新的交往实践本质观。

只有在交往的情境中，才能对师生共同的实践主体、师生各自的定位及相互间的关系作出合理的解释。近代传统的社会实践活动观，本质上是一种"主体—客体"社会实践观，由于它抛开了社会实践活动中人与人之间的主体间交往关系，导致社会实践活动成为了一种"孤立的鲁滨逊对无声客体的改造活动"。而交往实践观既实现了对传统的"主体—客体"社会实践观的超越，又实现了对当代西方"主体间"社会实践观的科学改造，更加全面地提示了社会实践活动的内涵和本质①。

教学过程是以促进人的文化生成为根本目的的师生特殊交往实践过程，在这一过程中涉及人的多种活动，包含教师和学生两类主体的互动与协作。而这一互动与协作既是以交往为目的的实践，也是以实践为目的的交往，是教学中的多极主体在认识、改造相互联系的共同客体的基础上进行的物质和精神上的交换、交流与沟通，是以语言为中介，主体间物质和精神的有效与平等的互动。

（二）生命体验本质观

如果站在实体的、静态的角度看，教育是发生的一种社会现象，是进行的一种活动，而生命则是一个个活生生的生物体。如此，教育只能是教育，生命只能是生命。但如果站在动态的过程来审视，教育的目的或者说教育的追求就是人的生命发展，人的

---

① 张天宝：《走向交往实践的主体性教育》，教育科学出版社2005年版，第33页。

生命的延续和发展需要教育，教育成为生命存在的形式，成为生命的一种内在品性，成为生命自身的需要①。

教育即生命，教学过程作为教育极具动态、生成性的一个组成部分当然是一个生命存在、成长的过程。叶澜先生早在 20 世纪 90 年代就撰文指出，不应把丰富复杂、变动不居的教学过程简括为"特殊的认识活动"，把它从整体的生命活动中抽象、隔离出来。而应该从更高的层次——生命的层次，用动态生成的观念，重新全面地认识教学过程，构建新的教学过程观②。

生命的教学过程观，即体验的教学过程观。体验与经验既有区别又有联系，简而言之，"经验是个体立足于客观世界，建立在感官知觉上的对事物的认识和反映；体验是以经验为基础，立足于精神世界，个体对事物的意义进行自我建构"③。从生命哲学的角度来看，人的生命活动具有向内和向外两种向度，向外面对广阔的自然，向内观照主观的意识，"人作为主体性存在物，在对象化活动过程中"，"把自己生活活动本身变成自己的意志和意识的对象"④，人的生命需要通过这种合目的性的活动表现生命的活力。"生命的表现是生命外向的表达，而这种外向的表达反转来内化为生命自身的'属人的本质力量的感觉'，包括'五官感觉'、'精神感觉'、'实践感觉'。正是凭借这些感觉，人才能够感受和体验凝结了人的本质力量的对象的意义。""感受和体验'对象的意义'同时也就是感受和体验生命及其活动的意义。人的生命感受和体验是内在的、个人性的，它是人生意

---

① 冯建军：《生命与教育》，教育科学出版社 2004 年版，第 163 页。

② 叶澜：《让课堂焕发出生命的活力——论中小学教学改革的深化》，《教育研究》1997 年第 9 期。

③ 石鸥：《在过程中体验——从新课程改革关注情感体验价值谈起》，《课程·教材·教法》2002 年第 8 期。

④ ［德］马克思：《1844 年经济学哲学手稿》，人民出版社 1979 年版，第 50 页。

义、人生幸福的最终落实。"①

教学过程就其生命本质来说，是一个"以身体之，以心验之"真实的生命体验过程，而非工具理性所支配的单纯的经验过程。

"经验"和"体验"从教学过程的意义上，作为教学过程中学生的两种不同的学习和生活方式，也存在着明显的区别。首先，从经验和体验的构成和指向来看：如果说经验的基本构成是理智或理性，遵循的是客观性原则的话，那么，体验的基本构成则是人的精神，主要是为个体的内在价值所支配，关涉的是对人的生活意义和生命价值的反思；如果说经验主要是一种知识的积累，指向的是客观世界和真理世界，那么，体验则主要是一种价值的叩问，指向的是人的精神世界和价值世界。其次，从经验和体验的获得过程来看：在个体获取经验的过程中，主客体之间处于一种二元对立的外在关系之中；在体验的过程中，个体把握的对象不是纯粹的客体或与自己生命无关的客体，而是客体对主体的价值关系和意义关系②。"体验者与其对象不可分割地融合在一起，主体全身心地进入客体之中，客体也以全新的意义与主体构成新的关系，此时，无客体也无所谓主体，主客体的这种活生生的关系成为体验的关键"。③

由此可见，"在体验世界中，一切客体都是生命化的，都充满着生命的意蕴和情调"④，因而，在教学过程的生命体验中，四要素中的教材和环境作为客体性要素也绝非毫无生命意义的僵化客体，而是一种生命化的客体，它们对师生主体间的意义不在

---

① 张曙光：《人的哲学与生命哲学》，《江海学刊》1999 年第 41 期。
② 王攀峰：《走向生活世界的课堂教学》，教育科学出版社 2007 年版，第 223 页。
③ 邹进：《现代德国文化教育学》，山西教育出版社 1992 年版，第 29 页。
④ 童庆炳：《现代心理学》，中国社会科学出版社 1993 年版，第 54 页。

于它们是一个可认识的事物，而在于它们对师生主体间的对话是否有价值、有意义。在教学过程中，师生不应似一位旁观者对教材和环境作出外部的观察和描述，而应进入其中，与其融为一体。这样的体验才会是正向的积极而有价值的生命体验。教学过程的生命本质正是在这样积极、有效的生命体验中，实现师生主体间对内和对外的相互印证，并在这样的印证中创造自我，实现教学的生命本体价值的。

（三）理解互融本质观

教育理解是指发生在教育世界中的区别于一般理解的理解现象，即作为理解主体的师生在与理解对象（教育文本）对话的过程中，情感、认知和行为方面不断筹划并实现自己生命可能性的过程[①]。

教学过程作为人为的和为人的存在，实质上是一个意义建构的过程，而意义是人与世界的一种关系，是在人的理解中不断生成的，只有通过理解，事物的意义才能有效地得以生成和建构。在海德格尔看来，个体的理解是一个理解者与"文本"的"视界融合"的过程，也是理解者积极、主动地建构和创生新意义的过程，"此在的意义—亦即整个世界的意义——不是说被理解后才呈现在理解者面前，而是随着理解被展开；不是说理解发现了这些早已存在于某处的意义，而是随着理解的展开'生成'了意义"[②]。教学过程不仅是一个学生认知性的知识建构过程，也是一个意义性的理解过程。具体来说，教学过程中意义的理解主要表现在以下三个维度上[③]：

————————

① 熊川武：《教育理解论》，《教育研究》2005 年第 3 期。

② 潘德荣：《基于"此在"的诠释学》，《安徽师范大学学报（哲学社会科学版）》1996 年第 2 期。

③ 王攀峰：《走向生活世界的课堂教学》，教育科学出版社 2007 年版，第 226—228 页。

第一，在学生与教学内容的关系上，"意义的理解"意味着教学过程是学生的"现实视界"与文本的"历史视界"之间的意义交流活动。从某种意义上讲，理解就是一个不断地由人的现实存在状态向可能存在状态转变的过程。教学过程就是以学生的"现实视界"为出发点，通过与文本的"历史视界"之间的相互作用，实现二者之间的"视界融合"。在这种"视界融合"中，学生生成了一种既不完全属于文本的客观意义，也不完全属于自己原来精神世界的主观意义，而是带有文本的客观意义和自己主观创造性意蕴的双重性的一种新的意义。

在这样理解互融的教学过程中，学生在理解文本中理解自己，理解人生，理解社会、传统和历史，实现自己精神世界的拓展和人生经验的增长。这样的理解，使过去和现在、主体和客体、自我和他人融为一体，构成了一个无限的、开放的、统一的整体。

第二，在师生关系上，"意义的理解"意味着教学过程是教师和学生间相互"不断地进入到他人的思想世界"的一种相互理解、相互沟通的过程。在教学过程中，师生只有进入到彼此丰富的生活经历和生活背景中去，双方才有可能敞开心扉进行沟通和对话，才有可能达到真正的理解。

由于师生间的理解和沟通以"言语的普遍有效性"为基础，因而言说者的语言表达需遵循可领会性、真实性、真诚性和规范性，从而实现语言在理解中的本体论价值。

第三，在学生与自我的关系上，"意义的理解"意味着教学过程也是一个学生的自我认识和自我理解的过程。实际上，在教学过程中，理解对于学生具有双重作用：一方面，理解可促使学生与社会、历史、文化建立起意义联系；另一方面，理解总是包含着人的自我认识和自我理解，学生在理解中可深刻认识到自己存在的意义和价值。也就是说，理解绝不是人对自己之外的一种什么其他对象的冷静直观或沉思，而是通过对人的存在价值与意义的沉思和阐述，实现人的自我认识和自我理解的过程。从某种意义上讲，"理解也是一种再体验，体验他人的人生和同时体验自己的人生，因为理解他人总是在自己的生活经验中进行"[①]。

在教学过程中，学生的自我理解是学生从自己的现实视界出发，把原先不属于自我理解范围之内的新世界的经验，在自我理解中据为己有。如此，一种新的经验进入到学生的视界之中，扩大了学生的人生经验和人生境界，丰富了学生的精神生活世界。

（四）建构生成本质观

教学过程是一个学生通过自主活动和实践进行知识建构和意义生成的过程。这一过程既是建构的过程，又是生成的过程。

在人类历史上，主要有三种思维方式在古代、近代和现代占据着统治地位，它们是本体论的思维方式、科学世界观的思维方式和生成论的思维方式。每一种思维方式，都是自己时代的产物，同样是时代精神的精华。三种思维方式的嬗变体现了哲学主题的转换，昭示了哲学与时俱进的革命性与批判性。教学过程建构生成本质观的提出，既是对时代哲学精神的应和，又是对教学过程本体存在的本质把握。

理解这一问题，可从对"过程"的理解入手。人的任何活动都是一个过程，都是以过程的形式存在和发展的。恩格斯曾指出："世界不是一成不变的事物的集合体，而是过程的集合体，其中各个似乎稳定的事物以及它们在我们头脑中的思想映象及概念，都处在生成和灭亡的不断变化中。"[②]"事物内部要素之间的相互联系、相互作用都是在鲜活的、客观的过程中发生的，事物

---

① 郑文先：《社会理解论》，武汉大学出版社 1998 年版，第 39 页。

② 《马克思恩格斯选集》第 4 卷，人民出版社 1972 年版，第 240 页。

的变化和发展是在过程中实现的。"① 怀特海的过程哲学也指出，过程就是事物各个因素之间在时间上和空间上构成的联合体而进行的内在的、复合的运动，是事物的存在方式，世界的本质就是过程的存在，离开了过程，事物不可能存在，也无法变化和发展，事物存在的过程就是变化和发展的过程②。

首先，过程具有生成性。教学过程本身就是一个充满流变、变动不居的过程，一个高扬情境、个人理解的孕育丰富关系的过程。博尔诺夫在《教育人类学》中提出，教育是一个非连续性过程和连续性过程的统一，在这个过程中不可避免地会出现各种困难和干扰，使得预定的效果深受其害。从此意义看来，过程具有可塑性和生成性。由于不断受到"遭遇"，这种可能带来创造的前提，使得整个教学过程得到变化和发展。

杜威在阐述他的"教育无目的论"时曾经指出："教育的过程，在它自身以外没有目的；它就是它自己的目的"，"教育的过程是一个不断改组、不断改造和不断转化的过程"③。在他看来，离开了过程就不可能有真实意义上的教育目的，过程就是教育活动的存在方式和展开形式，教育的过程就是儿童的生成过程。可以说，杜威的"教育无目的论"就反映了一种实在的教育过程论。

其次，过程具有预设和生成双重属性。所谓"预设"突出的是过程的计划性、预期性和规范性，预设的教学过程是使预设的教学结果得以显现的各阶段之和，对于预设的结果，不具有拓展、发展和质变的意义，它只是一个量变的累加。预设是教学的

---

① 郭元祥：《论教育的过程属性和过程价值》，《教育研究》2005 年第 9 期。

② 怀特海的过程哲学又被称为有机哲学，其过程哲学的系统论述，参见怀特海《过程与实在》，中国城市出版社 2003 年版。

③ ［美］杜威著，王承绪译：《民主主义与教育》，人民教育出版社 1990 年版，第 54 页。

基本要求，因为教学是一个有目标、有计划的活动，教师必须在进行教学活动之前有一个清晰、理性的思考与安排。然而，真实的教学过程由于主体及情境的因素，以及师生之间的互动式交往活动的进行而被附加了许多无法预知的"附加价值"和有意义的"衍生物"，从而充满了变数。因此，教学过程具有预设与生成的双重属性。

最后，过程又是一个追求生成的过程。因为教学过程总是现实的、真实的、及时的、当下的过程，总是教学要素在特定情境中、在时空上的意义联结。教学目标和教学结果之间不是一种线性关系，教学过程作为合目的与合规律的统一，其根本意义在于转化和生成。因而，教学过程应该在最大程度上追求生成，在特定的教学情境中，由于教学主体之间等因素的影响，过程总是伴随着无数的非预测性、不确定性、动态性。体验、顿悟、灵感等为超越预设性的教学目标提供了现实基础。随之而来的便是在过程中不同层次的创造，并随着过程的"绵延"而流动，"绵延意味着创新，意味着新形式的创造，意味着不断精心构成崭新的东西"①。在这种连续过程中，便不断产生新的结果、新的经验、新的体验、新的观念、新的价值，这个过程就是一个动态生成的过程。

基于上述的分析，我们认为，把握教学的预设与生成的矛盾的对立统一关系，即把握了教学过程的建构生成本质观。教学过程的建构生成本质观之要义即是，在教学过程中，建构中有生成，生成中有建构；在建构中生成，在生成中建构。

---

① ［法］柏格森著，肖聿译：《创造进化论》，华夏出版社2000年版，第16页。

第七章　教学方式哲学

　　教学在以前的教学论中主要指教和学的目标、过程、方式方法、教学评价等，课程主要是指教学内容和知识体系。"课"则是教学与课程的统一。但近年来在我国，也许在国外同样，"教学"与"课程"概念逐渐趋同，甚至有"课程"概念涵盖"教学"概念的趋势。这样一来课程论与教学论就很难分别，有些人的课程理论沿用的是以前的含义，有些人则用涵盖教学论的含义。如果用以前的概念，那教学论与课程论或教学哲学与课程哲学是不一样的，如果用现在的概念，那么，教学论与课程论或者教学哲学与课程哲学就是一致的。事实上不同人的用法是不一样的，并非所有人都用以前的概念，也并非所有的人都用现在的新概念，我们只有看过其研究的内容后才能判定其用的是什么概念。区分这两个概念的实质是区分教什么和怎样教的问题，但无论教什么和怎样教都有教的哲学基础的问题，对人性、知识、教育教学本质的看法问题。教学哲学主要不是研究具体教什么和怎样教，而是研究不同的教和怎样的教依据的人性论、知识论、教育教学本质论。教学方式的选择既影响知识的教学也影响能力和精神德性的发展，本章主要从具体到一般论述教学方式知识增长和能力发展的关系。

第一节　知识增长与能力发展

　　知识与能力相互制约和促进，但它们的相互作用并非完全平衡。随着社会的发展，特别是知识经济社会的发展它们的不平衡状态产生的影响与日俱增，但其原因却并非日益明显。知识与能力为何相互制约和促进，产生平衡和不平衡两种状态，如何使它们正向平衡，特别是将恶性非平衡状态转变为良性非平衡状态，这不仅是教育问题，而且是关系全民素质提高和国家发展的重大问题，涉及社会各方面的复杂问题，因此成为许多学科，特别是教育学、心理学研究的重要问题。

一　知识及其教学方式对人的作用

能力是人生存和发展的能量和活力，是人认识世界形成知识和应用知识改造世界满足自己生存和发展需要的生命力。知识是人认识了的一切信息的总和，是德性和能力发展的基础，没有知识就没有人，人的本能就不会发展成为人的能力。"求知是人的本性"，亚里士多德《形而上学》的第一句话把人的本能和本质紧密联系起来[①]。求知先是人的本能，后是人的本质。本能是求知的基础，但当人有知以后，知识就决定了人的本质，人的存在方式。人是知识的存在，是认识世界形成知识和应用知识改造世界的存在。知识是实践和认识的结果，是合规律性与合目的性的统一，是随着实践和认识的发展而生成、建构和发展的。动物只有与本能相关的学习。人的认识不仅如此，而且具有主动性、自主性和创造性，即根据价值、信仰和目的以及规律选择认识对象和认识方式形成知识和自己的特性。因此，人的本质不仅由知识决定，而且由人如何求知决定。人决定知识与知识决定人、"有真人而后有真知"[②]与"有真知而后有真人"

----

① ［古希腊］亚里士多德著，吴寿彭译：《形而上学》，商务印书馆1959年版，第1页。

② 庄子：《庄子·大宗师》。

是辩证统一的①。

知识有许多层面，其中广义之"知"与行对应，是科学知识及其认识能力、德性知识及其认识能力，以及求知方式的总称。狭义之"知"不仅是与德性追求及其认识和实践能力相对应，也是与科学兴趣及其认识和实践能力相对应的认识到的信息。甚至是与德性知识相对应的"纯理性知识"。就狭义知识而言，能力首先是人在获得、应用和创造知识的实践中发展，而后不仅成了知识的基础，甚至成为求知的直接目的。

二　知识教学与能力发展的相互作用

知识与能力虽然相互制约和相互促进，但它们的性质、形成过程和方式互不等同，知识增长和能力发展可能一致，也可能不一致。人生短暂，知识无限。有限的人生不仅只能获得有限知识，而且只有根据社会和自身发展特点，采取科学方式，有选择地获得知识才能获得有用知识并促进能力发展，使生命持续充分焕发活力，否则必然导致知识和能力的不平衡。"认识论就是关于知识的理论。"② 早在几千年前孔子和亚里士多德就提出"学思结合"和知识教学的最高目的是形成智慧等思想，但由于古代知识发展缓慢，"不平衡"现象不很明显，并未成为哲学思考之焦点。近现代科学技术迅速发展导致的"知识爆炸"对知识选择提出的要求与满足要求的差距，使得知识和能力不平衡状态及其产生的影响日益明显。但明确反映"鱼"与"渔"关系哲理的首先是谚语和寓言而非哲学。知识与能力的不平衡不仅存在于学习和教学、教育特殊认识和实践活动中，也存在于人类一般

---

① 贡华南：《知识与存在——对中国近现代知识论的存在论考察》，学林出版社 2004 年版，第 2 页。

② 陈友松主编：《当代西方哲学》，教育科学出版社 1982 年版，第 10 页。

的认识和实践活动中，但真正对此进行全面深入认识，探讨其形成原因和解决办法的是心理学和教育理论。然而，由于知识观的差异，教育理论在知识和能力关系问题上又形成实质教育和形式教育两大派别。

教学既包括知识教学，即教师指导学生学习知识，也包括能力教学，即教师指导学生发展能力。不同类型和层次的知识、能力及其教学都有不同的价值，但哪个更有价值，实质教育认同知识就是力量观点，强调知识及其教学的价值和教学最有价值的知识。形式教育则强调能力及其教学价值和发展最有价值的能力，甚至把最有价值的知识教学看作最能促进能力发展的知识教学，把最有价值的能力看作是最能促进获得、应用和创新知识的能力。卢梭认为，一切良好教育的基本原则和核心"问题不在于你告诉他一个真理，而在于教他怎样去发现真理"，死记硬背，不理解意义的教学是毁灭判断力①。第斯多惠认为，"积极的实质教育不是最后目的，只有积极的形式教育才是最后目的"②。杜威推崇卢梭认为，"把单纯积累知识和教育等同起来乃是荒唐的"。"学校中求知识的真正目的，不在知识本身，而在学得制造知识以应需求的方法。""学校所能做和需要做的一切，就是培养学生思维的能力"。③ 就连被普遍认为是传统教育思想代表人物的赫尔巴特也是形式教育派，认为教育的首要目的是"平衡的多方面兴趣"和"一切能力的和谐发展"。"对于教育性的教学来说，一切都取决于其所引起的智力活动。教学应当增加而

① ［法］卢梭著，李平沤译：《爱弥儿》，商务印书馆1978年版，第280、223、283页。

② ［德］第斯多惠著，袁一安译：《德国教师培养指南》，人民教育出版社2001年版，第129、136页。张焕亭：《西方资产阶级教育论著选》，人民教育出版社1979年版，第367页。

③ 赵祥麟、王承绪编译：《杜威教育论著选》，华东师范大学出版社1981年版，第136页。

不是减少这种活动，应当使它高尚而不是变坏。"[①] 怀特海则更为绝对，认为使知识充满活力而不使其僵化是一切教育的核心问题。"文化是思想活动，是对美和崇高情感的接受。支离破碎的信息或知识与文化毫不相干。一个人仅仅见多识广，他不过是这个世界上最无用而令人讨厌的人。"[②]

三　知识与能力不平衡和高分低能的表现

在现代中国，一方面为了改变由于长期重视知识教学的记忆性，轻视其促进能力全面发展导致的"高分低能"、"赢在起点输在终点"和"0 诺贝尔"现象，使得发展能力成为素质教育和创新教育的重要目标。[③] 另一方面有人或者担心过分强调发展能力可能导致轻视知识教学，或者由于固守"知识就是力量"的观念，提出知识教学与能力发展基本一致性，"高分者一般也是高能者"，"高分低能"只是特殊现象，不是普遍问题，还是强调教学的知识传授和学习。然而，知识教学影响能力发展效果的状态相当复杂，究竟如何还必须针对具体状态具体分析。第一种状态是知识教学和能力发展完全一致状态，即"高分高能"、"低分低能"状态。第二种状态是知识教学和能力发展不一致的理想状态，即既掌握了丰富的知识，又最大限度促进了能力发展的状态。或者 B 级的知识教学水平到 A 级的能力发展水平，C 级的知识教学水平达到 B 级的能力发展水平，甚至 C 级和 D 级的知识教学水平达到 A 级和 B 级的能力发展水平，等等。第三种状态是知识教学和能力发展不一致的不良状态，即 A 级的知识教学水平达到 B 级的能力

---

① ［德］赫尔巴特著，李其龙译：《普通教育学·教育学讲授纲要》，浙江教育出版社 2002 年版，第 242、239、408 页。

② ［英］怀特海著，徐汝舟译：《教育的目的》，生活·读书·新知三联书店2002 年版，第 9、1 页。

③ 周洪林等：《赢在起点输在终点——我国传统教育所谓基础扎实的思考》，《新华文摘》2002 年第 1 期。

发展水平，B 级的知识教学水平达到 C 级的能力发展水平，甚至 A 级的知识教学水平达到 C 级的能力发展水平，B 级的知识教学 水平达到 D 级的能力发展水平，等等。这种状态从整体说就是 "高分低能"，但相对说也是"高分高能"。"高分低能"并非指凡 高分都低能，而是就整体而言的。解决"高分低能"问题的基本 目标是实现知识教学和能力发展的正向平衡，最高目标是以较小 的知识教学投入获得能力发展的最大效果。

四 高分低能的实质

导致"高分低能"的原因十分复杂，既有教学主体是否尽 力的原因，也有知识教学内容、方式和评价标准、方式的原因， 还有社会经济文化条件等复杂原因。任何教学都需要基本条件， 在此前提下，知识教学能否促进和如何促进能力发展主要是价值 选择问题。人才质量观、教育价值观不同，教育教学目标、内 容、方式、评价等就不同，教育教学效果当然也不同。

教育问题归根结底是形成人的问题：形成什么样的人的教育 目标问题和怎样形成人的教育方式问题。人本来是什么和应该是 什么规定教育形成什么样的人。人怎样形成和应该如何形成决定 教育采用什么方式形成人。知识教学方式既影响人的发展，也决 定教育的本质。人的能力有许多层面，学习、记忆知识的能力和 应用、创新知识的能力都是人之所以为人的不可缺少的基本能 力。记忆知识必须有记忆能力，应用和创新知识必须有应用和创 新知识的能力。因此，知识教学既要促进记忆能力的发展，也要 促进应用和创新能力的发展。但是知识教学促进记忆能力发展的 效果与促进应用和创新能力发展的效果往往不平衡。记忆能力和 应用、创新能力都可以用分数评价其水平高低，"高分低能"既 可理解为记忆和应用、创新知识能力的考核评价分数高而实际能 力低，也可理解为记忆、陈述知识、理论和技术的能力高而应用和创新知识、理论、技术的实践和认识能力低，还可理解为记忆力也不高，通过刻苦学习获得较高知识分数而应用和创新能力且较低。但其实质并不是第一种而是第二第三种理解，是记忆能力及其评价分数高而应用和创新能力及其评价分数低的问题，是知识教学重视促进记忆能力发展还是重视促进应用、创新能力发展的问题，是它们的平衡问题。

五　知识教学与能力发展不平衡的原因

通过学习、教育和科学研究认识世界、形成知识和能力，根据认识形成的成果改造世界既是人与动物的根本区别，也是人类进步和个人幸福的根本保证，是解读人是人的终极原因、终极关怀和最高价值的具体表述。所有学习、教育和科学研究的直接目的都是获得真知和发展能力，但不同的学习、教育和科学研究对于形成什么和怎样形成知识和能力不仅在具体层面有明显区别，而且由于世界观、知识观不同在本质层面也有明显区别。认识及其知识不是人脑中固有的，不是天赋的，而是人脑对客观世界的反映，但并非都是从本原开始和以客观事物为对象，其本质是人脑对主客观世界的合理性建构，既有对世界的直接反映，也有通过知识对世界的间接反映；既有对纯自然的反映，又有对渗透价值观或主观性的合规律性与合目的性统一的合理性事实的反映，是对主客观世界和先验知识的混合反映。没有"我们"的知识也就没有"我"的知识①。把其复杂过程简化为起源环节虽然是明确的，但也是简单化和片面化的。人对自然世界、社会世界、精神世界的认识都既需要通过抽象、概括等客观反映认识确定的世界，继承和形成客观知识，也需要通过主观想象、猜想认识不确定的世界，创造主观知识，建构合理性知识。客观知识、主观知

① （德）马克斯·舍勒著，艾彦译：《知识社会学问题》，华夏出版社1999年版，第59页。

识和合理性知识是不同性质的知识，客观反映能力、主观想象能力和合理性建构能力是不同性质的能力。不同性质的知识要求用不同性质的能力来形成、应用和创新，不同性质的能力是在形成、应用和创新不同性质的知识过程中形成。如果人的认识只有客观反映没有主观想象和合理性建构，不仅知识而且人自身也只能永远停留在起源点，甚至人就不能成为人。如果教学只重视前者而不重视后者必然导致"高分低能"。

人创造了知识，知识又规范和引导人。知识既包括认识结果的知识，也包括如何认识、创造和应用知识的知识。因此，知识不仅作为认识结果规范和引导人，而且也作为认识方式规范和引导人。方式是决定本质和由本质决定的而非具体的方法、形式和手段，是内容的本原。内容是方式的结果。方式不同，内容构成的速度、结构和质量也不同。不同内容既需要不同方式，也强化不同方式的形成。人首先是由实践和认识方式决定，然后是由其内容和结果决定。不仅人不同于动物的活动方式决定人不同于动物的本质，而且不同时代人的不同认识和实践方式决定不同时代人的不同文明程度，不同个人的认识和实践方式影响不同个人的发展水平。人类不仅需要学习，而且需要学习如何学习。笛卡尔认为，人"单有聪明才智是不够的，主要在于正确地运用才智"①。布鲁纳认为，学习的最好状态就是思维，而思维的核心要素是思维方式，"没有什么比它的思维方式更重要"②。莫兰认为，"今天，性命攸关的问题不仅仅是学不学的问题，也不仅仅是再学习的问题，而是重新组织我们的思想体系，重新学会怎样学习"③。

---

① ［德］黑格尔著，王太庆译：《谈谈方法》，商务印书馆2000年版，第3页。

② ［美］莫里斯·L.比格著，张敷荣等译：《学习的基本理论与教学实践》，文化教育出版社1983年版，第304—309页。

③ ［法］埃德加·莫兰著，吴泓缈等译：《方法：天然之天性》，北京大学出版社2002年版，第16—17页。

劳丹认为，方法论是科学发展的强有力的推动力量，这种力量远比某些科学史学家们认识到的要强。"方法论与科学理论之间'矛盾'的消除常常通过修正该理论使之符合方法论规范来达到，但并非总是如此。在许多情况下，这类问题是通过改变方法论本身得到解决的。"方法论的要点是为科学行为提供规范。它告诉我们，为了达到科学事业的认识和实际目标，我们应该做什么或不应该做什么①。联合国教科文组织则把"学会认知"同"学会做事，学会共同生活，学会生存"看作教育的四个支柱②。内容与方式的关系反映在教学中就是教学什么知识与怎样教学知识或者课程与教学的关系。不同教学方式对达到教学目标有不同的作用。"高分低能"教学方式必然导致"高分低能"教学结果。

不仅人才观、知识观和知识教学方式而且知识教学的结构、程度、时机等对能力发展也有重要影响。杜威与卢梭一致，强调选择有用知识、"无知识教学"和"做中学"对能力发展的促进作用。卢梭指出，学生有知识而能力低与无知识而能力高的差别就是"你的学生会看地图，我的学生会画地图"的差别。③ 杜威认为，"人们最初的知识，最根深蒂固地保持的知识是怎样做的知识"，如果承认教材的自然发展进程，教学就应从包含着做中学的那些情景开始④。苏联教育家强调根据学生发展水平的知识教学对能力发展的促进作用，批评有人把教学与发展看作两个互不依赖的过程，把教学架设在成熟上面；有人把教学与发展混为一谈，把知识教学等同于能力发展。考卡夫认为，教学不仅可以

①　[美]拉瑞·劳丹著，刘新民译：《进步及其问题》，华夏出版社1999年版，第59—63页。

②　联合国教科文组织教育丛书：《教育——财富蕴藏在其中》，教育科学出版社1996年版，第75—88页。

③　[法]卢梭著，李平沤译：《爱弥儿》，商务印书馆1978年版，第222页。

④　赵祥麟、王承绪编译：《杜威教育论著选》，华东师范大学出版社1981年版，第192页。

跟在发展后面走，可以与发展齐步并进，而且可以走在发展前面，推动发展前进。维果斯基认为"教学与其说是依靠已经成熟的机能，不如说是依靠那些正在成熟中的机能，才能推动发展前进。教学创造最近发展区，然后是最近发展区则转化为现有发展水平的范围之中"。"只有当教学走在发展前面的时候，这才是好的教学。'教育学不应当以儿童发展的昨天，而应当以儿童发展的明天作为方向。'"据此赞科夫提出，理论知识占主导地位，高难度、高速度等知识教学促进能力发展和一般发展的基本原则①。布鲁纳强调学习学科知识结构、发现知识的教学方式对促进能力发展的重要意义，指出，"任何学科都能够用在智育上是正确的方式，有效地教给任何发展阶段的任何儿童"。给儿童教授某门学科的任务就是按照儿童观察事物的方式去阐述那门学科的结构。"学习结构就是学习事物是怎样相互联系的。""教授学科观念，即使是小学水平，也不必奴性地跟随儿童认知发展的自然过程。向儿童提出挑战性的但是适合的机会使发展步步向前，也可以引导智力发展。"② 从不同角度探寻知识教学促进能力发展的最佳途径还有早期教育、官能训练、多元智力等理论。

第二节　不同知识教学方式对能力发展的不同作用

人满足自身需要，适应和促进社会发展需要多种类别和层次的知识和能力，不同学科和层面的知识教学，不仅不同学科和层面的知识教学形成不同的知识和能力，而且形成不同的知识和能力也需要不同学科和层面的知识教学。但所有学科和层面的知识

---

① ［苏］赞科夫著，杜殿坤等译：《教学与发展》，文化教育出版社1980年版，第12—14页。

② ［美］布鲁纳著，邵瑞珍译：《教育过程》，文化教育出版社1982年版，第49、28、54页。

教学都存在注重知识记忆及其能力形成、技能训练和注重知识应用、创新及其能力发展的目标定位、价值倾向和方式选择问题。刺激反应、客观反映、主观设想和合理性建构四种不同知识教学方式对能力发展有不同作用，其他方式或者是它们本身的具体化方法，或者是可服务于不同方式达到不同效果的具体化方法。

一　刺激反应知识教学方式及其作用

认识既不是起因于主体，也不是起因于客体，而是"起因于主客体之间的相互作用"，"认识的获得必须用一个将结构主义和建构主义紧密地联系起来的理论来说明"①。刺激反应是人与动物共有本能，但动物只有本能，只能驯化或机械训练，人不仅如此还有反映和自觉的反应或者反映后的反应。反映是意识的产物，是思维的过程，不仅是自动的而且具有主动性、自主性和创造性，是通过分析、比较、综合、概括后的比刺激反应复杂千万倍的复杂活动。行为主义认为人是刺激反应的结果，是由刺激及其强化性质、方式和程度决定的被动产物，强调认识的本能性、外显性、动作性、及时性和行为科学的科学性，反对以意识为对象和以内省为方法的哲学和心理学研究，甚至认为"意识是从社会习得的空洞名词，是社会教我们用来代替某些行为的鬼话"②。"思想不是引起行为的某种神秘的、心灵主义的过程，而是行为本身"，基本像口腔受到刺激分泌唾液一样的活动③。虽然行为训练对人的发展也有重要作用，行为主义把人的认识、学习和教育说成是刺激反应它也不完全如此，但由对动物实验得出的、完

---

① ［瑞士］皮亚杰著，王宪钿等译：《发生认识论原理》，前言，商务印书馆1981年版，第15—21页。

② 汪云九等：《意识与大脑》，人民出版社2003年版，第31—34页。

③ ［美］莫里斯·L.比格著，张敷荣等译：《学习的基本理论与教学实践》，文化教育出版社1983年版，第128—129页。

全排斥人的意识、思维、主动性、自主性和创造性的刺激反应
理论对人的认识、学习和教育造成的不良影响则是十分明显
的。

二　客观反映、主观想象和合理性建构知识教学方式及其作用

反映既包括感觉、知觉、记忆和思维、想象等不同性质的心
理过程，也包括客观反映、主观想象和合理性建构等不同性质的
心理活动。人认识世界既要通过客观反映认识其本质和规律，也
要通过主观想象、设想、猜想和探究、推理、预测发现世界发展
的可能性及其转化为现实性的合理性，创造新世界。世界的本质
既是抽象的，也是设想的，是合规律性与合目的性统一的合理性
建构。抽象的知识如果反映客观世界就是客观知识或者合规律的
知识，想象的知识则是主观知识，即便是对本质和规律的认识也
是如此。合理性知识则是客观知识与主观知识的统一。客观世界
平等地面向每个人，但不同的人对世界却往往有不同的认识，并
据此形成不同的实践，其根本原因在价值观和认识方式。知识内
源论只承认主观知识而否认客观知识，使认识及其知识成为失去
客观依据的主观臆测。知识外源论则只承认客观知识而否认主观
知识，使人变成环境的被动产物或客观规律的奴隶。建构主义认
为，外界刺激和主观想象始终是认识发生发展中的一对矛盾。知
识既是可以谈论和确定的东西，又是具有很大发展可能性的空间
和范围①。"任何时期的科学知识都不是建立在一切事实的基础
之上，而是建立在经过选择的事实的基础之上"。②"记忆可以处

---

① ［法］米歇尔·福柯著，谢强等译：《知识考古学》，生活·读书·新知三联
书店1998年版，第203页。
② ［美］施瓦布：《学科结构的概念》，转引自王坤庆《教育学史论纲》，湖北
教育出版社2000年版，第268页。

理好过去和现在，但它无法认识和处理将来，而设计将来和为将来做准备是理性社会秩序的主要任务。""想象力所向往的整合统一性，并不受范畴或概念的必然性结构的限制，而是自由地巡游于现实的各个方向去发现它们是否或在哪一点上符合人类的目的。世界、我们人类和社会能否或在哪一点上能实现自身的意义。"①"我们越是自主，我们就越是依赖我们的自主性的突现所必需的大量条件。"② 我们的"行动越是自由，亦即所具有的自然事件特征就越少，则人格概念发生作用越强。人格的本质在于对特定的终极价值和生命意义保有坚定的内在关系。终极价值和生命意义在行动过程中成为意图，进而转化为目的上的合理性行动"③。不仅人文社会科学的认识和知识教学而且自然科学的认识和知识教学也需要想象和猜想。波普尔认为，"所有的理论都是假说；所有的理论都可以推翻"④。库恩指出："我们都不相信存在从事实中归纳出正确理论的规则，甚至也不相信，理论，无论是正确与否，都完全是归纳出来的。反之，我们把理论看作是想象的见解，完整地发明出来以适用于自然界。"⑤ 伽达默尔认为，自然不过是被我们打开的同文化书籍包含一样多的真理之大书⑥。罗蒂认为，自然科学的自然性其实是它的合理性，自然科

　　① ［美］乔治·麦克林著，干春松等译：《传统与超越》，华夏出版社 2000 年版，第 51、91—92 页。

　　② ［法］埃德加·莫兰著，陈一壮译：《复杂思想：自觉的科学》，北京大学出版社 2001 年版，第 12、263、9 页。

　　③ 苏国勋：《理性化及其限制——韦伯思想引论》，上海人民出版社 1988 年版，第 96 页。

　　④ ［英］波普尔著，舒伟光等译：《客观知识》，上海译文出版社 2001 年版，第 31 页。

　　⑤ ［英］伊姆雷·拉阿卡托斯等著，周寄中译：《批判与知识增长》，华夏出版社 1987 年版，第 15 页。

　　⑥ ［德］汉斯·格奥尔格·伽达默尔著，洪汉鼎译：《真理与方法》，上海译文出版社 1999 年版，第 606 页。

学的客观性就是它的主体间性①。波兰尼认为，知识是一种信念和寄托，具有个人性和默会性。大自然中包含的知识远远超过我们已经理解的知识，未来可能呈现、现在尚未确定的知识范围也远远超出我们已经和所能表达的内容②。认知—场心理学则认为，"说一个人具有想象力类似于说他具有创造性。"智力是"以对可能产生的结果的准确预料为根据，并以控制接着产生的结果为目的，而在当前情境中作出反应的能力"③。不同知识形成方式对人的能力和社会发展产生不同效果已被历史不断证明，但为何不同社会和不同时代要选择不同知识形成方式，把不同知识形成方式应用于不同认识对象则是本书难以解决的更复杂的问题。

三　知识教学方式对能力发展的综合作用

简单知识的形成及其转化为简单能力的过程和方法是简单的，复杂知识的形成及其转化为复杂能力的过程和方法是复杂的。能力概括起来有两种：认识能力是认识世界形成观念的能力，实践能力是支配观念影响世界的能力。知识促进智力发展的方式或者知识向认识能力的转化主要是心理过程，知识促进实践能力的方式或者知识和认识能力向实践能力的转化则是心理活动和肢体行动的有机统一。无论何种转化都不仅需要技能熟练性和记忆巩固性训练，而且需要思维和想象的参与甚至主导，都应既把它们作为手段，更把它们，特别是思维和想象作为目的。改变"高分低能"现状，实现知识教学和能力发展正向平衡、良性非

---

① ［美］理查德·罗蒂著，黄勇编译：《后哲学文化》，上海译文出版社 2004 年版，第 48—90 页。

② ［英］迈克尔·波兰尼著，许泽民译：《个人知识》，贵州人民出版社 2000 年版，第 79、104 页。

③ ［美］莫里斯·L. 比格著，张敷荣等译：《学习的基本理论与教学实践》，文化教育出版社 1983 年版，第 278—280 页。

平衡目标的关键是大力发展思维和想象能力，然后是在此基础上的实践锻炼和技能恰当训练。知识教学如果只重视技能技巧的反复机械训练而轻视甚至忽视思维和想象力发展，不仅难以形成创新能力和创造性应用知识的能力，甚至不能形成真正的知识。

社会需要不同类型和层次的人才，个人有不同的发展基础和目的。社会进步与个人发展都要求教育形成人也应具有多元目标、内容和方式，但刺激反应知识教学方式注重记忆巩固性和技能熟练性训练，把形成人的方式等同于被动的本能反应。客观反映知识教学方式则强调现存世界的真实性，忽视人的想象力、创造性对世界的建构。合理性建构知识教学方式则既包含有统一刺激反应、客观反映、主观想象等知识教学方式，是既重视对世界的客观反映和通过刺激反应对记忆、技能的训练，更强调人的想象力、创造性的发展及其对未来世界的建构的知识教学方式，是反映创新教育本质、有利于达到不同层面教学目标、解决"高分低能"问题和形成具有创造性人才的知识教学方式。

第三节　教学认识论的科学发现和实践整合

教育问题归根结底是形成人的问题：形成什么样的人的教育目标问题和怎样形成人的教育方式问题。人本来是什么和应该是什么规定教育形成什么样的人；人怎样形成和应该如何形成规定教育采用什么方式形成人。人的形成问题既是哲学问题也是教育学问题，哲学认识论的任务是研究认识的根源、过程、规律、认识的评价标准及其客观性，研究作为认识主体人的思维、精神与认识对象、物质之间的关系。教学认识论研究在教学过程中人的认识的可能性和规律性。人的认识能力发展的巨大可能性既得到不同认识论发现的不断证明，也为教学认识论发现的长期"百家争鸣"提供了广阔的空间。

　　行为主义认为人是刺激反应的产物，认知主义认为人是
"顿悟"或者"完形"的结果。存在主义认为人是自由选择的产
物，建构主义认为人是主客观相互作用的结果。永恒主义、结构
主义强调教学内容的系统性、理论性、学术性、客观性、文化
性，建构主义则强调教学内容的生活性、情景性、个人性、主观
性、体验性。实用主义和进步主义重视学习和认识的兴趣，后现
代哲学甚至认为，爱是认识的基础。而要素主义和永恒主义则重
视认识和学习的努力，认为"文明就是对共同理想的刻意追求。
教育就是刻意地试图用一个理想来塑造人"①。行为主义研究一
般人或者人的一般认识及其行为形成规律，提出认识是刺激反应
的产物，人本主义研究超常人或者人的超常心理及其行为，提出
人又有无限的潜能，精神分析心理学则研究"问题人"或者人
的"问题"心理及其行为，提出本我、自我和超我相互争斗的
理论。但包括教学认识论科学发现者在内的所有研究者都不能否
认甚至会清楚地认识到，或者说难道包括教学认识论科学发现者
在内的所有研究者都不能看到，人既有通过刺激反应认识事物形
成自己的可能性，也有通过"顿悟"或者发现学习认识事物形
成自己的可能性。既有通过自由选择认识事物和形成自己的可能
性，也有通过主客观相互作用认识事物和形成自己的可能性。人
既有通过学习系统性、理论性、学术性、客观性、文化性的知识
认识事物和形成自己的可能性，也需要生活性、情景性、个人
性、主观性、体验性的知识认识事物和形成自己的可能性。学习
和认识既需要兴趣又需要努力。人的一般认识过程与人的超常认
识过程、人的"问题"认识过程有很大差异。既然如此，他们
又为什么各说各话、各执一词互不相让？难道教学认识论科学发
现的"百家争鸣"只是智力竞赛的文字游戏？原因不仅在于对

---

① 陆有铨：《西方教育史》，河南教育出版社 1993 年版，第 182 页。

人的认识，在于对人的通过认识形成自己的各种可能性的价值选择，而且在于科学发现的逻辑不同于教学实践的逻辑，科学发现的逻辑又如何与教学实践的逻辑协调的问题，在于科学发现的逻辑如何发现在教学实践中整合各种教学认识论发现的问题。

科学发现的逻辑不同于教学实践的逻辑，教学认识论的"百家争鸣"和科学发现主要发现人的教学认识的各种可能性，而不是发现他们整合的各种可能性，而教学实践则要根据科学发现的人的认识的可能性内容、教学方式、教学过程。如果教学实践根据某种原则和目的接受和应用了某种教学认识论的科学发现就等于否定了其他教学认识论的科学发现。如果教学实践"价值中立"地接受和应用了所有教学认识论的科学发现就等于说"怎样都行"。无论怎样都不仅大大降低教学认识论的科学发现的科学价值，也不利于教学实践的科学化。教学认识论科学发现的价值既不是"怎样都行"，也不是只有一种选择或者惟有"一种才行"，而是研究在何种情况下、何种范围内和程度上人是刺激反应和接受学习的产物，"发现"、"顿悟"学习的产物，在何种情况下、何种范围内和程度上人是自由选择的产物，主客观相互作用的结果。在何种情况下、何种范围内和程度上需要系统性、理论性、学术性、客观性、文化性知识，在何种情况、何种范围内和程度需要生活性、情景性、个人性、主观性、体验性知识。学习和认识在何种情况下、何种范围内和程度上需要兴趣，在何种情况下、何种范围内和程度上需要努力。教学认识论科学发现不仅要发现人的认识的各种可能性，而且要发现和整合各种教学认识论发现的各种可能性，特别是相互冲突的认识可能性之间的可能联系和在教学实践中整合的可能性及其最佳效果。而不能以某种认识论发现的人的认识的可能性代替其他认识论发现的人的认识的可能性甚至人的认识的全部可能性。

　　一切教学认识论的研究都是追求教学的有效性。但有效教学对什么有效则因时代、社会及其个人不同而有不同的价值选择及其标准。人的价值观从来就是一个复杂问题。但人的本质、教育的本质都与人的价值追求紧密联系，甚至都是价值追求的结果。"最初的人"只有本能和潜能没有本质，人的本质都是价值的本质，是在一定价值观引领下形成的本质。有意识、思想、知识、能力、价值、理想和道德这是人与动物的本质区别，但人只要有意识、思想、知识、能力、价值、理想和道德就可能有各种意识、思想、知识、能力、价值、理想和道德。因此，人是可能具有各种意识、思想、知识、能力、价值、理想和道德的存在，具有各种可能性的意识、知识、能力、价值、理想和道德的存在就是人的本质。人最终成为具有什么本质关键在于人的价值追求而不在于它原本是什么，关键在于人怎样看待自己、形成自己。人对自己的本质、理想、追求认识不同，对教育教学的本质认识也不同，对教学认识论科学发现及其教育教学方式的选择也不同。相反，对教学认识论科学发现及其教育教学方式的选择不同，形成的教育教学本质和人的本质也不同。对教学认识论科学发现选择的"怎样都行"不同于教学实践需要有不同的教学认识论科学发现。前者是盲目和无奈的，因此，也是杂乱和多变的。后者则是自觉选择整合的，因此也是系统和稳定的，是坚持不懈努力追求的。

第四节　实现三维教学目标统一的有效教学方式

　　处理好直接知识与间接知识、知识教学与能力发展、与德性形成的关系，实现三对关系中各自的两个方面的统一是现代教学的基本目标。当代课程教学论，特别是近年我国基础教育课程改革理论不仅用新理念和新话语建构了教学新目标，而且突出了了解教学过程和掌握教学方法的重要性，把它们提高到教学目标层面，强调教学实现知识与包括技能在内的能力、包括情感在内的态度与价值观、方法与过程等三维目标。三维教学目标分别实现与实现统一既相互区别，又相互联系，不能截然分开；必须在相互联系中分别实现，在分别实现中达成统一；不能分别实现就不能实现统一，不能实现统一就很难分别实现。构建有效教学过程和方式实现知识向能力、态度和价值观的转化，既是实现知识教学的重要目标，也是实现三维目标相互促进的条件。无论是实现三维目标及其统一，还是为其提供保证条件，教师和学生都必须了解和优化教学过程，掌握和变革教学方式，构建有效教学过程和方式。

一　三维教学目标及其统一的基本层面

教学是教育的中心环节，学习知识是教学的基本目标。知识里面蕴涵着能力、态度和价值观，教学过程和方法首先是知识教学的过程和方法，因此，实现三维教学目标首先是实现知识教学的目标。然后是实现发展能力、形成态度和价值观、了解认识过程和应用认识方法等本身的目标和三维教学目标各自两个方面目标的统一，最终要实现三维教学目标六个方面具体目标的全面统一。

知识与能力相互制约和促进。求知是人的本性，人天生就有求知的本能。能力是依靠本能又超越本能的人在认识和实践中形成的主体性能动力量。人没有知识就没有能力，有了知识就有了能力。但知识增长和能力提高并非完全自然地一致，有时甚至很不平衡。知识教学和能力发展可能形成正向平衡和不平衡与负向平衡和不平衡几种状态。教学实现知识增长和能力发展统一的基本目标是实现知识教学促进能力发展的正向平衡，最高目标是使知识教学促进能力发展达到良性非平衡效果，以较小知识教学投人获得能力发展的最大效果①。

由人的内心体验决定的态度和情感是人生的动力，由人对自己行为目标的追求及其手段选择的根本看法决定的价值观是人生的方向。有了积极的人生态度未必有正确的人生理想和价值追求，没有积极的人生态度就不可能有正确的人生理想和价值追求。态度与价值观统一的实质是人生的动力和方向的统一。态度和价值观与知识和能力的关系及其统一的实质是德育目标与智育目标的关系及其统一，统一的目的是使个人以积极的人生态度和正确的价值观选择，处理好自己与包括社会、他人和自然等他者的关系，不懈追求美好的人生理想，为社会作出积极贡献。

任何教学目标总是在一定的过程中通过一定的内容和方式实现。构建有效的教和学的过程和方式，既是实现教学目标的重要手段，又是教学的重要目标和内容。教学既要使学生掌握反映事物本质、规律和运动发展过程的陈述性知识，也要使学生掌握人如何认识事物本质、规律和运动发展过程的知识和形成知识过程和方式的程序性知识。但教学不仅要使学生掌握教科书等教材内容包含的这两类知识，还要通过他们亲历的应用、发现、发展知识的实践活动过程学习甚至发现、发展、创新人类学习，发现、发展、创新知识的知识。教师怎样讲授教学内容，学生怎样学习教学内容，师生提出、分析和解决问题的思维过程和方式及其活知识，选择和应用教学手段、教育技术的过程和方式及其活知识，不仅影响学生对知识的理解和掌握，他们的知识增长速度、知识形成结构、知识促进能力发展的效果，也影响他们对知识的应用和创新，他们的学习方式形成，甚至还影响他们德性的形成，影响教学的整体质量。把教学过程和教学方式作为教学的目

---

① 郝文武：《教学方式对能力发展作用的价值取向和实践整合》，《北京师范大学学报》2007 年第 3 期。

标和内容就是要使师生了解教学过程的阶段性、规律性，提高他们掌控教学过程和方式的自觉性，优化教学过程和方式，使教师学会教学，学生学会学习，使师生学会发现和创新。

二　教学过程和方式与教学目标和内容的相互作用

人创造了知识，知识又规范和引导人。知识既作为反映事物本质和规律等的认识规范并引导人，也作为如何认识、适应、改造事物，掌握、应用、创新知识过程和方式的认识规范并引导人。教学的程序性知识转变为教学的思维、行为过程和方式直接影响教学效果。教学目标决定教学内容、过程和方式，不仅不同教学目标需要不同教学内容、过程和方式，而且不同教学过程和方式还能提高相同内容教学活动的效率。教学目标与教学内容、过程和方式应该相互匹配、协调统一，但事实并非完全如此，甚至相互矛盾。实现它们的统一需要许多条件，在具备优良教师和教学设备等条件与合理教学内容前提下，知识教学、能力发展、技能和品德形成、师生交往等的有效教育教学方式就成为决定因素。莫兰认为，人类不仅需要学习，而且需要学会如何学习①。劳丹认为，方法论是科学发展的强大动力。方法论与科学理论之间"矛盾"的消除常常通过修正该理论使之符合方法论规范来达到，但在许多情况下，也通过改变方法论本身得到解决②。联合国教科文组织的《教育——财富蕴藏其中》把"学会认知"看作教育四大支柱的第一支柱。甚至有人提出，方法就是事物本身的命题③。

---

① ［法］埃德加·莫兰著，吴泓缈等译：《方法：天然之天性》，北京大学出版社2002年版，第16—17页。

② ［美］拉瑞·劳丹著，刘新民译：《进步及其问题》，华夏出版社1999年版，第59—63页。

③ 秦裕、韩震：《方法就是事物本身》，《哲学研究》2005年第8期。

　　方式是人思维、说话、办事的方法和形式。教学方式是教和学的方式，包括观念性的方式及其与物质结合的技术性的方式。方式和方法有时可以通用，有时则不能。方法比较具体和灵活，方式则相对稳定，有不同程度的概括性。方式是方法、形式、手段等的综合。方法偏重于由活动的内容和技术因素决定的行为规则，方式偏重于由行为主体的目标、价值观决定的行为规则。"学习方式不仅包括相对的学习方法及其关系，而且涉及学习习惯、学习意识、学习态度、学习品质等心理因素和心灵力量。"教学方式不是具体的教学策略、方法或者技术，而是对教学结果具有决定性影响，对人的发展具有战略意义的方法和形式[①]。在教学和德育中运用的教授法、榜样示范法等具体的方法与方式可以通用。以生产、生活、思维和教育方式与方法表述的农业社会、工业社会、信息社会特征的含义则有本质性的区别。主要是由技术进步决定的远古口耳相传教学、古代个别教学、近现代课堂教学、当代信息技术教学的方式，主要是由内容和目标决定的人文社会科学教学与自然科学教学的根本方法明显不同，但具体的方法也可能是相同的。

　　教学方式不仅由教学内容、教学的技术条件决定，而且由知识观决定。知识观是关于知识的本质、价值和形成方式、过程的系统认识，其核心是关于知识形成方式和过程的系统认识，许多关于知识本质的定义就是对知识形成方式和过程的定义。教学观是关于教学的本质、价值和方式、过程的系统认识，由知识观决定的教学方式就是由知识形成方式决定的教学方式。经验主义认为，人是经验的产物，知识是人类经验的总结，感觉是知识的根本来源及其形成的最好方式和评价的最高

---

　　① 钟启泉等主编：《基础教育课程改革纲要（试行）解读》，华东师范大学出版社 2001 年版，第 278 页。

标准，强调通过活动课程实现知识与实践能力等教学目标的统一。唯理主义认为，人是理性的存在，知识是被证实的真的信念，理性是知识的根本来源及其形成的最好方式和评价的最高标准，强调通过学科中心课程、课堂为主的教学和教师的权威、"满堂灌"实现知识与理性能力等教学目标的统一。行为主义认为，人是刺激反应的结果，知识是被证实的信息，强调感觉记忆和技能技巧的训练，反对研究意识，排除意识对教学的作用和教学对发展思维、形成情感、态度、价值观的作用，把人的行为等同于被动的本能反应。知识客观反映论坚信不以人的意志为转移的客观和普遍真理的存在及其对意志的决定作用，强调通过刻苦努力对真实世界、客观规律的反映。主观生成论则相反，强调人的自由选择，人为自然立法。强调知识的主观性、个人性、情景性、体验性。强调人的想象力、创造性对认识世界和建构知识的重要作用。人本主义主张，认识、学习和教学的目标是发挥人的潜能，强调兴趣、情感、态度、价值观等主观性对实现教学目标及其统一的决定作用。认为，"爱始终是激发认识和意愿的催醒女，是精神和理性之母"。"在人是思之在者或意愿之在者之前，他就已是爱之在者。""人只能认识自己所爱，爱，或者激情越强烈越充沛，认识就越深刻越完整。""对象首先出现在爱的过程之中，然后感知才描摹他们，理性随后对他们做出判断。"① 弗洛伊德心理学、行为主义心理学和人本主义心理学则分别从"问题人"、普通人和超常人或人的超常性角度研究人的态度、情感与知识、能力等关系问题。以人本主义为主整合众多哲学理念形成的建构主义，既重视知识的客观性和普遍性，又强调知识的主观性、个人性、情景性、体验性。认为认

---

　　① ［德］马克斯·舍勒著，刘小枫选编：《舍勒选集》，上海三联书店1999年版，第740、750—751、776—777页。

识和知识是主客体相互作用的产物。学习和教学的目标、过程和方式既是又不完全是寻找不以人的意志为转移的客观规律，既是又不完全是寻找人的内心体验和理想追求，而是探求主客观统一、合规律性与合目的性统一的真知，形成价值理性和工具理性统一的具有创新性"真人"的目标的主体间交往的研究性过程和方式。

教学的认识对象、知识性质和技术条件决定了教学方式的客观必然性，人对自己的本质、价值和形成方式的认识决定了教学方式的主观性。由知识的客观刚性、弹性与主观性决定的知识观、教学观和教学实践都是它本来是什么的是什么和应该是什么的是什么统一的是什么，是合规律性与合目的性的统一。虽然人不可能完全是某类知识观、教学观和教学实践的产物，但更像它生成和建构的存在。知识观深刻根植于社会文化之中，其形成和变革是不同思想、不同文化相互碰撞、融合的复杂而漫长过程。影响教学方式的技术的发展过程也是复杂而漫长的，教学方式的形成和变革过程不仅是知识观转化为教学思想、教学方式的复杂而漫长过程，而且是不同教学思想相互碰撞、融合的复杂而漫长过程。严格区别教学方式紧密缠绕的主客观性是相当困难的，但这样做，对认识教学方式形成的根源和建构结构合理的教学方式是十分重要的。

三　实现三维教学目标及其统一的有效教学方式

研究三维教学目标统一首先是确定它们统一的可能程度和范围，然后是研究它们统一的方向和方式。三维教学目标统一是它们的有效结合或融合，不等于也不可能和没必要完全同一；既有知识间的统一，也有知识与精神、知识与能力的统一，还有精神与精神、能力与能力的统一。

首先是形成知识教学有力促进能力发展、能力与能力统一和相互促进的有效教学方式。以知识观为基础形成的各种教学论的不同主张存在很大差异甚至相互矛盾、对立。其实它们只相对于它们各自研究的具体教育实践有充分的合理性，相对整体的教学实践都只具有一定的合理性，但又由于难以评判选择而很容易在整体上形成"怎样都行"的合理性。教学论的主要旨趣是发现人的教学认识的各种可能性，而教学实践和实践教育学则必须协调科学发现的逻辑与教学实践的逻辑，发现众多教学认识论，特别是相互冲突的教学认识论之间的可能联系和在教学实践中整合的最佳效果，据此制定教学行动计划，进行教学实践操作。具体说就是研究在何种情况下、何种范围内和何种程度上人是刺激反应和接受学习的产物，是"发现"、"顿悟"和自由选择的结果，是客观反映、主观生成和合理建构的存在；在何种情况下、何种范围内和何种程度上人需要客观性、普遍性、超验性知识和需要主观性、个人性、情景性、体验性知识；在何种情况下、何种范围内和何种程度上认识及其学习更需要兴趣和更需要努力，据此选择和建构不同层面有机结合、合理结构的教学方式，而不是把知识的某种特征当作全部特征，以偏概全、以某种教学方式排斥、否定和代替其他教学方式。

知识和能力及其形成过程和方式既相互促进和制约，又相对独立。人认识、适应、改造和创新简单事物需要的知识和能力及其过程、方式与形成的知识和能力是简单的。人认识、适应、改造和创新复杂事物需要的知识、能力及其过程、方式是复杂的，形成的能力和知识可能复杂，也可能简单。简单知识转化为简单能力的过程和方式是简单的，复杂知识转化为复杂能力的过程和方式是复杂的。用求知方式求能很可能导致"高分低能"，用求能方式求知很可能使能力失去坚实知识基础。感知与思维，记忆与创新虽然紧密联系，但用具有直接性和具体性的感知过程和方式形成具有间接性和概括性的思维知识和能力，用具有间接性和概括性的思维过程和方式形成具有直接性和具体性的感知知识和能力；用记忆过程和方式形成具有创新性的知识和能力，用创新过程和方式形成记忆的知识和能力的效果不仅不好，甚至无效。知识促进智力发展的方式或者知识向包括智力技能在内的认识能力的转化主要是心理过程，知识促进包括实践技能在内的实践能力发展的方式或知识和认识能力向实践能力的转化则是心理活动和肢体行动的有机统一。认识能力是认识世界形成观念的能力，实践能力是观念支配行动影响世界的能力。知识只有转化成认识能力和实践能力才能成为力量，否则就只是可能的力量，而非现实的力量①。

知识对能力的促进作用并非像实质教育派认为的那样完全是自然而然的，而是自觉的。卢梭的"无知识教学"、第斯多惠的"好教师"标准、杜威的"做中学"、维果斯基的"最近发展区"、赞科夫的"双高"教学、布鲁纳的"发现法"、怀特海的"活知识论"等理论都是对知识教学促进能力发展的有效教学方式的深入研究。官能训练、多元智力等理论也从不同角度研究了这个问题。就连普遍被认为是传统教育思想代表人物的赫尔巴特也认为，教育的首要目的是"平衡的多方面兴趣"和"一切能力的和谐发展"②，并探讨了实现其目标的有效教学方式。前人关于有效教学方式的研究和实践都为实现知识和能力教学目标及其统一积累了不可多得的宝贵经验。

其次是形成知识与知识统一、知识与精神统一、精神与精神统一的有效教学方式。精神的基础是知识，精神的核心是信仰。精神引领知识的形成，知识内涵着精神的方向和方式。知识既可能是一种信念和追求，也可能是一种信息、手段和工具。可分为

---

① 夏甄陶：《知识的力量》，《哲学研究》2000 年第 3 期。

② ［德］赫尔巴特著，李其龙译：《普通教育学·教育学讲授纲要》，浙江教育出版社 2002 年版，第 42、239、408 页。

信仰与理性统一的知识，与信仰和德行无关、与实践理性知识相对应的纯理性的知识，理性服从于、服务于伦理道德和宗教信仰的知识。其形成方式主要是教学。教学形成的知识可能是与精神同一的知识，也可能是精神之外或身外之物的占有性、储存性知识。精神是知情意行的统一，是介乎于科学与神学之间的一种坚定信念。大爱无边，大爱无言。精神形成的方式是修养和培育，是信仰引领、心灵体悟、人格塑造，是使知识融于心灵、信仰和人格，与其融为一体的营养性、本质性知识的教学方式。教的条件简单，结果直接而显见。育则需要复杂条件，结果漫长而隐现。

　　知识与知识、知识与精神、精神与精神的统一充分反映在人文教育与科学教育融合或统一之中。人文教育与科学教育的统一既是人文知识与人文精神、科学知识与科学精神的统一，也是人文知识与科学知识内容的统一，人文精神与科学精神各层面的态度和价值观的统一。精神层面统一的实质是价值理性和工具理性的统一，追求终极目标或最高理想与现实目标、整体利益与切身利益、解决根本问题与具体问题的统一①。内容层面统一的方式有平行影响、互补渗透和异质发掘等。平行影响是指人文社会科学和自然科学两大独立知识体系以平等地位产生的相互影响。互补渗透是指在自然科学专业的教育中进行人文社会科学的教育，在人文社会科学专业的教育中进行自然科学的教育。异质发掘是指在自然科学的教育中挖掘人文社会科学教育之内容和意蕴，在人文社会科学的教育中挖掘自然科学教育之内容和意蕴。自然科学和人文社会教学方式的统一只能通过内容的相互融合、渗透进行，或者在内容的融合和渗透中实现方式的统一，而不是以教学自然科学的方式教学人文社会科学，以教学人文社会科学方式教

---

① 郝文武：《当代人文精神的特征和形成方式》，《教育研究》2006 年第 10 期。

学自然科学。

科学生活成为现当代生活的重要组成部分，科学知识成为现当代课程教学的重要内容。然而学校课程教学尽管与学生的升学、将来的工作、生活有紧密关系，但与学生当下感性亲历的生活及其兴趣则相去甚远，使学习成为被迫无奈的占有身外之物的活动。为解决这个矛盾，当代教学论有一种观点主张教学回归生活世界。回归生活世界的情景和体验性教学通过把抽象的知识与感性亲历的生活实践相结合对增强教学的生活性、兴趣性有积极意义，但以幸福为目的的教学过程未必都幸福和有趣，教学目标也不可能完全在生活世界中实现。学习与劳动一样都必须战胜困难，其快乐和痛苦都是相对的。教学使学生了解和体验知识形成和发现的过程及其快乐和痛苦不仅同样重要，而且是否这样做的方式和效果截然不同。积极的人生态度应该是坦然面对追求幸福过程中的痛苦，为了青少年的健康成长，教学不能只重视结果不重视过程，过分强调快乐和兴趣。

最重要的是形成正确、明确和坚定不移的知识观、教学观和教学实践的价值追求。人掌握的正确知识通过规范和引导人的行为，使人适应世界的态度和方式实现高效率也就提高了人的能力。但以创新方式为主导和以继承方式为主导的人类认识和实践活动、人文追求和科学追求统一与分裂的人类不同精神追求对人类文明的推动作用则明显不同。创造性是人发现、发明和形成新事物的特性，既是人的本质特征，更是人的价值追求，包括创新习惯、创新意识、创新品德、创新精神和创新能力。形成创造性的方式既是现实知识和能力教学目标统一的有效教学方式，也是实现人文追求和科学追求统一的有效教学方式，是实现三维教学目标统一的有效教学方式。

社会需要不同层面的人才，教育具有不同层面的目标，但提高国民创造性，培养创造精神和实践能力是当代社会对教育的强烈要求。当代教育必须以提高学生的创造性为核心目标和价值取向整合各种教学认识论及其教学方式，建构以创新目标和价值追求统领各种教学方式的结构合理的创新型教学方式，即合理性建构教学方式。合理性建构教学方式是统一刺激反应、客观反映、主观生成等教学方式的有效教学方式。它既重视充分发挥人的全面潜能，对世界的客观反映和通过刺激反应对记忆、技能的训练，更强调发挥人的超常潜能，人的想象力、创造性对世界及其认识和知识的合理性建构；既重视理性认识和智力因素的发展，更重视实践的作用和非智力因素的形成，是把创新的价值追求、积极态度与创新的过程和方式、创新的知识、精神和能力形成紧密结合，有利于实现三维教学目标及其统一和形成具有创造性人才的主体间交往的有效教学方式。

第八章　科学与人文教学哲学

　　弘扬人文精神对落实科学发展观和构建和谐社会具有重要意义。关于什么是人文精神，怎样形成人文精神，十几年的讨论形成许多不同观点。它们的重点是从人文与科学相对应的角度而不是从世界观的高度认识人文精神的本质及其与科学精神的区别，是研究普遍和永恒的而不是历史和发展的人文精神。然而，人文精神的核心是人，基础是文，是世界观。它既有普遍性也有时代性。人文精神首先是人本世界观。人对世界的看法不同，对自己的本质和在世界中的地位、价值的看法以及对待自己和世界的态度也不同。是否坚持人本世界观是人文精神与自然主义、宗教精神的根本区别。其次，人文精神也是由人本世界观与不同时代的认识和实践共同决定的以人为终极关怀的社会观、人生观、价值观和道德精神。人文精神与自然主义、宗教精神、人类中心主义、科学主义等社会观、人生观、价值观和道德精神的根本区别不仅在于是否尊重人和关心人，而且在于是否以人为终极关怀，为何关心人，关心什么人，关心人的什么，怎样关心人。再次，人文精神和科学精神虽然具有不同特点，但都是人类普遍认同和追求的主体性精神，它们的和谐发展是人类福祉的源泉和科学发展观的重要内容。研究人文精神与科学精神的特点既是为了分别弘扬这两种主体性精神，也是为了有效统合这两种主体性精神。然而把它们统合在哪里？过去的研究没有回答这个问题。科学发展观则为我们回答这个问题提供了很好思路。科学发展观既是以人为本的世界观，人的全面发展观，经济社会全面、协调、可持续发展观，人与自然和谐发展、人与社会和谐发展、不同个人、人群和地区和谐发展的全面和谐发展观①，也是人文精神与科学精神的和谐发展观，是和谐精神，和合精神②，因此也是统合人文精神和科学精神的最高概念、最高精神和最高智慧。总之，从科学发展观的视野认识人文精神，不仅能站在人本世界观的高度，而且还可以站在和谐社会的高度，和合精神的高度认识人文精神的本质及其与其他精神、理念的区别与联系，是认识人文精神的最好的视阈和角度。

第一节　人文精神的本质

一　人文精神是以人本世界观为核心的自然观、社会观和人生观、道德观

精神是人脑对世界的反映。从与物相区别说，它与意识、认识、思想、观念是同等概念。但从价值分析讲，精神则具有鲜明的价值倾向，是社会普遍认同的意识、认识、思想、观念。社会普遍否定和拒斥的意识、认识、思想、观念只是它本身，或者是杂念，不是精神。

人是世界的一部分，人只能站在世界之中认识世界，而不能站在世界之外认识世界③。人对世界既有具体的认识，也有整体的认识。人对世界的整体系统认识即世界观，既是对人以外的自然世界的认识，也是对自己的认识，是对人与社会、自然关系的

---

① 2003 年 10 月召开的中共十六届三中全会提出的科学发展观的准确表述见"全会"文献。

② 张立文：《和合学概论——21 世纪文化战略的构想》（上卷），首都师范大学出版社 1996 年版，第 18 页。

③ 孙正聿：《怎样理解作为世界观理论的哲学?》，《哲学研究》2001 年第 1 期。

认识；既可能是对自然观、人类观的归纳，也可能它们是演绎的。人文与天文既相对应，又共存于一个世界。人文只有把它放在与天文既相对应又密切联系不可分割的整体世界关系中才能被真正理解。《周易》说，"刚柔交错，天文也。文明以止，人文也。观乎天文以察时变，观乎人文以化成天下"。只是区分了自然世界和人文世界的不同特点，并不说明它们相互分离甚至相互排斥。

人对世界的看法最终要落脚到对人的定位上，对人的本质和价值的看法上，落脚到人生观上，都要提问和回答人是什么，人从哪里来，人到哪里去，或者我为何活着、为谁活着、怎样活着的人生观问题。人对世界的看法不同则对自己的看法也不同，反之亦然。人生观是关于人生的根本看法和态度。尽管并不是所有的人都认真思考过人的世界观和人生观问题，但所有的人总是在一定的世界观和人生观支配下活着的。人文精神是以人本世界观为核心的自然观、社会观和人生观、道德观。

人文精神以人为本至少有相互联系不可分割的两层含义，一是以人为目的，二是以人为本原。人只有以人为本原才能以人为目的，只有以人为目的才能以人为本原。自然世界的本原是物质，人是人类社会的本原。自然是自然而然存在之物，是人赖以存在的不可缺少的最基本条件，并非人的创造，没有自然就没有人类。自然自然而然地生长出自然之物，包括人的思维和实践机能，但自然不能自然而然地生长出人的精神和人的本质。人的本质是人自己的创造，是人在实践中形成的。人的实践既创造了物质文明和精神文明，也创造了自己，人是实践的人，实践是人的实践。因此，人必须尊重自己，关心自己，以自己为终极关怀。把人与自然看作浑然一体、不分你我的"天人合一"思想不是人文精神，而是自然主义。把人看作与自然对立、不受约束、可以肆意掠夺自然的思想不是人文精神，而是人类中心主义。人文精神既是以人为本原，以人为目的的精神，又是人与自然和谐相处的精神。"天行健，君子以自强不息"，"地势坤，君子以厚德载物"，是人文精神，也是科学发展观。

现代人本思想不同于古代民本思想。现代人本之"人"是人民之"人"、自本之"人"、主体之"人"、本体之"人"、发展之"人"，古代民本之"民"是臣民之"民"、神本之"民"、客体之"民"、工具之"民"、生存之"民"[①]。

人文精神的本质不仅在于尊重人和关心人，而且在于是否以人为本，以人为终极关怀，为何关心人，关心什么人，关心人的什么，怎样关心人。儒学和神学也关心人，但神学更关心神而不是人，不仅不是人文精神，而且是它的反面。儒学虽然具有浓厚的人文情怀和明显的人文精神特征，但它更关心天而不是人，因此也不是全面的人文精神。儒学主张舍生取义、杀身成仁的精神，神学提倡关爱生命、普度众生的精神与社会主义提倡的大公无私、公而忘私、为绝大多数人谋福利的精神的总体追求十分相似，但由于依据的世界观不同，因此社会观、人生观、价值观、道德精神及其实现目标的形式、途径和结果也很不相同。儒学认为，人是自然的造化。天人合一，皇权天授。天道神圣，不可违背。生命神圣，不可昧视。"君君臣臣，父父子子"、生死富贵都是天意。关心人的目的是关心天，是替天行道。替天行道是人的使命和归宿。神学认为，人是神的创造，神是人的皈依。神权神圣，不可违背。生命神圣，不可昧视。关心人的目的是关心神，乐善好施既是皈依上帝，也是践行人生使命。古希腊人本哲学主张以人为本，认为人是万物之精灵，万物之主体，万物之尺度，所以，人不仅应该尊重自己，关心自己，而且应该以自己为

---

① 董根洪：《论现代民本思维与古代民本思维的区别》，《学术交流》2004年第11期。《新华文摘》2005年第6期转载。

终极关怀。近代文艺复兴不仅使古代人本精神得以复兴而且得到进一步发展，形成影响持久广泛的人本主义和人文精神。而笛卡尔的"我思故我在"哲学、康德的"人为自然立法"哲学和黑格尔的"头足颠倒"的哲学一方面使人的主体性得到充分发挥，另一方面也使人文精神走向极端，走向人类中心主义，成为自然生态恶化的重要原因。

人无论从何而来或去何处，都有异于动物。但人有思维，有理智，有感情，有思想，能实践只说明人与物的根本区别，并未回答人与人的根本区别，人应该具有的精神和不应该具有的杂念的根本界限，更未回答人文精神、科学精神与科学主义、自然主义、宗教精神等的根本区别。人文精神、科学精神和科学主义、自然主义、宗教精神都是人认识和实践的结果，都是人区别于物和人之所以为人的根本标志，并非只有人文精神才是如此。① 人文精神的实质是人如何思想和实践，思想什么和实践什么的问题，是不同思想和实践区别的问题，而不是人有无思想和实践的问题，或者人区别于物的问题。

二　人文精神是以人的整体、全面、长远和根本利益为终极关怀的价值追求

正确理解人既是正确理解人文精神和科学发展观的关键，也是构建和谐世界与和谐社会的关键。因为，人文精神和科学发展观的核心都是人，和谐社会中的人和全面发展的人。由于社会发展和认识的局限，人文精神对于关心什么人和关心人的什么，不同时代有不同的目标和理想追求。人文精神中的人不仅是共同的、普遍的和抽象的人，更是具有时代特点、鲜明个性、有血有

---

① 李申：《为科学辩护　为人文正名》，侯样祥主编：《我的人文观》，江苏人民出版社 2001 年版，第 43—65 页。

肉活生生的具体的人。任何时代的人文精神都是时代要求的人文精神，是时代精神的反映，是人的本性、本质力量与时代精神的高度统一。当代的人文精神是共利精神，当代社会弘扬共利精神就是弘扬人文精神。人是一切社会关系的总和，只有从人与物、人与神、人与社会、人与他人包括前人与后人等几个层面的关系和含义来理解人，才能真正理解人。

其一，人既具有物性，也具有神性，人文精神关心的是神性和物性统一的人。人的基本存在是作为自然物的肉体存在，即使是那些"灵魂不死的人"，首先还是有了肉体，然后才有精神，才有肉体死亡而精神不死。但人不是物，不仅有本能，而且有尊严、有思想、有情感、有理想、有追求、有道德、能创造。以存天理、灭人欲和大公无私、普度众生原则来规范人的行为是把人当作神，关心的只是那些愿意和能够成为圣人、进入"天堂"的人。儒学认为，"君子喻于义，小人喻于利。"因此，求"义"者也就成为关心的对象，追"利"者则不仅是无需关心之人，甚至是社会鄙视之人。以适者生存，优胜劣汰自然法则规范人的行为是把人当作物，关心的只是那些所谓优秀民族、优等人种之人，劣等民族、劣等人种是被淘汰而不是关心的对象。只有人文精神才提倡关心神性和物性统一的整体的人。

其二，人文精神关心的人是大多数人甚至每一个人，而不是某一些人或者极少数人。人文精神中的"人"既包括作为人类、社会、国家、民族、集体等整体形式存在的人，也包括相对于人类、社会、国家、民族、集体的个人。世界上不存在不关心人的人，也不存在不关心人的社会和国家。大公无私之人和自私自利之人的根本区别不在于是否关心人，而在于为何关心人，关心什么人，关心人的什么，怎样关心人。前者是只关心他人不关心自己的人，后者则是只关心自己而不关心他人的人。社会和国家先进与落后的重要区别也不在于是否关心人，而在于为何关心人，关心什么人，关心人的什么，怎样关心人。前者只关心少数人或者某些人，后者则关心大多数人或者所有的人。

其三，人文精神关心的不只是现实的人，也是未来的人。人文精神中的"人"的第三层含义是，现实中的人既相对于先人或前人的人，又相对于后人的人。每个人的生命都是有限的，但人类的生命是无限的。每个人都是历史整体中的人，既是现实的人，也是历史的人和未来的人。没有历史就没有现实，没有未来也没有现实。历史是现实的推动力，未来是现实的拉动力。人类的美好理想只有通过一代代人的共同努力才能实现。光宗耀祖是对历史负责，数典忘祖是对历史背叛。逝者已矣，来者可追。人文精神不仅关心现实的人，也关心未来的人。联合国教科文组织总干事马约尔说得好，我们给子孙后代留下什么样的世界的关键在于我们给世界留下什么样的子孙后代①。

其四，人文精神是共利精神，不仅仅是功利、公利和双赢精神。共利精神是公益精神，是尽量尊重每一个人的生存权利，实现每一个人的价值，挖掘、发挥每一个人的潜能，使每一个人过上文明幸福生活的精神。人的一切活动追求的目的都是为了人过上文明幸福、自由美好的生活，因此说人的一切活动都是具有功利性的，而不是超功利的，所谓"超功利"真正要超越的是个人的功利而非国家、民族和人类的功利；是现实的、短暂的功利，而非长远的功利；是蝇头小利，而非大功大利。共利包括功利和公利，但又不等于功利和公利。功利只强调利益或谋利，没有表明为谁谋利，如何谋利；共利则对为谁谋利和如何谋利有明确的逻辑内涵和价值趋向，是对为何关心人，关心什么人，关心人的什么，怎样关心人的高度和简明概括。公利强调利他、共同利益，公而忘私，大公无私，共利则既提倡利他和共同利益，大

---

① 阎立钦：《实施创新教育　培养创新人才》，《教育研究》1999 年第 6 期。

公无私，无私奉献，又尊重个人正当利益或私利，而不是只讲公利，忽视甚至仇视个人利益；既重视人的经济利益和物质享受，也重视人的精神发展和享受，重视人的德智体美等层面的全面发展。共利包括互利和双赢，但又不等同互利和双赢，不能给社会和他人带来利益的个人和群体，社会也应该充分关注他们的生存和发展的权利和利益。当代人文精神强调的共利精神实际上是人类普遍追求的"仁爱"精神，"大同"精神，"天下为公"精神与具有时代特征的"全心全意为人民服务"的精神或"为大多数人谋利益"的精神的有机结合和高度统一，是共同富裕、共同发展的精神，是使大多数人过上文明幸福生活的精神。这也是科学发展观与和谐社会的核心和根本。

三　人文精神是价值理性精神

人文精神和科学精神都是人类本质的体现，都是人类普遍追求的主体性精神。人文精神和科学精神区别的实质是价值理性和工具理性的区别。

第二节　人文精神和科学精神

人文精神和科学精神的目标和功能有不同特点，但它们都是人类普遍追求的主体性精神，它们的统一和谐发展是形成和落实科学发展观的基本条件。而科学发展观又是统合人文精神和科学精神的最高概念、最高精神和最高智慧。人文精神和科学精神区别的实质是价值理性和工具理性的区别。

一　人文精神和科学精神都是人类本质的体现，都是人类普遍追求的主体性精神

人文精神不仅是关于人的精神，也是关于人与自然、社会、他人和谐关系的精神，是一种整体的发展观，是以人为本世界观

为核心的社会观、人生观、价值观和道德精神，是人在认识和处理与自然、社会、他人和科学等的关系中的以人为本，即以人的整体、全面、长远和根本利益为最高价值和终极关怀的态度、追求。它首先是对人在世界中的地位、价值的肯定，是把人看做为人类世界之本原和社会活动之目的的世界观，然后是以仁爱精神认识和对待自然世界、人类社会和个人的社会观、人生观、价值观和道德精神。人文精神是整个人类文化的基础，是整个人类文化的内在灵魂或者所体现的最根本和最普遍的精神。"它是以追求真、善、美等崇高的价值理想为核心，以人的自由和全面发展为终极目的"的精神[①]。一个人是否具有人文精神关键不在于从事什么职业，认识、研究和实践什么对象，而在于是否以人为本，以人为终极关怀，是否具有整体地看待世界和社会的态度，追求人的整体、全面、长远和根本利益的实践。科学精神和人文精神的区别也不在思维对象和内容而在于追求目标和思维方式。自然科学研究的对象是自然，但科学家们不仅应该弘扬科学精神，而且也应该和完全可以弘扬人文精神，以人文精神的观点，从哲学的高度和人与自然、社会、他人的整体关系认识和对待世界、社会和个人的发展，成为具有人文精神的科学家[②]。哲学人文社会科学的对象是人及其活动，从事哲学人文社会科学研究的知识分子不仅应该具有人文精神，而且也应该和完全能够具有求实创新的科学精神，成为具有科学精神的哲学人文社会科学大师。不具有人文精神或者人文情怀的人，"哪怕是知识再渊博，也不能算作合格的知识分子"[③]。人文精神和科学精神也可能在

①　孟建伟：《科学精神与人文精神》，侯样祥主编：《我的人文观》，江苏人民出版社 2001 年版，第 105—132 页。
②　孙正聿：《哲学通论》，辽宁人民出版社 1998 年版，第 148—149、174 页。
③　孟建伟：《科学精神与人文精神》，侯样祥主编：《我的人文观》，江苏人民出版社 2001 年版，第 105—132 页。

近乎文盲的农民身上、文化水平不高的办事员的工作中和一个家庭妇女的生活中得到充分体现。把人文精神看作人文学科或人文文化的基础，是从各门"人文学科"中抽取出来的"人文领域"的共同问题和核心方面，即对人生意义的追求，是人文知识分子应有的一种情怀；或者把人文精神看作人文学科和人文文化中的某一门特定学科的文化基础，将文学精神等同于文人精神[①]；以职业特点、工作性质、活动对象和教育程度、知识水平划界来衡量谁具有人文精神，本身就是误解人的本质、蔑视人的尊严、轻视人的人文价值的非人文精神的一种表现。

二　人文精神只问善恶，不计利害，科学精神只问是非，不计利害[②]

追求真善美是科学精神和人文精神的共同目标，但人文精神追求的真善美又不同于科学精神追求的真善美。人文精神和科学精神的区别实质上是价值理性和工具理性的区别。理性是人类最高智慧，人类判断是非、善恶的根本标准和解决问题的根本思维方式。马克斯·韦伯把理性分为价值理性和工具理性，或价值合理性、信念伦理和工具合理性、责任伦理。价值合理性行动是对存在应该是什么的认识，立足于信念、理想的合理性，只对良心负责，为了实现理想不惜一切代价，将后果与责任归咎于难以改变的客观条件、命运的安排或者邪恶势力的阻碍。工具合理性行动是对存在是什么的认识，基于目的合理性，只对后果负责，以完全可以预计和计算的方式追求目的、手段、条件和结果的相一致，不打无准备之仗。价值合理性和工具合理性常常处于相互交

---

　　① 孟建伟：《科学精神与人文精神》，侯样祥主编：《我的人文观》，江苏人民出版社 2001 年版，第 105—132 页。

　　② 吴国盛：《科学与人文》，《中国社会科学》2001 年第 4 期。侯样祥主编：《我的人文观》，江苏人民出版社 2001 年版，第 66—93 页。

错甚至二律背反、二难选择的矛盾之中。但二者也非绝对对立，是互为前提共存于同一事物之中的事物属性的不同方面。一个具有真正自由人格的人，能以价值合理性为动力，以工具合理性为准则，将价值合理性、信念伦理和工具合理性、责任伦理互补交融地结合或统一起来①。"富贵不能淫，威武不能屈，贫富不能移"，"大丈夫杀身成仁，舍生取义"，"先天下之忧而忧，后天下之乐而乐"，"横眉冷对千夫指，俯首甘为孺子牛"都是人文精神的简明概括。价值理性和人文精神之"是"是应然之"是"，工具理性和科学精神之"是"是实然之"是"。工具理性和科学精神之"真"是客观反映之真，价值理性和人文精神之"真"既是客观反映之真也是心灵、意愿之真实和真诚。工具理性和科学精神之"理"是客观反映之理，人文精神之"理"不仅是客观反映之理，而且是主观追求之理。科学精神或者不讲善，或者只讲当下之善和局部之善，"对"之善，正当之善，工具理性之善。价值理性和人文精神之善则是"义"之善、正义之善，不惜一切代价追求人类整体、全面、长远和根本利益的价值理性之善，终极关怀之善。科学精神"只问是非，不计利害"，人文精神则"只问善恶，不计利害"。人文精神和科学精神和谐统一是客观反映和主观追求、当下发展与长远发展的和谐统一，也是美好理想和完美实践的和谐统一，真善美的和谐统一。

三　人文精神是哲学精神，是整体的精神，是公平、公正、正义精神，科学精神是具体的求实创新精神

每一个人的发展和幸福是社会公平、公正、正义的本质，社会进步的重要标志。公平是效益与平等的统一，没有效益的平等

---

① 苏国勋：《理性化及其限制——韦伯思想引论》，上海人民出版社1988年版，第73—98页。

是贫困的平等，没有平等的效益是两极分化的效益。平等未必公平，不平等未必不公平。综合国力的增强不等于每个人的富裕，社会的整体进步也不等于每个人都得到很好的发展，一个国家的发展可能是持续不断的，也可能是短暂的甚至是以损害未来长远的发展为代价的。公平如同正义一样，是人类文明和社会进步追求的首要价值、最高理想和永恒目标，不能兼顾①。社会实现公平正义必须有理念和制度的保证，个人追求公平、公正、正义必须有民主和自由的精神和能力。民主、自由、求实、创新、效率不只是科学精神的追求，也是人文精神的追求，但它们追求的目标则有明显区别。科学精神坚持的民主、自由、求实、创新、效率虽然是局部、近期、当下和基本的，人文精神追求的是以人类整体、全面、长远和根本利益为最高价值和终极关怀的民主、自由、求实、创新、效率。但整体和局部、近期和长期、当下和终极、基本和最高都是相互联系不可分割的，没有局部、近期、当下和基本，就没有整体、长远、终极和最高，因此，科学精神同人文精神一样是人类文明、社会进步、国家富强不可缺少的基本精神。

科学有许多含义，广义的科学精神是科学发展观体现的和谐精神。狭义的科学精神则是与人文精神相对应的具体的求实创新精神。科学发展观既是以人为本的世界观，人的全面发展观，社会经济全面、协调、可持续发展观，人与自然和谐发展、人与社会和谐发展、不同个人、人群和地区和谐发展的全面和谐发展观，也是人文精神与科学精神的和谐发展观，是和谐精神，和合精神，因此也是统合人文精神和科学精神的最高概念、最高精神和最高智慧。所谓人文精神中包含科学精神不仅是指人文精神中包含以前人们一直认为只有科学精神所具

---

① ［美］约翰·罗尔斯著，何怀宏等译：《正义论》，中国社会科学出版社1989年版，第1页。

有，其实是人文精神和科学精神共同追求的、作为它们各自重要组成部分的民主、自由、求实、创新、效率精神，而且是指人文精神中也包含科学发展观体现的广义的科学精神。科学精神中包含着人文精神而且也包含科学发展观体现的广义科学精神中的人文精神。科学不仅越来越被用来指称"个别学问"①，而且所有科学都是从经验出发，但它们都必须通过科学精神回过头来与其产生的意识条件和意识脉络或者"我们的本性所具有的总体性"联系起来，并从"总体性"中推导出其有效性②。然而，"哲学仍然只是站在一边，哲学永远是单边主义的哲学"。"智慧的对立面不是假，而是偏见。同样，在智慧中，如果具有吻合作用的'中'相当于真理，那么偏见的重要性就是相当于哲学中的错误。"③

科学发展观既是整体的认识和实践观，又是具体与整体、局部与全面、现实和远景和谐发展的认识和实践观。人文精神的核心是哲学精神。哲学是整体科学，哲学认识是整体认识，哲学精神是整体精神。与哲学人文科学相区别的科学是经验科学，经验科学认识是具体的认识，经验科学精神也是具体的精神。科学是人类福祉的源泉，哲学是人类福祉的指南。世界和谐与分裂、人类幸福与不幸、社会文明与野蛮、民族强盛与贫弱、国家稳定与狂躁、动荡的根本原因在于是否发展科技和如何发展科技，而不在科技是否发展④。没有科学国家就不可能富强，哲学或形而

① ［德］恩斯特·卡西尔著，关之尹译：《人文科学的逻辑》，"译者序"，上海译文出版社 2004 年版，第 11 页。

② ［德］威廉·狄尔泰著，童奇志等译：《精神科学引论》，中国城市出版社 2001 年版，第 5 页。

③ ［法］F. 于连著，闫素伟译：《圣人无意——或哲学的他者》，商务印书馆 2004 年版，第 102—105 页。

④ 李申：《科学精神：如何求实　怎样创新》，王大衍、于光远主编：《论科学精神》，中央编译出版社 2001 年版，第 155—170 页。

上学就没有对世界和社会整体认识的具体材料，人文精神所追求的最高价值、终极关怀、远大目标和理想就缺乏智力和技术支持，很可能成为空洞的幻想、梦想。没有哲学人类就不能整体的认识世界和社会，构建和谐世界与和谐社会的理想目标，社会就不能实现平等、公正、公平、正义。无知是人类发展的一种严重不幸，但只重视科学发展不重视人文建构的科学主义或者唯科学论，已经、正在和可能给人类带来另一种严重不幸。

四　共利既是人类的最高价值、终极关怀、永恒理想、长远目标和不懈追求，也是现实的人可能实现的近期目标和理想

自由、平等和博爱，仁爱、爱人和大同，真知、善良和美满，科学、民主和公正、公平、正义都是相对的和发展的，都是在历史过程中逐步实现的。同人类追求人的全面发展的永恒理想一样，古人的理想现代人基本实现，现代人追求的比古代人更高的理想只能由未来的人实现。人的全面发展的理想的实现是无止境的，人类共同追求的自由、平等和博爱，仁爱、爱人和大同，真知、善良和美满，科学、民主和公正、公平、正义的理想也是无止境的。人类的文明进步，民族的繁荣昌盛，国家的富裕强大，个人的幸福美满就是在这永无止境的追求过程中发展的。

第三节　人文精神教育方式

人文精神和科学精神在追求目标、具体内容和思维、实践方式等层面的区别及其时代和民族特点决定了它们在形成方式上的区别及其时代和民族特点。强势平衡、信仰先行、正面引导是人文精神形成的根本方式。

一　大力弘扬人文精神和科学精神，使人文精神由弱势文化变强势文化，使科学精神和人文精神两种强势文化平衡发展，并以人文精神引领科学精神和科学的发展

文明进步是人类社会的共同理想。但不同社会追求文明进步的精神特征及其思维、行为方式又有很大不同。古代社会"人定胜天"和"人是万物的尺度"等激进的自由精神和"天人合一"、"人法自然"等保守的自律精神针锋相对同时并存。近代社会自由精神向科学自由和人文自由两个方向突飞猛进的发展。人文自由的突飞猛进发展的结果形成了笛卡尔的"我思故我在"、康德的"人为自然立法"和黑格尔的"头足颠倒"的哲学，科学自由的突飞猛进发展促进了科学技术的突飞猛进的发展，不仅如此，人文自由和科学自由相互支持和验证，使人类自由、人的主体性表现最终都落脚到科学技术的发展上，以科学技术的发展来证实人类自由的可能性和重要性。无论是科学自由还是人文自由都只认识到人类目的性对必然性的选择，而没有认识到规律必然性对人类目的性和规律选择性的制约和人类自由的底线——自律的必要性，都没有充分考虑人类的整体、全面、长远和根本利益，都不断强化了科学精神而弱化了人文精神。科技强势文化，虽然不等于科技至上文化、唯科技文化或者科学主义文化，但如果它不能与人文强势文化结合，相反单项持续强化，实际上也就等于把科学强势文化变成了科技至上文化、唯科技文化或者科学主义文化。弘扬人文精神和科学精神的目的是为了加强被弱化了的某一方面，使两种强势文化平衡和谐发展，而不是弱化甚至否定、排斥另一方面。落实科学发展观，构建和谐社会必须重视弘扬人文精神，把人文精神变成强势文化。

二　人文精神的形成问题从根本上说是信仰问题，形成人文精神首先是形成先进信仰，然后是以先进信仰引领知识、能力和道德的形成

知识及其教育不等于能力、品德和精神及其教育。没有知识难以形成能力、品德和精神，有了知识未必就能形成能力、品德和精神。是非与善恶的关系类似知识与品德的关系，是非问题主要是认知问题，善恶问题不仅是认知问题，更重要的是认识和实践或行动问题。在认知过程中情感、意志、习惯等非智力因素是认知的动力，而不是认知本身，不能影响认知本身及其结果。而在认识过程中情感、意志等非智力因素与感觉、知觉、思维、想象、习惯等智力因素的作用同等重要，不仅是认识的动力，而且也影响认识本身及其结果。知性或者知化德育只是辨别是非、善恶的德育，而不是扬善弃恶的德育。人文教育需要知识及其教育，但最高目的是形成人文精神，而不是掌握人文知识和技能。精神的核心是信仰，人文信仰不是宗教信仰，核心是哲学精神，是介乎于科学与神学之间的一种坚定信念，对最高价值、永恒理想、终极关怀、至真至善的不懈追求①。信仰不同于科学。科学知识是文，是客观性和必然性的探索和叙述。信仰则是心，是情。人文信仰是爱心，善心，良心，恻隐之心，慈悲之心；是激情，同情，友情，祖国之情，人民之情。人文科学与语言不相容，产生在语言消失之处。②科学智慧是发现存在物和发明不存在物的智慧。信仰智慧是把现实追求自然而然巧妙引向对美好理想追求的智慧。追求就是前进，就要开辟道路，遵守规律和道德。道即规律，事物发展的客观必然性。道既有不可避免、逆转

---

① 张志伟等主编：《西方哲学智慧》，中国人民大学出版社 2000 年版，第 4—5 页。

② ［法］米歇尔·福柯著，莫伟民译：《词与物——人文科学考古学》，"译者引语"，上海三联书店 2002 年版，第 8 页。

和超越性等刚性，也有时代性、社会性、选择性和弹性。路即人类发展的目的和途径。德即主体遵循客观规律和行为规范的品质。"道路"是规律与目的、途径的统一，"道德"是规律和规范的统一。它们都是客观必然性和主观选择性，合规律性与合目的性的统一。信仰既是真理，也是真情；可能是理性的，也可能是非理性的，是理性与非理性的统一。由于我相信，所以我才能够理解，愿意追求，不懈追求，拼死追求。我何以相信？既有知识的引导，也有情景的感染，体验的感悟，实事的强化，更有良心的发现或者神灵的启示。智育的基础是情、意，核心是知识和能力。德育的基础是知识和能力，核心则是信仰、情、意和行。人对人文知识的"神入"和深入是一致的，只有"神入"理解、体验才能深入理解、把握，使人文知识转化为人文精神，不"神入"就不可能深入①，人文知识就不能转化为人文精神。

　　不仅人文中的"文"具有价值含量，就是自然科学中的"文"也具有重要价值倾向。科学无国界、"价值中立"主要是指科学研究的对象及其方法和成果不受世界观、价值观、道德观的影响，科学创新的成果并无伦理意义②，而不是说科学家是价值中立和无国界的。科学越是走向发展和应用，就越是离不开人文导向。"正像关于人的科学将包括自然科学一样，自然科学往后也将包括关于人的科学，这将是一门科学。"③ "文以载道"、"路先定文"是客观的，"以文载道"、"以路定文"则具有明显主观性。人文精神及其"文"的表现和表现的"文"也是客观与主观的统一。人文精神形成和教育的方式不同于人文知识形成

---

　　① ［德］马克斯·韦伯著，韩水法等译：《社会科学方法论》，"汉译本序"，中央编译出版社2002年版，第11页。

　　② ［苏］ п.А.拉契科夫著，韩秉成等译：《科学学》，科学出版社1984年版，第276、270页。

　　③ 《马克思恩格斯全集》第2卷，人民出版社1957年版，第128页。

和教育的方式，不在于知识的类型和层次，而在于心灵的体悟、信仰的引领、人格的塑造。莎士比亚的小说不是科学，伊索寓言不是科学，神话故事《西游记》也不是科学，既不是自然科学，也不是社会科学，但它们对信仰形成所起的作用远超过科学。

从知识的性质和形成方式说，自然科学知识主要反映人对自然世界的认识，任务是揭示自然规律。社会科学知识主要反映人对人类社会发展的认识，任务是研究人的需要和目标及其满足需要、实现目标的道路、方式和规律。哲学人文科学知识主要反映人对人文世界的认识，人的本质，人在世界中的地位、价值的认识，任务是研究人生的意义。人文科学产生于数学、物理学等演绎科学、语言学、生物学和经济学等经验科学、哲学反思科学空隙中，核心是对"第三世界"的思考[①]，是对"大写"的历史的研究，既要克服拟人主义和人本主义，又要克服越来越明显的非人化[②]。自然科学是研究自然是什么，是怎么样和为什么的知识。社会科学是关于人类是什么、是怎么样和为什么的知识。哲学人文科学是关于人的精神世界的知识，即关于人的教养与文化、智慧和德性、审美力与理解力、批判力与反思力等方面的知识，是从总体上把握对人、人性和人生的关怀和探索；把握人类的价值、理想和追求；把握人的真善美的统一；对人的全面的自我发展给予充分的引导与教育。因此，决定了它们形成方式的不同。

自然科学知识与人文社会科学知识在性质和形成方式上的不同，说明加强人文教育和科学教育、人文研究和科学研究融合、形成具有人文精神的科学精神和具有科学精神的人文精神

---

① ［英］卡尔·波普尔著，舒炜光等译：《客观知识》，上海译文出版社2001年版，第172页。

② ［德］恩斯特·卡西尔著，关之尹译：《人文科学的逻辑》，上海译文出版社2004年版，第452—487、123页；译者序，第11页。

的必要性①，但人文教育与科学教育、人文研究和科学研究的
融合不等于人文精神和科学精神的融合。知识、科学和学科的
融合、综合与分化是相对的、辩证的，重视知识、科学和学科
的融合、综合还是分化都要根据国家、民族知识、科学和学科
发展的状况决定，没有永远不变的规律。人对世界的认识一方
面是追求其深刻性，另一方面是追求其全面性。深刻有助于全
面但未必全面，全面有助于深刻但未必深刻。深刻必须分化，
全面必须综合。真正的全面性和综合性是具有深刻性的全面性
和综合性，真正的深刻性是具有全面性和综合性的深刻性。欠
深刻的综合不是真正的综合，而是"拼盘"。欠全面的深刻不
是真正的深刻，而是片面。人文教育与科学教育、人文研究和
科学研究无论是知识还是精神的融合都应该既是全面的，又是
深刻的，是具有深刻性的全面和综合与具有全面性和综合性的
深刻。

三　追求美好，积极向善是人的本质，形成人文精神必须加强正面教育，强化积极因素，消除消极因素，化消极因素为积极因素

　　人文精神的形成既具有理想性，来自于对理想的追求，也具
有情景性，来自于对现实的感悟。人文精神的形成既需要科学理
论的说明和引导，更需要良好的经济制度、政治制度、文化制度
等多方面社会实践活动的鼓励和规范；既需要"伦理先知"的
教育引导，更需要"楷模先知"的教育引导②。每个人都希望未
来更加美好，但对美好未来或者理想的追求，既可能来自使美好

---

　　① 余谋昌：《科学精神与人文精神》，王大衍、于光远主编：《论科学精神》，
中央编译出版社 2001 年版，第 273—295 页。
　　② 苏国勋：《理性化及其限制——韦伯思想引论》，上海人民出版社 1988 年
版，第 63—64 页。

现实在未来更加美好的创造希望，也可能来自对现实的不满甚至反叛，来自改变不利现实处境的强烈要求；既可以形成积极或者消极的"入世"人生态度，也可以形成消极的"出世"人生态度①。因此，普遍提高公民科学文化素质和自主自强能力；不断鼓励、引导和强化自强不息、积极向上的人生态度；积极改善处境不利人群的教育和生存状况，消除巨大贫富差距；严厉整治腐败、打击犯罪；把具有说服力的理论和具有说服力的实践相结合是形成和弘扬人文精神的实际有效措施。

四　人文精神既具有人类普遍性，也具有社会性和民族性

弘扬人文精神必须把人类正义和民族富强紧密结合，把国际竞争和国际合作紧密结合，在坚持独立自主和国际正义原则下实现国家和平崛起的伟大目标。人文精神的人类普遍性即人类社会普遍的正义性。人文精神的民族性具有复杂的多样性，民族精神、国家精神与人文精神可能是相关或一致的，也可能是完全相悖的。虽然其目标都是民族的振兴、国家的富强，但对世界甚至民族、国家经济社会的民主、自由、平等、公平、正义、公正的影响作用和效果则是很不相同的。在复杂的国际环境中弘扬人文精神应该把国家民族的整体、长远、根本利益与人类的整体、长远、根本利益紧密结合，把国际竞争和国际合作紧密结合，在坚持独立自主和国际正义原则下积极创造国际政治经济新秩序，实现国家和平崛起的伟大目标，甚至在与"与狼共舞"的国际环境中发展，也应坚守人类正义原则和目标，不能把国际社会变成狼狈为奸、弱肉强食的"动物世界"，把自己变成"豺狼"或者"猴王"，尤其是被列强瓜分的"美味佳肴"。

---

① 苏国勋：《理性化及其限制——韦伯思想引论》，上海人民出版社 1988 年版，第 65—69 页。

第九章　课程改革哲学

第一节　课程改革的社会文化基础

通俗地说，改革是把事物中旧的不合理的部分改成新的、能适应客观情况的过程，简言之，改革就是除旧布新。课程改革，也就是将课程中陈旧的不合理的部分改变为新的能适应社会、文化、儿童以及教育客观情况的特殊过程。[①]

一　社会变革是课程改革的现实基础

课程改革是在不断变化的社会背景下进行的。对不断变化的社会背景的认识是课程改革研究的立足点，课程改革研究的课题和方向必须把握住时代精神。正如叶澜在新基础教育研究结题报告中所说的，"人类教育发展的历史深刻表明，一个急剧变革的社会，必然要求教育作出及时相应的变革，这不以人的意志为转移。我们只有自觉认识时代的要求并积极行动，才能与时代共同前进。于是，对时代精神的把握及对当代中国教育改革深化的思考，成了我们理论研究中首先提出，并具有统观全局意义的第一个大问题"[②]。

当前中国社会正处于复杂的转型时期，这种社会转型主要表

[①]　廖哲勋、田慧生主编：《课程新论》，教育科学出版社2003年版，第480页。
[②]　叶澜编著：《新基础教育探索性研究报告集》，上海三联书店1999年版，第26页。

现为：从农业社会转向工业社会；从工业社会转向信息社会；从匮乏型社会转向发展型社会；从计划经济社会转向市场经济社会①。据世界银行的《世界发展报告》（1997 年和 1998 年），20世纪 90 年代的中国，仍然是一个农业文明国家，工业化程度不高，要达到工业文明还有相当长的路要走，而迈向信息社会更是漫漫长途②。这种传统的农业社会、工业社会和信息社会多种生活方式同时并存的状况，就使得社会的价值呈现出时代交错的特征。传统农业社会重权威、重血缘、地缘关系和重家庭的价值需求，工业社会强调个人的主体性及对民族国家的认同的价值需求，以及信息社会或后现代社会强调个人的安全、舒适、情感满足和幸福等的价值需求在当代中国社会同时并存，这使得当前中国的课程改革面临着复杂的文化价值冲突和选择。这对以民族国家为根基的现代课程构成了极大的冲击。

根据"当代中国社会结构变迁研究"课题组的调查表明，随着中国社会从计划经济向市场经济的转型，当代中国的社会阶层已经发生了深刻的变化。课题组根据组织资源、经济资源和文化资源的占有状况，把中国目前的社会阶层划分为：国家与社会管理阶层、经理人员阶层、私营企业主阶层、专业技术人员阶层、办事人员阶层、个体工商户阶层、商业服务员工阶层、产业工人阶层、农业劳动者阶层以及城乡无业、失业、半失业者阶层十大阶层，并且这种阶层结构的分化存在两头大中间小的不合理的现状③。这说明，中国社会的利益主体已呈明显分化的事实，并且，随着中国加入世界贸易组织带来的产业结构和社会分工的

---

① 邴正：《当代中国文化发展的六大趋势》，《光明日报》1997 年 1 月 8 日。

② 何传启：《第二次现代化——人类文明进程的启示》，高等教育出版社 1999 年版，第 402 页。

③ 陆学艺主编：《当代中国社会阶层研究报告》，社会科学文献出版社 2002 年版，第 8—9 页。

变化，中国社会的利益群体和社会阶层的分化将进一步加剧，发展将会具有极大的不平衡性。新的利益群体的形成产生了特定的文化需求，需要有权力参与对社会政治资源、文化资源的分配，因此，课程改革作为课程权力和课程资源的分配与调整活动需要考虑到这种变化，课程改革的政策和决策必须要照顾到不同社会阶层的多样化和务实化的价值、利益需求，并使这种需要合理化。具体来说，就是在课程改革政策、决策的过程中要考虑谁的利益和何种利益得到了反映，谁的利益和何种利益被忽视。在此基础上，对社会各阶层的利益作出协调，以利于充分调动社会参与课程改革的积极性。

社会生活的变化是课程改革的动力，也是课程设置与设计的重要来源。因而，探讨如何将社会生活的变化和人们观念的变化反映到课程中来，是课程研究的重要内容。课程并不简单追随社会的发展，而是将社会发展变化的内容转化为它能够吸纳的形式，或根据社会发展要求对自己的形式做适当的调整。课程可能反映什么样的变化，吸纳什么样的内容，这并不是由社会发展单向决定的，而是在社会发展与课程之间互动生成的，或者说，是由现实的社会实践活动决定的，更直白地说，是由人们对社会历史实践的要求的主观理解来决定的。

社会与课程在互动中发展，社会生活最终决定着课程，就终极意义而言，课程对社会实践有依赖性，正因课程与社会有如此紧密的关系，因此，在一定意义上也可以说，是课程形塑着社会生活，影响着社会实践的内容和方式，课程就是对社会文化的一种有意识的选择，甚至是对社会文化的修剪、整形。

二　课程改革是教育改革的核心

教育改革是当代许多国家的重要政策之一，不管其改革的原因或内容为何，许多国家每当遇到经济、政治或社会上的危机或转型时，学校教育常常成为政治人物的热门话题①。教育改革的呼声每隔几年就会喊一次，改革几乎已经成为一种仪式性的动作，因为人民也认为只要改革才会改变不佳的现状，而对于面对危机的真正解决方法，也认为在学校教育中可以找到答案②。学校教育中，课程又常被认为是学校教育的核心内容，因为85%的学校活动几乎都和课程的实施有关，课程改革因此也成为教育改革中的重点③。课程作为教育活动的媒介或手段，必然受制于教育的理念与逻辑。教育作为课程的上位概念，其指导思想、价值取向、逻辑准则、政策、体制等，不仅为课程理论提供立论依据，思维方式与方法，而且直接决定课程实践的方向、标准、内容及实施与评价的原则、方法等。因而，课程所被赋予的逻辑，无论是理论探究层面的，还是实践、机制层面的，都取决于人们关于教育的理念、思维方式及价值取向。可以说，有什么样的教育逻辑就有什么样的课程逻辑④。

因此随着教育改革的不断深化，课程改革问题摆到了教育理论界、教育行政界和教育实践界的面前。从世界各国的经验来看，不进入课程改革的层面，任何教育改革都是难以取得实质性成效的。国外从20世纪50年代起，就已经把教育改革的中心转到了课程改革上，国内从1985年开始启动了中小学课程改革，90年代初启动了高等学校教学内容和课程体系改革，也逐步把教育改革的重点转移到了课程改革上。实践的发展，使我们逐步

① Apple，M. W.（1988），Social crisis and Curriculum Awords. Educational Theory，38（2）：191—201.

② Popkewitz，T. S.（1982），Educational Reform as the Organization of Ritual：Stability as Change. Journal of Education，164（1）：5—29.

③ Apple，M. W.（1986），Teachers and Texts. New York and London：Routledge & Kegan Paul.

④ 郝德永：《课程与文化：一个后现代的检视》，教育科学出版社2002年版，第263页。

建立起了一个新的观念：课程改革是教育改革的核心。

　　首先，就内部构成来看，教育改革包含课程改革，教育改革是课程改革的核心。广义的教育改革包括教育体制、教育结构、教育思想观念、教育内容、教育活动方式以及教育评价等各个方面和各个层次的改革。而课程改革，其内容则包括价值观念、内容、方法、方式和评价等方面，这些方面直接涉及学生培养质量问题，是教育改革的根本目标和核心问题。

　　其次，就内在性质来看，教育改革的成果要靠课程改革来实现。教育改革之初，一般涉及的是体制转变和思想观念更新。这样的变革是非常重要的，但仅仅涉及社会体制的教育和观念形态的教育，没有直接作用于学生的培养活动，教育改革的深入，就是从体制和观念层面，具体化到内容、方法、方式、评价等层面，这就是课程改革，它直接作用于学生的培养。教育体制、思想观念的改革成果，需要通过课程改革落实到培养学生，如果教育改革仅仅停留于体制和思想观念的层面，那么教育改革就是形式主义的，就不可能对学生培养活动产生决定性作用，就不能达到提高教育质量的目的。所以，课程改革是教育改革的实践状态，没有课程改革，就没有真正的教育改革。因此，课程改革是教育改革的核心①。

三　课程改革与文化创新

（一）　文化因素是影响课程改革的重要力量②

1. 文化的冲突是导致课程改革的重要原因

　　从世界课程改革的历程来看，20 世纪国际国内社会发生了多次大的课程改革运动。这些课程改革都是深刻的文化矛盾和冲突的反应。我们以美国的情况为例。美国在 20 世纪经历了三次

---

① 廖哲勋、田慧生主编：《课程新论》，教育科学出版社 2003 年版，第 483 页。
② 胡定荣：《课程改革的文化研究》，教育科学出版社 2005 年版，第 4—8 页。

课程改革：

20 世纪初的第一次课程改革运动是以杜威的进步主义教育主张为代表的课程改革。杜威在 1879 年的《学校与社会》演讲中指出："教育方法和课程正在发生的变化如同工商业发生的变化一样，乃是社会情况变革的产物，是适应正在形成中的新社会的需要的一种努力。"在《民主主义与教育》一书中，杜威阐明其民主主义教育的主旨在于把民主主义的发展和科学上的实验法、生物科学上的进化论思想以及工业的改造联系起来，旨在指出这些发展所表明的教材和教学方法方面的变革。基于对杜威思想的重新理解，我们可以发现，杜威所主张的课程改革主要在于解决社会现代化带来的社会问题和矛盾。这种社会问题和矛盾在杜威的眼里主要表现为文化的冲突。

这种文化冲突具体表现为：（1）由于移民带来的多元文化和国家文化的矛盾。从 19 世纪 60 年代起，美国出现了一次新的移民浪潮，这些移民家庭多数生活在贫困线上，缺乏受教育机会，只有 5% 的家庭的孩子能上高中。而当时的课程主要是学术课程，忽视移民的文化和生活经验。因此，在这种情况下，美国的公共教育面临着建立一种共同的文化来对多元文化进行整合的任务；（2）由农业社会向工业社会转型带来了农业文化与工业文化的冲突。针对这两种文化矛盾，杜威从民主社会的理想出发，提出以学生的生活经验和文化为中心，改革课程内容和组织方式，为不同文化背景的学生提供共同的经历和共同的环境，建立一种民主的共同的生活方式。

20 世纪 60 年代的第二次课程改革在美国以布鲁纳的学科结构理论为依据。这场课程改革运动背后也反映出美国社会的文化矛盾和文化战略。第二次世界大战以后，以原子能、空间技术为标志的现代科学的发展，使得科学文化成为社会生活的中心和重要力量，这对课程提出了新的挑战。而美国的课程受 20 世纪初进步主义教育的影响，过于强调面向多元文化和学生文化，没有充分反映出现代科学文化的进展。因此，20 世纪五六十年代美国的课程改革实际上反映了美国通过加强现代科学教育来建立起世界文化主导地位的企图，反映了美国的"文化中心"和"文化霸权"的思想。

20 世纪 80 年代初的第三次课程改革运动。在美国以 1983 年的《国家处于危机之中》报告为标志，其核心内容是统一国家课程标准，强调英语、理科、数学、社会研究、计算机五门核心或基础课程。报告认为，20 世纪五六十年代课程改革失败的主要原因不在于改革方向错误，而在于国内反文化运动和种族矛盾，在于课程文化的多元化带来的课程设置"无主次"和"无中心"。因此，报告主张改革的首要目标是"以充分协调而富有学术内容的课程来取代那些肤浅的'自助餐式课程'"。课程改革要处理好多元文化与现代科学文化的矛盾，确立美国在世界的科学文化主导和领先地位，这是美国 80 年代以来课程改革的主要文化战略。

2. 文化的反思、批判和整合是课程调整变化的重要依据

从上面的分析可以看出，在不同的历史时期，国家的课程会遭遇到不同的文化矛盾。因此，对新的文化矛盾的解决和对旧的课程文化政策的反思与批判就成为课程改革政策制定的重要依据。从历史的角度来看，课程改革的过程即是文化政策调整变化的过程。

从中国的情况来看，中国作为一个后发展型现代化国家，在课程现代化变革过程中如何处理"古今中西的文化矛盾"。进行有效的文化整合是贯穿整个 20 世纪课程改革的一条重要的主线。20 世纪初的课程改革基于中西文化矛盾冲突确立了"中体西用"的课程改革指导思想，对以儒家经典为课程内容的传统课程体系产生了强有力的冲击。1922 年的课程改革主要是为了解决新文

化与封建传统文化的矛盾。因此，课程改革如何以西方的科学民主文化为指导思想，肃清封建传统文化的内容成为指导课程改革政策制定的依据。新中国建立以后，面临着如何肃清封建的和资本主义的买办文化的矛盾，因此，"民族的、科学的、大众的文化"成为如何加快实现现代化，尽快融入国际社会成为课程改革的大背景，课程内容中的传统文化与现代科学文化的矛盾成为课程改革要面对的突出矛盾。因此，"三个面向"的文化建设方针成为了课程改革的指导思想。

（二）文化尤其是学校文化的创新——课程改革实践的根本依托

创新是一个民族进步的灵魂。一个没有创新能力的民族不能成为强大的民族，一种没有创新精神的文化不能称为现代文化，而现今的我国文化和教育都表现出缺乏足够的创新能力。于是，培养具有创新能力成为教育改革的核心目标之一，新课程改革就是落实这一目标的具体实践。所以新课程改革的文化理想是要实现全面提升中华民族文化的创新能力，是中华民族文化创新的实践。

学校作为教育的基本单位，是真正发生教育和进行教育的地方，是教育改革的基点。教育的中心和灵魂在学校。对于承载着教育和课程改革的基本单位来说，学校面临着自身文化重建的艰巨任务，这是保障学校获得课程改革可持续发展的内在力量和机制。对此，斯基尔贝克（Skilbeck，1990）曾言，"课程变革若不能引发学校的转型，便难取得深远的影响，假如中央变革措施不能使人们关注学校里的过程，便很容易出现改革的方向与课堂现实的差距"[1]。

作为社会文化系统的子系统，学校文化是一所学校的存在方

---

[1]　M. Skilbeck（1990），Curriculum Reform：An Overview of Trends，Paris：OECD. 57.

式，是生活在其中的学校成员特有的生活方式和思维方式，是支撑学校存在、发展的根基和动力，所谓学校文化，是指学校这个教育组织系统中，所有个体（或大部分成员）的共享价值、规范、行为准则和成员之间的相互联系与作用方式。它包括两个方面的含义，一是精神方面的价值观、信念、态度、情感和共同行动的准则规范。这是学校文化的内在与核心部分——精神文化；二是群体成员关系的形式与组织运行的框架结构，这是学校文化的外层部分——制度文化。学校文化的这两方面不是彼此分离而是密切关联和彼此制约的，它们之间的相互制约和相互促进和互动生成，共同构成了学校文化的品格和发展模式。从深层意义说，新一轮课程改革就是当前学校文化的重建。一方面，课程改革对学校文化提出挑战，为学校文化重建提供契机，甚至可以说课程改革本身也是学校文化重建的重要内容之一；另一方面，文化是课程改革的背景之一，是课程政策和课程制度形成的"土壤"。课程改革能否顺利进行，关键是看这块"土壤"能否为新课程提供适宜的生成环境。学校文化是课程改革的载体，课程改革的根本依托在于学校文化重建，学校文化重建是新课程最深层次的改革。

从一定意义上讲，课程变革是一场学校文化的变革，具体而言，课程变革和实施是一定学校的现有文化与变革建议所隐藏（或昭示）的文化之间的交汇、冲突、融合的过程。一方面，学校现有文化会对课程变革以实质性干预；另一方面，课程变革会对学校文化提出挑战和诉求，并为其提供重建的契机。我国新世纪的课程改革，不论是从价值观念的倡导方面，如强调实施过程的自主平等，尊重交流、理解、互动与协商，乃至主体的解放等，还是具体的活动在制度方面，如校本课程、校本管理、校本科研、全员参与、合作与竞争等，都提出了全新的要求，都渗透着和表现着对民主追求的强烈色彩。

随着课程改革逐步地向纵深发展，我们已经明显地感觉到，我国的学校文化与新课程所倡导的价值理念和组织形式的要求仍有不小的距离，从精神层面看，由于我们的传统文化中很少有"民主"的成分，因此，我国的学校管理以及课堂活动中便很少有自由平等的参与和研讨交流，更鲜有敢于公开坚持自己意见的情形等。从制度层面看，由于我们将学校视为社会、文化层次的一个亚单位，因此，我们的学校依据社会的组织原理和模式构筑了与社会具有同一性的组织框架、管理控制方式以及权力分层的特点，对学校中的每一个成员的权利，如校长、教师、学生的权利都有明确的规定，师生自己的行为只能在一定的制度允许范围内回旋[①]。

学校文化的创新主要表现在两方面：

第一，精神文化层面上的创新

首先，全体教职工要具有对课程改革使命和抱负的共同承担，有明确的方向感、责任感，形成正确的价值观念和专业自觉意识。从文化观点看，变革是对"意义"和"价值"的重新确认。这意味着，"除非教师对创新的意义和价值达成一致和共同的体认，否则，创新思想无法得到同化"，也无法形成变革与创新的动机、愿望和行动，新课程变革与创新成功的机会也不大。

其次，倡导和建设宽容、信任和坦诚及相互学习的氛围。在强调理性、严谨、以目标为本的系统推动的同时，要注重：主观、宽松、以过程为中心以及着重校长与教师、教师与教师间人际关系的和谐发展，创立分享、合作、交流与沟通的良好氛围；避免谴责，延迟判断；让教师能无顾虑地说出心中所想，并通过实践证明之；让教师自愿表露和向他人表述不成功的经历，为他

---

① 张立昌：《论基础教育课程改革的学校文化适应性及其改造的目标——基于中、美课程改革历史与现实的比较分析》，《比较教育研究》2005 年第 4 期。

人提供借鉴，建立共同的专业反思，形成建设性的民主性氛围。

第二，制度文化层面上的创新

学校制度文化是学校文化的组成部分，也是学校文化建设的根本保障。建设民主规范的制度文化，关键是要使学校由"藩篱"变成"家园"，在制度建设中重塑人的尊严与生命的可贵，以生命的观点重建学校的制度文化。具体而言，重建制度文化应凸显以生为本、以师为本、以校为本的价值取向。

首先，从传统的科层架构模式走向同事共享权力架构模式。传统学校是等级森严的科层模式，校长处于学校权力的顶端，学校内人员的职位由校长甚至上级部门来安排，下级依次向上级负责，下级只能服从上级的指令，具体表现为教师完全服从于校长，学生完全服从于教师等。而现代学校即同事共享权力学校中，尽管校长与教师不可能存在完全平等的关系，但校长是平等主义的领导者（相当于"平等中的首席"——小威廉姆·多尔对学校中师生关系的描述），教师有权参与讨论学校校政，有时还可以参与决策。人员通过竞争和相互合作而取得委派的职位，现代学校建立在协商、对话与合约的基础上，相互问责。传统学校具有牢固的维系架构，虽然可以在稳定的环境下蓬勃发展，但由于层次太多，运作僵化而不灵活，面对变革不能承担创新之重任，同时也不利于构筑平等协商、对话的上下沟通机制和关系。在这种科层制教育行政管理模式下，教师被置于学校科层最下面，他们的行为规范受到教育行政人员、校长以及各处、室主任等人员的约束与控制，他们被视为学校科层体系中的"技术员"，对教育、课程内容毫无选择权，成为游离于课程研究领域之外的盲目模仿者和机械执行者。看重于人际关系的同事共享权力模式，比之科层结构更适合于学校组织。一是因为学校组织就其成员构成来说，是一个"底层分量很重的结构"，这是指学校由具备丰富专业知识和技能的教师专业群体所组成，而任何依赖高度专业技能的组织机构，采用同事共享权力模式均可获得高效率的运作。这是现代组织管理学中的一条基本规律。二是这种模式对于形成平等的对话关系十分有用，也体现了一种民主和合作的时代精神。这与新课程改革中提出的教师合作交流、相互学习和支持的理念相吻合。因此，建立同事共享权力的制度模式有利于新课程改革的推进。

其次，建立校本教研制度。倡导以校为本的教学研究是制度建设的一大创举。它有如下的含义：一是指学校是教学研究的基地，将教育教学研究的重心置于具体的学校情境中；二是指教师是研究的主体，教师成为研究者。摒弃单纯的行政推动和校外专家自上而下、由外而内的教学研究模式，而主张自上而下与自下而上的紧密结合。虽然校外的专家或顾问可以提出建议或意见，但学校的教师才是学校发展的实际支配者和中坚力量；三是指以发展具体学校为目的。通过对学校存在的现实问题的针对性研究，促进和形成学校自我发展、自我创新、自我超越的内在机制。通过校本研究机制的建立，也使教学成为全体教师可以自由和公开辩论的事情，教师的专业自主也因此可以建立起来。

第二节　课程理念的价值取向

课程作为学校教育的核心，它不是一种价值无涉的纯工具性活动，而是负载了特定社会及其历史阶段的特定的价值因子。任何时代任何国家的学校教育，在制定和实施课程过程中都无法回避价值倾向问题，都体现着一定的价值追求，遵循着一定的价值标准，反映出该时期该地区的学校教育理想。如同价值问题本身非常复杂，课程的价值取向问题也是一个非常复杂的话题，难以一言概尽。本节试图从课程实践活动的横向构成因素及其关系出发，即从微观的角度，分析和梳理课程理论或实践之不同侧面的价值取向，并从课程的纵向构成等因素寻找印证，予以充实。最后，试图从文化的视角，即从宏观的角度，阐明我们的立场。

一　对课程价值取向的理解：基于课程因素分析的视角

课程既观念地存在于人们的头脑中，又现实地存在于教育教学实践中，有人将之理解为单质性的概念而与其他教育因素区别开来（如计划说、教学内容说），而有人则将之视为复合性的存在（如系统观、生态观）。事实上，在我们谈到某一宗某一派课程思想或课程理论的时候，不管它所持的是什么课程概念，它总会或多或少的涉及社会、个人（教师、学生）、教育内容等各种因素及其相互之间的关系。因此，课程思想和课程理论本身总是要比单纯的课程概念来的鲜活和丰富的多。

任何课程思想或课程理论的背后都蕴涵着深层次的价值取向，对此我们亦可以从多个维度、多种因素及其相互关系予以发掘和揭示。审视的角度不同，具体的表现也有所不同。因此，课程的价值取向问题，同样要比单纯的课程概念复杂的多。当我们审视某种课程理论或实践的价值取向的时候，就应该深入该种课程的理论和实践中去作多方面的考察，而不能仅仅从概念推演。诚然，我们承认，课程概念往往是课程理论或实践（或我们对这种理论和实践进行的研究）的基础和前提，但正如前面所述，后者要比前者丰富多彩的多，后者的确是前者的更广更深范围内的演绎，但绝不可能是纯思辨的演绎，当具体的社会历史条件不同，即使课程概念相同，课程的理论、实践乃至蕴涵在此中的价值取向也可能会大相径庭。

总而言之，课程的概念也许是单因素的，但课程理论和实践及其价值取向，却涉及了多方面的因素，因而更为丰富，对其研究要作全面的分析。

　　这里有必要借鉴一下课程系统观的框架①。课程系统观认为"课程系统结构有两个维度：共时态和历时态。就共时态而言，课程系统由教育者、学习者和内容三大要素构成。就历时态而言，课程系统要素有：关于个体和社会的理论、教育目的和目标、教育内容、活动样式、效果和评价"②。这个框架大致能够成为本节分析课程的价值取向及其具体表现的初步参照（下面的表述略作改动），我们认为，相对于历时态因素来说，共时态维度下课程系统的要素具有本体意义，是必不可少、不可或缺的，历史上各派理论也主要是围绕这几个方面及其关系而展开的，课程的历时态因素及其有关理论是课程的共时态因素及其理论的派生。因而，就共时态而言，从有关社会、学生、教育内容及其相互关系这几大因素各自的不同观点和理论出发，可以挖掘出各具特征的反映不同问题的不同的价值取向。就历时态而言，从课程的具体形态、目标、功能、评价等方面，可以找到前者各种价值取向的体现，或者说，后者是前者的具体化。

　　为了进一步阐明本节的观点，有必要对共时态维度下的因素及其关系作进一步的抽象。

　　根据价值哲学的观点，价值的根据（即价值产生的必要条件）包括四个方面：价值主体、价值客体、价值中介、价值活动③。在课程活动中，亦包含了课程的价值主体（社会和个人）、课程的价值客体（教育内容）、课程的价值中介（教学工具和手段）、课程的价值活动（主客体之间的相互作用）四大因素。

　　我们认为，课程的价值取向不仅包括课程的价值主体对课程

---

　　①　注：也许有人会疑问这里用某种课程观来分析其他课程理论是犯了先入为主的错误，其实根据前文的论述，这种疑问是不成立的，这里引用这一个框架只是用来客观的分析介入课程实践领域的核心因素及其关系，作价值论上的分析和追问。

　　②　黄甫全：《新中国课程研究的回顾与展望》，《教育研究》1999 年第 12 期。

　　③　王玉樑：《价值哲学新探》，山西人民教育出版社 1993 年第 1 版，第 48 页。

的价值客体的看法和倾向，也包括不同的价值主体各自对课程的价值主体的看法和倾向，以及对主体与客体关系的看法和倾向。因而，我们将课程的价值取向定义为：课程的价值主体（包括社会和个人，进一步可具体化为作为课程政策制定者的官方、作为课程理论研究者的学者、作为课程实施者的教师与学生，作为课程舆论者的社会媒体与学生家长等）各自在社会、个人、教育内容及其相互关系（即抽象为课程的价值主体、价值客体及其相互关系）这些不同因素方面的不同的倾向和总体的看法。

课程活动是一个矛盾的辩证统一体。存在于课程的价值主体、价值客体，以及价值活动（即人、社会、教育内容及其相互关系）中的各类矛盾，是课程发展的动力，是课程改革的依据，也是历史上不同课程理论、课程流派发生分野的分水岭，也是不同课程价值取向形成的源头。遗憾的是，人们往往只是看到其中矛盾的一面，忽视了其辩证统一的一面。

二　基于对不同因素不同看法而形成的不同价值取向及其具体表现之分析[①]

（一）对课程的价值主体维度的价值取向之分析

课程的价值主体，反映的是课程满足谁的需要的问题。从历史发展的宏观视角考察，对这一问题的争论，始终围绕着人和社会两者的关系而展开。

在教育史的发展进程中，始终存在着两个明显的不同的出发点，或两种不同的教育思想立足点，这就是"人"的发展，与

---

① 注：课程的价值中介即课程教学中的工具和手段，虽然历史上关于教学工具、教学手段的论述颇多，但几乎没有以之为出发点的理论宗派，其原因：一方面是教学工具毕竟只有和具体的课程理论和课程实践联系起来才有意义；另一方面是在课程和教学这样一种实践活动中，人的精神性活动的参与来得更为丰富多彩。故在下面的价值取向的分析中，没有选取价值中介这一因素。

"社会需求"的争论①。这两种观点争论的其实就是人本位的课程观和社会本位的课程观的对立。前者肯定人的价值高于社会价值，要求以人的需要的满足、人的个性的完善发展来评价教育和课程，其代表以文艺复兴时期的人文主义教育家最为典型，后者则主张社会的价值高于个体的价值，强调课程对个体的社会化目的以及对社会的服务功能，这基本上表现在历代社会统治者制定的文教政策及其支持者的著述中。人本位和社会本位的观点都缺乏科学的根据。

马克思主义关于人的全面发展的学说，为对个体发展和社会发展这两大关系的认识奠定了科学基础。其一，用历史唯物主义的观点揭示了人与社会本质的联系、社会发展与人类自身发展的必然联系，把人类对自身解放和全面发展的追求，与社会生产力的发展以及随之必然产生的社会制度的变革联系起来，并视后者为实现前者的必不可少的条件，又把人本身解放与发展看作推动社会前进的根本力量。从而阐明了社会与人发展的历史同一性；其二，提出了理想的人的全面发展的具体目标。全面发展不是仅指社会中部分人，而是指社会全体成员；对于个体来说，全面发展不仅指打破把个体固定在社会分工的某一位置上，打破由此造成的人的体力与脑力发展片面化和多方面才能发展受阻的局面，而是要求实现作为生产者的人的能力的充分自由的发展，同时也包括了人的道德品质与审美能力的发展；其三，指出了实现人的全面发展的途径：推翻资本主义制度，建立以消灭剥削与压迫为宗旨的社会主义制度；通过教育与生产劳动相结合，实现教育对社会生产发展与人的全面发展起促进作用的功能。由此可见，马克思主义关于人的全面发展的学说，不仅揭示了个体发展与社会发展之间的规律性联系和总的历史变化趋势，而且为正确理解在

---

① 孙喜亭：《关于课程体系改革的若干问题》，《教育研究》1995 年第 6 期。

现代社会中教育两大功能的关系，提供了历史唯物主义的认识基础与辩证思维方法①。

当然，社会和个人毕竟是一对抽象的范畴，当我们将视野放到具体的社会经济、政治、文化"熔炉"中去的时候，关于课程价值主体的问题，将表现得更为具体和复杂。美国学者迈克尔·W. 阿普尔指出，"当斯宾塞提醒教育者，我们应当对学校教育过程提出的最基本问题之一是'什么知识最有价值'时，他并没有错。然而，这是一个具有迷惑性的简单化的问题，因为有关应当教什么的冲突是尖锐而深刻的。它不仅仅是一个教育的问题，而且从本质上讲也是一个意识形态和政治的问题。不论我们是否意识到这一点，在美国和世界上其他的国家里，课程和更普遍的一些教育问题总是陷于阶级、种族、性别和宗教冲突的历史泥沼。正是由于这一点，解释这个问题的最好方式是突出教育争论的深刻的政治本质，也就是'谁的知识最有价值'"、②"什么知识最有价值"的问题，表面上看是属于本节后文课程的价值客体维度的问题（在后文主要从社会生产力和社会文明程度的角度看待这个问题），当阿普尔将它引入社会政治冲突的视角，那么对这个问题的追问，就演变为"课程知识为谁服务"，或者说，"谁的知识最有价值"，评判知识价值的标准就看它为谁服务。于是，课程的价值客体的问题被置换为课程的价值主体的问题，矛盾的焦点转移到了对课程的价值主体的选择上来。"课程满足谁的需要"，即"课程的价值主体是谁"，这在多阶级、多民族、多宗教的社会里，或者在社会转型时期里，自然被复杂化、尖锐化了，我们可以很容易的从历史和现实中找到印证。在当代多元文化主义社会里，我们的主张是"求同存异，

---

① 叶澜：《教育概论》，人民教育出版社 1991 年第 1 版，第 323 页。
② ［美］迈克尔·W. 阿普尔：《意识形态与课程》，序言，华东师范大学出版社 2001 年第 1 版。

走向理解"，在处理国家间、地区间、社会各民族间、各阶层间、各团体间的利益关系的时候，相互尊重差异，寻找共同的理解。

人类历史发展到今天，一切进步的阶级和人类对教育功能的追求不会再迷恋于那种简单的对立和二者择一式的选择了。如何根据本国的实际情况，用科学的态度处理好教育两大功能的关系将是更引人注目的问题。

人的发展和社会发展两种价值取向在课程中的体现大致可以归结如表9－1：

表9－1

课程的价值取向	课程目的/功能	课程类型
人的发展	人本位	活动/经验课程
社会发展	社会本位	核心课程

（二）对课程的价值客体维度的价值取向之分析

课程的价值客体，反映的是课程满足什么样的需要的问题。我们认为，课程的价值客体是以一定形式组织起来的课程内容，其中蕴涵着一定的知识、技能、能力、情感、态度、价值观等显在或潜在的价值。

知识教育问题是课程理论和实践中的核心问题，这不仅仅是因为知识教育是课程教学的基本任务，更重要的是其他方面如道德教育、情感教育、能力培养等都离不开以知识教育作为其重要载体。

历史上关于知识教育的理论或实践大体上可以归结为一个问题，即"什么知识最有价值"。从课程的历史演进来看，中西方古代的课程都展现了浓厚的人文气息。中国古代的课程偏重伦理政治和文学艺术，缺乏科学教育内容，作为西方课程历史基础的

"七艺"也显露了浓重的人文特征，当然二者的主旨是相异的。中国古代课程强调"忠孝仁义礼智信守悌"的儒家道统，西方古代课程则追求以理性为内核的人文精神。随着近代自然科学的发展及其在推动社会发展中的重大作用，科学教育逐渐成为西方课程的主导。1858 年，斯宾塞发表《什么知识最有价值》，初步设计了以自然科学知识为母本的学科课程体系，此后学科课程在演化过程中一度形成了一统天下的局面，并伴生出一系列令人担忧的问题，于是在 20 世纪产生了一系列新的课程流派和课程改革，呈现出复古与创新、传承与超越的各种取向，可惜大多由于其局限，导致实践的失败。实用主义教育家杜威从关注儿童的现实生活出发，提出了活动课程理论，强调经验建构的价值；要素主义课程论提出向学生传授基本知识和进行基本训练的主张，重视基础学科的课程，加强新三艺（数学、外语、理科）的教学；永恒主义教育哲学的课程理论致力于寻找具有理智训练的"永恒的学科"，以作为学习的内容，将理智训练的学科分为三类：理智训练的内容（哲学、文学、历史），理智训练的方法（数学、科学、艺术），理智训练的工具（与读写算基本能力有关的学科）；结构主义课程论强调学科的基本结构，即构成一门学科的基本概念、基本原理及相应的探究方法；人本主义课程论（如存在主义课程论）强调个体的、主观的、内省的知识，重视与人的存在有本质联系的诸如历史、文学、艺术、音乐和社会研究等课程。还有其他一些流派的观点这里不再赘述。

这形形色色的观点其实已经不能简单地用一句"什么知识最有价值"予以概括，实际上已经涉及了有关知识的性质、形态、类别、功用等多方面的问题。因而"什么知识最有价值"的问题，其实已经演变为"知识具有什么价值"以及"什么样的知识具有什么样的价值"的问题。从上面的论述中我们可以看到不同理论各自的倾向，如有的重视人文性知识，有的则重视科学知识或实用性知识，有的重视知识的建构性，有的则重视知识的客观性，有的重视知识的理智训练的价值，有的则重视对知识本身的掌握。

传授知识是学校课程的一个基本使命，更关键的问题在于对知识本身的认识和看法。知识的主观性和客观性之争，是近年来课程理论关注的热点。我们知道，工业社会的文明造就的知识本位的学校课程由于过分强调知识的客观静态性和学习方法上的死记硬背，导致了学生学校生活的封闭与主体性的丧失。在当前的课程改革中，"保守的改良派"持从客观知识出发的认识论立场，更强调书本知识、现成知识在学习中的首要地位，"激进的革命派"持从主观知识出发的认识论立场，更强调直接经验、实践经验在学习过程中的首要地位[①]。知识兼具主观性和客观性，在课程教学中无论走哪个极端都会导致教育的悲哀，过于注重知识的客观性会导致学生主观创造能力受到限制，过于注重知识的主观性则会导致对系统的书本知识的忽视。如何协调二者的关系，这是一个需要在理论和实践中继续摸索的过程。总之，在课程教学中传授什么样的知识，怎样传授知识，都需要根据时代的要求以及学生的身心特点，作具体的设计。

在能力和知识的关系上，曾有过形式教育派和实质教育派的争论。形式教育论者认为，教育的主要任务是在于发展学生的能力。他们认为，人类的知识浩如烟海，不可能全部灌输给学生，教育与其灌输知识，不如发展能力，教师应该用一些专门的知识去发展学生的智力。他们重视拉丁文、数学和古典文学等学科的教育，轻视自然科学知识的教学；实质教育论者认为，教育的主

---

① 江峰：《客观与主观：当代课程哲学的两种知识观评析》，《北京大学教育评论》2006 年第 4 期。

要任务在于使学生获得知识。他们认为，学生的心灵是一个容器，需要各种具体知识来充实，学生掌握了知识，也就发展了能力。他们重视课程和教材的实用性。这两派理论虽都有其合理的方面，但都具有片面性。到 20 世纪，两个学派都对自己的观点进行了修正。

当代心理学认为，能力和知识既有区别又有联系。区别在于：第一，二者属于不同范畴，能力是人的个性心理特征，知识是人类社会历史经验的总结和概括；第二，知识的掌握和能力发展不是同步的，能力的发展比知识的获得要慢得多。其联系表现在：一方面能力是在掌握知识过程中形成和发展的；另一方面，掌握知识又是以一定的能力为前提的。

作为非智力因素的情感、态度、价值观等对学生学习和成长的积极作用，是近 20 年来才被心理学界和教育界所关注的。我国学者燕国材等人的研究证明，非智力因素对于学业成绩的影响非常显著，对于大学阶段的学生而言，其影响甚至远甚于智力因素的影响。新课程改革中将这类因素本身作为课程教学的三大目标之一，这是一种进步。

人的身心发展是全面的、多维的，虽然从学校教育的实践史来看，教育几乎没有真正的关注过作为完整的学生的身心，但是关于培养身心健康的和谐人格的教育理想，历史上却早已有很多教育家论述过，现代人本主义心理学家以及人本主义教育家更是从重视人性的角度，阐释他们的主张，这些思想或主张都具有一定的合理性和充分的人情味。我们认为，马克思主义关于人的全面发展的学说，为和谐人格取向的课程理念提供了科学的理论基础。

在新中国建立 50 多年以来的课程与教学理论研究及一些学校的教改实验中，基本上沿着"偏重双基（新中国建立初期）—培养智力和能力（20 世纪 60 年代）—强调非智力因素

（20 世纪 80 年代）—注重主体性品质、创新精神和实践能力的培养（20 世纪 90 年代以后）"这一条轨迹发展前进的①。这反映出我们对于课程价值客体的认识与时代的脉搏是息息相关的。

我国几十年传统的课程教学中，重理轻文，重知识轻能力的倾向一直是比较明显的，这有其深刻的社会根源，也有课程教学体系本身的原因。近 20 年来我们提出的素质教育理念、创新教育理念、主体教育理念等，都为改变这种状况作出了努力，并为一些地方和学校的实践注入了新鲜的血液，产生了良好的效果。新一轮基础教育课程改革在课程设计上关注学生身心的完整性，关注学生生活世界和科学世界的统合性，关注学生主体性品质和个性的发展，所持的也是和谐人格的取向，并以知识与技能、过程与方法、情感、态度与价值观三个纬度作为新课程编制与实施的目标，虽然在理论的严密性上还需推敲，但方向上基本是正确的。所有这些理念无不以和谐人格的培养作为自己的价值取向。

知识本位、能力本位、和谐人格取向的课程价值取向在课程中的体现如表 9 - 2：

表 9 - 2

课程的价值取向	课程目标	课程类型	课程结构
知识本位	掌握知识	学科课程	学科课程体系
能力本位	发展能力	活动课程	活动课程体系
和谐人格	全面发展	不限	套餐式体系（理想态）

（三）对课程的价值活动维度的价值取向之分析

课程的价值活动，指的是课程的主客体之间的相互作用。

---

① 张天宝、王攀峰：《我国课堂教学改革 50 年的回顾与反思》，《江西教育科研》2006 年第 10 期。

对这种相互作用的不同看法、不同立场，也形成了不同的课程价值取向。这里，我们可以借鉴德国著名的后现代主义哲学家哈贝马斯在其名著《知识与人类兴趣》一书中提出的"兴趣理论"，其作为一种审视和反思课程价值取向的一种框架，是相对贴切的。

哈贝马斯将人类的认识兴趣分为由浅入深的三种形态：技术兴趣、实践兴趣和解放兴趣。"技术兴趣"是通过合乎规律的行为而对环境加以控制的人类基本兴趣，其核心是"控制"，把环境及人视为客体，因此不能使人类实现自主和责任。这种兴趣处于兴趣的最低层次；"实践兴趣"是建立在对意义的"一致性解释"的基础上，提高与环境的相互作用而理解环境的人类基本兴趣。"实践兴趣"的核心是"理解"，把环境与人视为主体，强调对意义的一致性解释和理解，强调人与环境的相互作用，强调集体审议和公开辩论，这种兴趣处于兴趣的中间层次；"解放兴趣"是人类对"解放"和"权力赋予"的基本兴趣，其核心是"反思"和"批判"，这种兴趣使人类通过对人类社会之社会建构的可靠的、批判性洞察而从事自主的行动，通过自我反思与批判的行为，实现真正意义上的"解放"。因而，"解放兴趣"处于最高层次，也是人类最基本的、"纯粹"的兴趣①。

从 20 世纪课程理论与实践的变化来看，课程的价值取向大致经历了从"技术兴趣"到"实践兴趣"再到"解放兴趣"的嬗变。

20 世纪初"科学管理"思想在课程领域的渗透，导致了20 世纪二三十年代的"科学化课程改革运动"，这场运动以追

---

① 张华：《从理论与实践的关系看 20 世纪课程理论发展》，《教育研究与实验》2000 年第 6 期。

求技术兴趣作为自己的价值旨趣。其代表人物是博比、查特斯、拉尔夫·泰勒等人。由泰勒为代表经过8年研究提出的"泰勒原理"，被公认为课程开发原理最完美、最简洁、最清楚的阐述，被誉为"现代课程理论的圣经"，泰勒本人因此成为课程发展的里程碑式的人物。由"泰勒原理"演化而形成的"目标模式"主宰着20世纪前半叶课程的发展历程。至今，泰勒原理或目标模式的影响在当代课程开发中仍清晰可见。目标模式对课程科学化和现代化进程所产生的推动作用是巨大的，然而由于在其深层的技术兴趣取向的支配下，使得课程开发过程变成了一种普适性、划一性的模式，从而失去了创生性。

20世纪60年代课程领域掀起了另一个改革的高潮，其代表人物是施瓦布和斯滕豪斯，前者的"实践模式"和后者的"过程模式"运用全新的视角和思维去审视课程理论与实践，从而动摇了目标模式的权威地位，暗含着对课程价值取向的转变，即从"技术兴趣"走向了"实践兴趣"。施瓦布的"实践模式"告别了指向于普适性程序及规则的理论性探究，而侧重于具体、灵活的方法的阐释，力图使课程探究的逻辑起点、内容、方法及手段彻底转型，从理论转入实践，从目标分析转入情景诊断，从规范化程序设计转入具体行动及方案的选择，理论规范实践转入实践加工、创造理论等，为我们在课程领域展现了一幅崭新的蓝图。斯滕豪斯的"过程模式"带有鲜明的主体思想，追求本体价值的回归，集中体现在其教育观（教育在于增进人的自由）、知识观（知识的意义在于促进人的理解）、学生观（学生是主动探究者）、教师观（教师即研究者）中。"过程模式"和"实践模式"所表现出的"实践兴趣"使人从技术主义、控制中心的束缚中挣脱了出来，但是由于"实践兴趣"在很大程度上缺乏"自我反思"的特性，当权力兴趣加入创造意义和达成协议的过程之中的时候，所达成的一致性也可能是虚假的，这使得"实践兴趣"又有可能会滑向"技术兴趣"。

　　20世纪七八十年代，西方社会诞生了后现代主义思潮。这股思潮席卷着西方社会的各个领域，也波及课程领域，由此产生了批判模式的课程理论。批判模式借助于后现代哲学、社会学、政治学、伦理学、文化学、人类学、精神分析学等范畴，批判性的考察意识形态和政治经济对人的发展的影响，要求课程探究必须对人们的利益和意识形态的基础提出直接的挑战，以期使教育和课程从意识形态的"牢笼"中挣脱出来，唤醒人们沉睡的文化批判意识，力求通过自我反思与批判的行为，实现真正意义上的"解放"。在对传统的课程理论进行了深层次的反思和批判的基础上，通过致力于课程领域的"概念重建"，对传统课程理论加以全面的改造，并由此而逐步形成了批判课程模式的核心性理论形态之一的"概念重建主义的课程范型"。"概念重建主义的课程范型"将视点聚焦于个体反思意识和批判意识的培养和发掘，触及了主体性构成的核心层面，从而表现出对人性回归的终极关怀。批判模式的课程理论作为传统课程理论的"反叛者"和"终极者"，尽管人们对其毁誉参半，褒贬不一，但是，它给课程领域所带来的思维方式的变革和价值取向的重塑对课程领域所产生的积极影响却是不容置疑的。正是由于它们上述的努力，才引发了人们对以"目标模式"为代表的课程理论的深层次的反思和批判，从而使得课程领域较为彻底地摆脱了长期以来工具性课程观对人性的扭曲和异化，赋予教育和课程以走向"解放人性"之价值取向的历史使命。

　　技术兴趣、实践兴趣和解放兴趣三种课程价值取向在课程中的具体体现大体如表9-3所列：

表 9 - 3

课程的价值取向	课程开发	课程实施	课程评价	课程管理	课程观
技术兴趣	目标模式	忠实取向	目标模式	国家课程	计划/预期结果说
实践兴趣	实践/过程模式	相互适应取向	过程模式	地方课程	系统/生态说
解放兴趣	批判模式	创生取向	主体模式	校/生本课程	体验说

三　文化视野下对课程价值取向的再思考

在前面的部分里我们从构成课程共时态的各因素及其关系出发，分别对不同的课程价值取向（价值主体取向、价值客体取向、主客体关系取向）作了分析，这种分析的思路应该说是从部分出发进行的分解式研究，它所得到的结论只能反映某一课程理论或课程实践的某个方面或侧面。

当我们试图从宏观、整体的视角对课程的价值取向作出分析的时候，我们又一次情不自禁地回归文化的彼岸。

在我们企图从文化的视角对课程作本然性的或应然性的分析和期待之前，先来看看传统是怎么看待课程和文化之间的关系吧。这也反映了传统课程在文化视野下的取向。

第一，文化工具论。它承认课程和文化的关系，但认为课程仅仅是作为文化传承的工具而存在。郝德永教授撰文指出了千百年以来课程理论和实践中始终存在的课程的文化锁定逻辑——课程完全受制于现存的"法定文化"的规范与旨意，机械地、盲目地甚至于麻木地认同、接受、服从及服务于这种政治化了的社会文化。课程的文化锁定逻辑在有关学校课程的目的论、功能论和方法论上展开分别表现为"文化适应——维持论"、"文化复演——传递论"和"文化选择——加工论"。它所造成的学校课程根本性的病理表征及后果就是课程的文化性的缺失,课程不是作为自律性的文化主体存在,而是作为他律性的文化工具存在①。

第二,静态文化观,或者说是文本文化观。它承认课程是文化,但仅仅是将之看成是传统文化中的经验知识经简化而来的文本内容。其实其课程观是将课程看成是传统意义上的教学内容,这种课程观表面看似乎并没大过,然而由于其将课程和教学看成是分离的两个领域,在传统社会工具理性占据主导的学校教育中,课程和教学之间必然只能发生线性的、单向的联系,从而导致教学文化的丧失和学校文化的失落。

要赋予课程真正的文化的意义,首先要对文化进行分析和定位。我们认为,文化即是一定社会一定历史时期该社会人群的生存方式。生存方式是一个含义复杂的复合概念,它本身渗透和反映着该时期该社会的社会制度、精神生活、行为方式等,我们使用这样的概念更旨在突出其蕴涵的动态特性,持动态的文化观更有利于我们理解文化的更新机制和创新使命,因此我们主张动态的文化观。

当课程被赋予文化的意义,并兼具上述文化概念所描述的动态特性的时候,那么关于课程的概念就需要被重建,课程再也不仅仅是固守于课本的僵死的知识,而应该是活生生的由师生、文本、媒体、环境构成的动态的系统。

要真正实现课程的文化地位,除了需要对传统的课程概念作观念上的变革,还要真正在课程实践中,努力实现课程的文化革

① 郝德永:《文化性的缺失——论课程的文化锁定逻辑》,《外国教育研究》2001 年第 2 期。

新。具体表现在如下方面：

第一，重建课程教材观。在文化的视野下，完整的课程是逻辑线索和价值脉络的统一体，相互制衡、相互砥砺。其中既包括知识的、符号的及严密的逻辑结构，也包括实践主体及课程设计主体的价值取向和思想感情等因素，使课程中的理为有情之理，情为受理规范之情，从而也使其由静态的符号和逻辑系统变成动态的、具有文化价值的精神力量①。

第二，重建课程师生观。"工业化的制度型旧教育已经日薄西山，信息化的'服务型'新教育正在崛起，传统意义上的'教师'将消失，人类'脐带'上的革命诞生互为师生的新一代学习者"（陈健翔）。

第三，重建课程教学观。怀特海早在近一个世纪前就提醒教育者——心智决不是被动的；它是一种永不休止的活动，灵敏、富于接受性、对刺激反应快。你不可能推迟它的生命，到你使它锋利的时候才有生命。不管你的教材教具有什么兴趣，这种兴趣必须在此地此时引起；不管你在强化学生的什么能力，这种能力必须在此地此时予以练习；不管你的教学应该传授什么精神生活的可能性，这种可能性必须此地此时表现出来。这是教育的金科玉律，而且是一个很难遵循的规律②。

第四，重建课程功能观。重建课程文化，不是忽视课程教学中的矛盾，比如社会发展和个体发展之间的矛盾具有客观的社会历史必然性。然而在现代社会条件下，我们可以尽量做到缓解和化解矛盾，甚至化矛盾为和谐。在课程功能上，总是要先实现了培育人这一本体功能，然后才通过人作用于社会，发挥课程的社

---

① 刘旭东：《论基础教育课程改革的价值取向》，《内蒙古师范大学学报（教育科学版）》2002 年第 1 期。

② 王承绪、赵祥麟：《西方现代教育论著选》，人民教育出版社 2001 年第 1 版，第 119—120 页。

会功能。那么在文化视野下，我们该如何来培养人以实现人和社会的双重发展呢？我们的答案就是人文精神。

所谓人文精神，是指整个人类文化所体现的最根本的精神，是指向人的主体生命层面的终极关怀。它是以追求真善美等崇高的价值理想为核心，以人的自由和全面发展为终极目的[①]。

以人文精神为归宿的课程价值取向体现了人的存在价值对课程价值的要求。人的存在价值作为价值体系中的一种元价值，它是其他一切价值形式的基础和依据。课程价值作为价值体系中的一个分支，也必然受人的存在价值的制约。人文精神作为指向主体生命层面的终极关怀，充分体现了人的存在价值中对人的尊严、自由和权利的确认。因此，强调人文精神的课程价值取向凸显了人的存在价值的价值追求。

把人文精神作为课程价值取向的最终追求与原来的人本位的课程价值取向也有很大的不同。人本位的课程价值取向主要在课程中强调学生兴趣和需要的满足，以及人的自我实现的达成，有较强的个人倾向。人文精神虽然也包括人本位课程价值取向中对学生内在需要的关注，但它有着更深层次的文化内涵。它也强调发展人的个性，但它也是以弘扬整个人类文化为基础的。也就是说，这种课程价值取向既要考虑人作为主体面对自然世界的价值，又要考虑人在社会生活中的交往价值。同时，人文精神的丰富内涵不仅包括通常意义上的人本主义和人文主义所倡导的人类价值，也包括科学文化中内蕴的科学精神。也可以说，我们所谈的人文精神的定位是融合了科学精神在内的人文精神。以这种人文精神为价值追求的当代课程价值取向真正扬弃了单纯的知识本位、社会本位和人本位三种课程价值取向的缺陷，吸取了其合理的内核，成为我们新时代的课程价值取向。

---

① 刘志军：《课程价值取向的时代走向》，《教育理论与实践》2004 年第 10 期。

第三节　课程改革的教育基础

基础教育课程改革不但有其深厚的哲学、心理学、社会学理论基础，而且作为教育系统内部的改革，必有其充分的教育基础，包括教育实践基础和教育理论基础。

一　教育实践基础

（一）基础教育课程改革的背景

21世纪是以知识的创新和应用为重要特征的知识经济时代，科学技术迅猛发展，国际竞争日趋激烈，国力的强弱越来越取决于劳动者的素质。社会的信息化、经济的全球化使创新精神与实践能力成为影响整个民族生存状况的基本因素。因此，21世纪将是教育和学习起核心作用的时代。

中国是人口大国，人口的素质直接关系到能否很好地参与国际竞争，关系到民族的兴旺发达。邓小平同志说："一个十亿人口的大国，教育搞上去了，人才资源的优势是任何国家都比不了的。"改革妨碍学生创新精神、创新能力发展的教育观念、教育模式，全面推进素质教育，极大地提高全民族素质，是落实"科教兴国"战略，实现中华民族伟大复兴的关键。基础教育课程改革是完善基础教育阶段素质教育体系的核心环节。加快课程改革，优化教学过程，确立面向21世纪适应时代要求和我国国情的基础教育课程体系，是关乎国民素质提高和民族复兴的大业。

新中国成立60多年来，在广大教育工作者的共同努力和全社会的大力支持下，我国的基础教育取得了巨大成就，基础教育课程改革也在不断进行改革。尤其是1986年《中华人民共和国义务教育法》颁布后，我国开始了具有划时代意义的课程改革，并由此形成我国基础教育课程的现行体系。1999 年 6 月，党中央国务院召开了改革开放以来第三次全国教育工作会议，作出了"深化教育改革，全面推进素质教育"的决定，为我国基础教育课程改革指明了方向。本次课程改革着重针对我国基础教育课程体系本身的问题，是历次课程改革的一种延续，是课程改革完善过程的一个阶段[①]。

（二）我国基础教育发展的现状

1978 年改革开放以来，中国的基础教育事业进入了一个新的发展时期。1985 年中共中央发布的《关于教育体制改革的决定》中提出了"实行基础教育由地方负责，分级管理的原则"，从而极大地调动了地方各级政府，尤其是县、乡两级政府办学的积极性。1986 年全国人民代表大会颁布《中华人民共和国义务教育法》，使中国的基础教育走上了法制的轨道。1993 年中共中央、国务院发布《中国教育改革和发展纲要》，明确了到 20 世纪末中国基础教育的发展方向和基本方针。1999 年初国务院批转了教育部制定的《面向 21 世纪教育振兴行动计划》，这一计划是教育战线落实"科教兴国"伟大战略的具体举措，是在落实《中华人民共和国义务教育法》及《中国教育改革和发展纲要》基础上提出的跨世纪教育改革和发展的施工蓝图。6 月，中共中央、国务院发布了《关于深化教育改革，全面推进素质教育的决定》，为构建 21 世纪充满生机与活力的具有中国特色的社会主义教育体系指明了方向。

我国当前的基础教育在数量上已达到相当规模，尤其是九年义务教育已基本普及，因此改变我国当前的基础教育状况，关键在于提高教育质量，进行基础教育课程改革。

---

① 钟启泉等主编：《基础教育课程改革纲要（试行）解读》，华东师范大学出版社 2001 年版，第 4—5 页。

（三）教育政策基础

教育方针是国家教育目的的体现和保证，具有重大的方向性意义。正确的教育方针是指引教育发展的灯塔，是教育健康、快速发展的保证。确立正确的教育方针不但是实现国家教育目的的重要步骤，也是政府对教育的应负之责。当今我国课程改革要以邓小平同志关于"教育要面向现代化，面向世界，面向未来"和江泽民同志"三个代表"的重要思想为指导，全面贯彻党的教育方针，全面推进素质教育①。在新的历史时期，我国基础教育课程改革的教育策略是：倡导全面、和谐发展的教育，重建新的课程结构，体现课程内容的现代化，倡导建构的学习，形成正确的评价观，促进课程的民主化与适应性。

（四）课程的开发与管理

1999年1月，教育部基础教育司正式成立了"基础教育课程改革专家工作组"，专家组历时两年半，就课程目标、课程结构与设置、课程标准、考试、评价、实验区工作以及各门学科的课程标准、综合课程设计、农村课程改革、课程政策改革等，组织召开了100多次专题研讨会，起草并形成了新一轮课程改革的总纲——《基础教育课程改革纲要（试行）》。2000年1月，教育部基础教育司通过课题申报、评审、签合同等程序，确立了11个国家基础教育课程改革重大项目，包括从幼儿园、小学、初中到高中各门课程的国家标准与指导纲要、教材以及地方课程管理与开发指南，学校课程管理与开发指南，综合实践活动课程指南，课程与教材评价等综合类研究项目。确立了"国家、地方、学校"三级课程开发与管理模式，推动了本次课程改革的进行②。

---

① 吴景芝等：《试论课程改革的社会支持系统》，《科学·经济·社会》2004年第1期。

② 杨建华、陈鹏等主编：《现代教育学》，中国社会科学出版社2003年版，第435页。

（五）教育组织机构的支持

教育部基础教育司具体负责全国的基础教育课程改革工作，教育部基础教材发展中心协助基础教育司承担基础教育课程教材改革的组织、管理与协调工作。建立基础教育专家咨询会议制度，为国家决策提供研究、咨询意见。

成立由课程专家、学科专家、教育学家、心理学家以及教育实际工作者共同参加的基础教育改革专家工作组。教育部在部分师范大学成立"基础教育课程研究中心"，承担国家或地方教育行政部门委托的课程改革研究任务，开展课程改革的研究和实验，进行课程研究人员及实验教师的培训，提供课程研究信息和咨询任务。

各级政府和教育主管部门承担本地区课程改革的领导、组织和协调的职责。省级教育行政部门组织课程改革领导小组和专家指导组，指导本省（自治区、直辖市）的实验区工作[①]。

（六）课改实验的推行

积极、稳妥地开展课程改革的实验。课程改革是一项关系重大的社会改革，谨慎地进行改革的试点实验是必要的，也是必需的。我国新一轮基础教育课程改革大体分为三个阶段：酝酿阶段、试点实验阶段和全面推广阶段。①从 1999 年《面向 21 世纪教育振兴行动计划》颁布和第三次全国教育工作会议召开至 2001 年秋天是酝酿准备阶段。②2002 年秋进一步扩大试验范围，启动省级课程改革试验工作，义务教育新课程体系全面进入试验阶段。③2004 年秋，在对实验区工作进行全面评价和广泛交流的基础上，课程改革工作进入全面推广阶段。2005 年秋，中小学阶段各起始年级的学生原则上都将进入新课程。

---

① 钟启泉等主编：《基础教育课程改革纲要（试行）解读》，华东师范大学出版社 2001 年版，第 13 页。

"课程改革是一项系统工程。应始终贯彻先立后破，先实验后推广的工作方针。各实验区应分层推进，发挥示范、培训和指导的作用，加快实验区的滚动发展，为过渡到新课程做好准备。"政府要履行其支持和发展基础教育的职责，加大对基础教育的投资力度，发展远程教育网络①。

（七）教师的培养与培训

师资的培养与培训是课程改革工作成败的关键。坚持"先培训，后上岗；不培训，不上岗"的原则，将新一轮基础教育课程改革的有关内容纳入中小学教师继续教育的核心内容。根据参与新课程实验的具体情况，规划并组织好对实验区教育行政人员、校长及教师的培训工作，尤其是要首先抓好教育管理者、培训者和中小学骨干教师的培训工作，从而为新课程的大范围实验和推广奠定基础，将新课程培训作为正在实施的"继续教育工程"各级骨干教师培训的重要内容之一②。

二 教育理论基础

（一）新课程观

1. 全面发展的课程价值取向

课程实践在本质上是一种价值创造活动，因而必须遵循一定的价值原则③。全面发展的课程价值取向克服了以前对人的发展认识上的片面性，适应了人的发展的整体性和全面性的特点，强调以学生为本，着眼于学生的全面发展，反对教育活动中的权威主义和学生培养上的精英主义。这种着眼于全面发展的课程价值

---

① 吴景芝等：《试论课程改革的社会支持系统》，《科学·经济·社会》2004年第1期。

② 钟启泉等主编：《基础教育课程改革纲要（试行）解读》，华东师范大学出版社2001年版，第14页。

③ 靳玉乐：《新课程改革的理念与创新》，人民教育出版社2003年版，第27页。

取向，使学校的课程目标发生了深刻的变革：①注重课程目标的完整性，强调学生的全面发展；②注重基础知识的学习，提高学生的基本素质；③注重培养学生的良好个性品质和道德品质；④着眼于未来，注重能力培养；⑤强调国际意识的培养①。

2. 科学与人文整合的课程文化观

20世纪中期以来，一些睿智的思想家已经开始对科学理念与人文精神的对立表现出深深的忧虑，于是，寻求科学文化与人文文化的沟通与融合成为不同研究领域的学者所共同关心的问题。这次的课程改革强调将科学主义课程与人文主义课程整合建构，它是以科学为基础，以人的自身完善和解放为最高目的，强调人的科学素养与人文修养的辩证统一，致力于科学知识、科学精神和人文精神的沟通与融合，倡导"科学的人文主义"，力求把学会生存、学会关心、学会理解与宽容、学会共同生活、学会创造等当代教育理念贯穿到基础教育课程发展的各个方面。

3. 回归生活的课程生态观

回归生活的课程生态观强调自然、社会和人在课程体系中的有机统一，使自然、社会和人成为课程的基本来源。

回归生活的课程生态观，意味着学校课程突破学科疆域的束缚，向自然回归、向生活回归、向社会回归、向人自身回归；意味着理性与人性的完美结合；意味着科学、道德和艺术现实的、具体的统一。

4. 民主化的课程政策观

课程政策关注的核心问题是课程权力的分配和再分配，我国一直比较注重中央对课程的统一决策，尽管曾经进行了课程多样化的改革尝试，但没有取得预期的效果。本次课程改革体现了民主化的

---

① 徐仲林、徐辉主编：《基础教育课程改革理论与实践》，四川教育出版社2005年版，第40页。

课程政策观，其重要目标就是"为保证和促进课程对不同地区、学校和学生的要求，实现国家、地方、学校课程三级管理"。

（二）新教材观

1. 教材改革的知识观

知识是客观性与主观性的统一，新教材改革不仅需要关注被称之为"共同知识"的客观的、逻辑的、系统的知识，而且需要关注那些被称之为"个人知识"的主观的、情境的、默会的知识。把个人知识引入中小学课程领域，将直接引起我们学习观的转变，关注学生从直接经验中进行学习，关注学生建立主动的、探究的、体验的、建构的学习方式。

2. 教材改革的学生观

教材设计应以学生发展为本，最大限度地满足学生的需要和可能，在探索和创造的过程中，培养学生探索能力、澄清和反思自我的能力、与别人交流的能力、搜集和处理信息的能力，以及思想的开放性、对事实的尊重、批判地思考等。

3. 教材改革的教师观

教材编制的目的不是为教师提供"法定"的文件，让教师屈从于教材的要求，而是要为教师的教学服务，为教师精心打造和提供可资利用的课程资源。因此，教材设计要尊重教师的创造性和自主性，有意识地引导教师能动地乃至个性化地解读教材和运用教材开展教学活动。

4. 教材改革的技术观

随着现代信息技术的发展以及向教学和课程领域的渗透，教材设计也发生了重大变化。教材的概念早已不再局限于教科书和教学参考书的范围，而是以文字教材为主，包括音像与电子教材以及网络上经过加工和组织的信息。尤其是随着教材触角向多媒体和网络的迅速延伸，动感的、交互的多媒体教材将成为教材开发的新领域。

5. 教材改革的整体观

建立综合化的、整体的、统整的课程，是课程改革的价值追求。教材的统整，要求克服学科本位的狭隘倾向，研究和把握学科内部和学科之间的关系，探讨知识整合的可能性及其整合方式，切实增强教材的整体性。

（三）新学生观

在旧的学生观下，教师只看到学生缺乏知识、能力和经验的一面，而看不到他们潜在的能力、内在的积极性和发展的可能性，忽视了学生作为学习主体的作用。课程改革要以崭新的学生观为依据。

1. 全面和谐发展的学生观

学生的全面和谐发展意味着学生身心的健康成长，是学生身体、智慧、情感、态度、价值观和社会适应性的全面提高与和谐发展。新课程对学生的全面发展作了重新定位。每一门课程都提出要对知识与技能、过程与方法、情感态度价值观三个目标进行有机的整合。面对多元化的学生发展目标，促进全面发展不再是所有学科优势互补共同完成的一个任务，而是每一个学科自身必须完成的任务，新课程十分强调每一门课程对学生终身学习与发展的价值，更加突出地体现国家对不同阶段的学生学习这门课程在知识与能力、过程与方法、情感、态度、价值观等方面应达到的基本要求。

2. 自主发展的学生观

新课程强调学生自主性的发展。这里的自主性是指一个人在活动中的地位，是指在一定条件下，个人对于自己的活动具有支配和控制的权利和能力。人在活动中的自主性主要表现在两个方面：一是个人对活动对象、活动过程的支配与控制权利，它是相对于外部力量而言的个体的人格独立、自由、自决和自主支配生活的权利与能力；二是个人对自身行为的支配、调节和控制能力。一个具备了自主能力的人，能够合理地利用自己的选择权利，有明确的目标，能够作出正确的自我评价，在活动中能够自我调节、自我监控，在生活中能够自我教育。发展学生的自主性能使学生获得可持续的发展。学生自主性的发展要求我们的教育提供适宜的土壤和适宜的发展空间。发展学生的自主性是儿童成长的必然要求。

自主发展是培养学生创造精神的需要。教师应积极引导学生从事实验和实践活动，培养学生乐于动手、勤于实践的意识和习惯，优化学生自主性发展的环境，培养学生的创造精神。

3. "为了每一位学生"的学生观

教师要面对、尊重、改善学生的个体差异，创造性地解决问题，要通过多样化教学，对不同学生进行区别指导，使不同学生都得到发展。学生是一个发展的人，他的发展是有规律的，其发展既有连续性，又有阶段性，不同的人有不同的发展轨迹，所以每个人在他发展的不同阶段，需要不同的条件，需要不同的教育环境。教师就要为每一个学生的全面发展服务。

4. 以人为本的学生观

学生是学习的主体，学生的发展是学校教育的目的和归宿，学校教育理应彰显"人"的个性，并从"小"处做起。这样既优化了育人环境，陶冶了学生的情操，无形之中又推进了素质教育，起到了润物无声的育人目的。

（四）新教学观

1. 教学是课程实施的基本途径

课程改革的核心环节是课程实施，而课程实施的基本途径则是教学。因此，课程方案一旦确定，教学改革就成了课程改革的重头戏。如果教学观念不更新，教学方式不转变，课程改革就将流于形式。课程教材改革是推进素质教育的突破口，而教学改革将是一场更持久、复杂的攻坚战。

随着社会的进步，当课程由"专制"走向民主，由封闭走向开放，由专家走向教师，由学科走向学生的时候，课程就不只是"文本课程"，而更是"体验课程"。这就意味着，课程在本质上不是对所有的人都给定相同的一刀切的内容，在特定的教育情景中，每一位教师和学生对给定的内容都有其自身的理解，对给定内容的意义都有自身的解读，这就会对给定的内容不断进行变革与创新，以便将给定的内容不断转化为"自己的课程"。如此一来，教学就不只是忠实地实施课程计划过程，而更是课程创新与开发的过程。课程在实施过程中还需要教学活动中诸要素，包括教师、学生、课程内容等的协同作用方能达成。教学与课程是内在统一的，是课程实施的基本途径。

2. 教学过程是师生交往互动的过程

以交往互动为特征的教学，要求教师与学生能有更多的沟通。教学中的"对话"，就是教师与学生以教材内容为"话题"或"谈资"共同去生成和创生"文本"、去构造"意义"的过程。它既是一项"原则"，又可以成为一种方法。从方法的角度说，它要求我们改变过去那种太多的"传话"和"独白"的方式，走向对话与交流，使"知识在对话中生成，在交流中重组，在共享中倍增"。

3. 促进直接经验与间接经验的交融

重新确立直接经验的价值，建构间接经验与直接经验相互促进的关系，是新课程教学理念的一项重要内容。因为，人的认知遵循间接经验和直接经验辩证统一的规律。直接经验是每一个体在认知、探究和改造世界的过程中亲自获得的经验，是个人的经验。间接经验则是他人的经验，包括人类在文明的演进过程中积累起来的一切经验。间接经验主要体现为自然科学、社会科学和文学艺术等文化成果。间接经验和直接经验是互为基础、互相促进的一对矛盾的统一体。而强调直接经验，即亲自体验的价值和意义，正是本次课程改革的重要特征。

4. 培养学生的创新精神和实践能力

传统的演绎型教学，扼杀了学生的创造性。当今世界是一个最需要创造的世界，是一个知识激增、人的大脑远远无法包容如此巨大知识量的世界。学生知识和技能的学习，只是教育的过程，而不是教育的目的，教育的目的应当是促进学生的发展。从教育教学的目标上讲，其重点就是要通过学生知识和技能的学习，学会学习，形成正确的价值观，培养学生初步的创新精神和实践能力，提高学生的科学和人文素养。

5. 构建充满生命力的课堂运行机制

一个充满生命活力的课堂，必然是教师在围绕学生发展精心设计的基础上，充分运用自己的教育智慧，保持课堂的高度灵活性和开放性，让自己融入课堂，与学生一道共同"生成"课程。什么样的课堂才有活力、智慧和情趣，才能让学生真正成为学习的主人呢？朱永新教授指出，应当具有六个特征：一是参与度，即有学生的全员参与、全程参与和有效参与。二是亲和度，即师生之间愉快的情感沟通与智慧交流。三是自由度，传统的课堂犹如军营，强调的是铁的纪律，少了一些轻松，少了一些幽默，少了一些欢声笑语。四是整合度，即整体地把握学科知识体系。整合度不高的课堂教学，往往把完整的知识搞得支离破碎，使学生得到的只是一些被肢解的知识，而不是真正的整合知识的智慧。五是练习度，即学生在课堂上动脑动手的程度。六是延展度，即在知识整合的基础上向广度和深度延展，从课堂教学向社会生活延展[①]。

---

① 徐仲林、徐辉主编：《基础教育课程改革理论与实践》，四川教育出版社2005年版，第74页。

（五）新学校观

学校是学习型组织，是培养人的机构，不是官僚结构，不是公司或企业，不是其他机构的附属品①。传统课程理念下的学校是忠实地实施课程的封闭场所。新课程改革为学校的角色和职能的转变提出了挑战，也为学校的发展提供了难得的机遇。在新课程理念下，学校被赋予了很多崭新的角色，学校应成为课程资源开发和运用的前沿阵地，成为校本课程开发的主体，我们应当加强学校与社区和科研机构的联系，丰富对学校教育和学校课程的认识，充分开发和利用校内外课程资源，大力发展校本课程、校本培训和校本教研，促进学生的全面发展、教师的专业发展和学校的特色化发展。课程是学校教育的核心，学校的办学特色在很大程度上取决于学校的课程特色。原先课程体系下的学校没有什么课程自主权，新课程实行国家、地方和学校的三级课程管理，学校有了一定的办学自主权，这就为形成学校的课程特色，进而形成学校的办学特色提供了契机。实现学校的特色化发展，这是课程改革赋予学校的新的使命。

（六）新教师观

新课程理念认为，教师要发生以下转变：①由传统的知识传授者向新课程条件下的知识传授者的转变；②教师成为学生的促进者；③教师成为研究者。

教师作为知识传授者的角色不会淘汰，但是它不再是教师唯一的角色，在新课程条件下，教师作为知识传授者的角色要发生很大的变化。传统意义上的教师的教和学生的学，将不断让位于师生互教互学，彼此形成一个真正的"学习共同体"。教学过程不只是忠实地执行教案的过程，而且是师生共同开发课程、丰富

---

① 全国课程专业委员会秘书处：《基础教育课程改革的反思与评价——第四次全国课程学术研讨会综述》，《课程·教材·教法》2004 年第 8 期。

课程的过程，课程变成动态的、发展的，教学真正成为师生富有个性化的创造过程。作为传统的知识传授中的教师的角色应发生如下变化：①由重传授向重发展转变；②由重教师"教"向重视学生"学"的转变；③由重结果向重过程转化；④由统一性的教育者转变为真正意义上的因材施教者①。

教师成为学生的促进者。在网络信息时代，教师作为唯一的知识来源和知识传授者的传统地位动摇了，教师在传授知识技能方面的职能变得复杂化。教师不能只限于传授现成的知识，更重要的是指导学生如何获取所需要的知识，掌握获取知识的工具和处理各种信息的能力。学生的学习方式正由传统的接受式学习向创造性学习、研究性学习转变，这就要求教师要成为学生学习的促进者。教师的工作更侧重于指导学生形成良好的学习习惯，掌握学习策略，发展认知能力；教师要为学生创设一个接纳的、鼓励性的、宽容的课堂教学情境。教师要尽快充当起教学活动中共存的双主体之一的角色，发挥出教师的主体性作用，促进学生的主动性、积极性、创造性的充分发挥。教师一方面应培养学生会学，引导学生质疑、探究，在实践中学习，掌握获取知识和处理各种信息的方法，从而使学生获得鲜活的知识；另一方面应该为学生的健康发展指明正确的方向，使他们获得高尚情操的陶冶，发展健全的人格，树立正确的世界观和价值观。

教师成为研究者，是新课程对教师的要求。这就要求教师对自己的教学行为加以反思、研究与改进，通过自己的研究，寻求答案，提出最贴切的改进意见，并不断地进行审视，以适应社会和教育的发展。教师参与研究的最佳方式是行动研究，教师应成为教育行动研究者，教育行动研究者的主体应是中小学教师，它

---

① 吴立保、汪明、杨虎民编著：《中小学新课程改革的理论与实践》，合肥工业大学出版社 2004 年版，第 59 页。

在根本上意味着教师对自己的教学活动的一种考察和反思，它的最大的现实意义在于可以让教师"理解"在他的实践中有着内在联系的多种要素的含义，从而使自己的实践更具理性特征①。

第四节　课程改革中的教师与学生

要正确认识课程改革中教师与学生的变化，必须从传统课程与现代课程对比的角度来考究课程改革中课程、教师、学生三者之间关系的演变。传统课程观认为，课程的本质是知识，且知识是先验的、先在的、外在于人的客观存在，知识的多寡决定了人的生存状态和生存品质。教师是那些"学有专攻"、"闻道在先"的教育者，是课程的解释者、说明者、控制者。学生只是被动接受知识的容器。教育者所关注的只是知识的选择和传授知识的方式，而不是这些知识对于学习者的内在价值。因此，知识的载体获得了比求知者更为根本性的地位。知识本身成为目的，它控制了课程，控制了教育，也控制了人。教育者和受教育者都是围绕知识运转的机器，知识成了人生存的异化力量。知识和知识传播的方式凌驾于学习者之上。在这种哲学境遇下，知识超越了个体存在，而个体的存在则依赖于知识的获得。现代课程观认为，课程是学生和教师共同构建意义的过程和文本。课程的本质不是僵死的知识，而是学生个体创生的具有生命力的意义和体验。课程不是先验的、预设的、外在于人的客观存在，而是个体创生的、具有丰富意义的文本和过程。教师是帮助学生、与学生共同构建意义的课程建构者。学生也不再是被动接受知识的容器，而是在自身经验的基础上，创生课程的课程开发者。

---

① 吴立保、汪明、杨虎民编著：《中小学新课程改革的理论与实践》，合肥工业大学出版社 2004 年版，第 61 页。

本节主要围绕课程改革来阐述教师与学生发生的变化。

一 课程改革与教师

课程改革必然给教师带来巨大的变化，并对教师提出新的要求。

（一）教师在课程改革中地位的变化

1. 由"单纯的课程传递者"转变为"课程的传递者和生产者"

长期以来，教师的任务只是将教育行政部门、教育专家、学科专家预先制定的课程付诸实施，教师扮演的角色仅是课程知识的传递者。

新课程实行国家课程、地方课程和学校课程三级课程管理政策。三级课程的实施意味着原来属于国家课程开发的权力部分地下放给地方、学校和教师，从而使课程开发不再仅仅是学科专家和课程专家的专利，教师也成为课程开发的主体之一。校本课程的开发由学生所在学校的教师编写。此外，课程实施的技术化、程序化被彻底消除了，课程实施再也不是就原初的课程文本"按图索骥"的过程，而是师生主体在这种外部的课程资源的基础上，根据自身情境创生和建构个体意义的过程。这样教师不再仅仅是课程的被动的传递者，而在某种程度上已成为课程的生产者和设计者。

2. 由"单纯的课程实施者"转变为"课程的实施者和研究者"

长期以来，我国的中小学课程一直是统一内容、统一考试、统一教材、统一标准。在传统的教学过程中，教师是严格执行课程计划，忠实地向学生传授课本知识的"教书匠"，这使得教师过分依赖教科书和教学参考书，影响了创造力的发挥。

新课程鼓励教师搞科研、搞创新，强调教学过程是师生主体共同开发创生的过程，教学真正成为师生富有个性化的创造过程。校本课程的开发、课程的灵活性与弹性的加大、教学目标与结果的不确定性、教学内容的不确定性、教学过程和方法的不确定性等，赋予了教师更大的自由空间和权力，但同时要求教师要有承担课程开发和研究的义务和责任。这些都意味着课堂不仅是课程的实施场所，而且也是进行教育教学实验的实验室。教师既是课程的实施者，同时又是课程的研究者①。

3. 由"课程的被支配者"转变为"课程的评价者"

传统教学中，教学目标和教学内容完全受教科书和教学大纲的支配，教师忠实地执行教学大纲的要求，对教科书和教学大纲本身缺乏反思与批判。新课程改革中，人们充分认识到教师作为课程实施者，相对于课程专家和其他有关人员而言，他们对课程编制的质量及实施情况更为了解、熟悉；"课程教材究竟编写的怎么样，实施贯彻的怎么样"，教师在课程评价中具有绝对的发言权和相当的可靠性、有效性；教师对现在课程设置和安排、课程内容的取舍、教材的编排和体例等方面的意见和看法对课程建设来讲是十分珍贵的；教师对于课程评价比较准确、中肯，能反映其客观情况。教师作为课程与教学情境的"内部人员"，在课程评价中具有主体性。因此，在课程改革中广泛听取教师的意见，使教师成为课程评价的重要主体之一。

（二）课程改革对教师教学活动的变革

1. 教师角色的转变

（1）在师生关系上，教师作为权威逐渐由外烁的权威转变为内在的权威

在传统教学中，教师具有至高无上的权威。中国古代就有"天、地、君、亲、师"一说，西方古代教育中的严格的纪律和严厉的体罚制度，实际上树立了高高在上的教师形象。教师是知识的载体，是传授者，也是社会的代言人，现行的教育制度、教

---

① 张秀琴：《基础教育课程改革中教师角色的转变》，《教育理论与实践》2003年第 2 期。

学模式、教学组织形式把教师置于远远高于学生的地位。师生关系成为了一种管与被管、权威与服从、控制与被控制的关系，而不是平等、对话、交流的关系。新课程改革要求教师不仅是知识的传递者、纪律的管理者，而且更是道德的引导者、思想的启迪者、心灵世界的开拓者、人格的塑造者。这就意味着教师仅靠过去外烁的权威无法担负起自己的职责。随着课程改革的实施，学生在人格上逐渐与教师平等，相对于过去依靠外在的手段达到外烁的权威，现在教师通过提高自身内部的修养来达到内在的权威，如自身的文化修养、人格魅力等①。

（2）在教育教学过程中，教师由知识的传授者逐渐转变为学生学习的促进者

在传统教学中，教师是知识的传授者，学生是知识的接受者；学生在教师的控制和监督下进行学习；教学以知识传授为主旨，学生的情感、意志、兴趣、性格等方面不太受教师的关注。教学方向、内容、方法、进程、结果和质量等，都由教师决定和负责，学生的任务和责任就是"应试"和接受评定。在新课程实施中，学生的学习方式正由传统的接受式学习向自主、合作、探究式学习转变，这就要求教师必须从传授知识的角色向促进学生发展的角色转变，改变过去给学生灌输传授知识的教学模式，帮助学生创设学习环境、引导学生自主探究。其角色行为表现为：帮助学生确定适当的学习目标，并确认和协调达到目标的最佳途径；指导学生形成良好的学习习惯、掌握学习策略和发展能力；创设丰富的教学情境，激发学生的学习动机和学习兴趣，充分调动学生的学习积极性；为学生提供各种便利，为学生服务；建立一个接纳的支持性的宽容的课堂气氛；与学生一起分享他们

---

① 胡艳：《从 21 世纪教育发展趋势来看未来教师角色发展的变化》，《北京师范大学学报（人文社会科学版）》2002 年第 2 期。

的情感体验和成功喜悦；和学生一道寻找真理；能够承认过失和错误①。

（3）在教学组织过程中，教师由纯粹的管理者逐渐变为发展的引导者

传统教学中，教师作为那种外在于学生的、高高在上的监视者和控制者，置学生于被动地位，未能发挥学生的主体性，严重束缚学生的个性发展。新课改教学中，教师融于学生群体之中，成为学生群体中的平等一员，与学生一起共同探索、讨论和交流。威廉姆·多尔（W. Doll）曾明确指出教师在教学交往中的角色作用——"平等者中的首席"。作为平等者中的首席，教师的作用没有被抛弃，而是得以重新建构，从外在于学生情景转化为与这一情景共存。教师是内在于情景的引导者，而不是外在的专制者。

（4）在教师自身成长过程中，教师由"职前学习者"转变为终生学习者、研究者。现代社会，知识更新日新月异，教师在职前的知识储备量已远远不能适应新课程对教师知识素养的要求，为此，教师必须不断补充自己的知识储备。此外，多年来，学校教学一直是分科进行的，教师往往很少涉猎自己所教学科外的知识，这种单一的知识结构远远不能适应新课程需要。由于综合课程内容和课题研究涉及多门学科和知识，所以要求教师要不断学习、改善自己的知识结构。

教师角色的另一个重要转变就是教师成为研究者。教师要从单纯的知识传授者变为学生学习、身心发展的促进者，教师本身必须是一位积极有效的教育教学的研究者。因为教育教学问题具有极大的实践性和情境性，教师不对自己的教育教学活动进行深刻的反思，照搬理论是很难解决实际问题的。

---

① 傅道春：《新课程与教师行为的变化》，《人民教育》2001 年第 12 期。

（5）在课程实施方面，教师由"课程的忠实者"变为"课程的创生者"

传统课程中，教师这一角色的实质是，教师即课程专家所制定的课程变革计划的忠实执行者。教师就是课程的"消费者"，他应当按照专家对课程的"使用说明"，循规蹈矩地实施教学。这种忠实取向的课程实施观在本质上是受"技术理性"所支配的。现代课程摒弃了这种取向，认为真正的课程是教师与学生共同创造的教育经验，课程实施本质上是在具体教育情境中创生新的教育经验的过程，强调教师与学生在课程变革中的主体性和创造性，强调个性自由与解放。因此，该取向在本质上是受"解放理性"支配的，教师是课程的创生者。

2. 教学方式的转变

传统教学过程往往分为组织教学、讲授知识、巩固知识、运用知识、检查知识这样几个阶段。这种教学方式实质上建立在教师为主体、学生为客体，教师主动、学生受动的主客二元化基础上的"教师中心说"。教师在整个教学过程中具有支配性地位，忽视学生的自主性，造成机械、被动地传授知识的局面。实施新课改要求彻底消解"教师中心说"，构建"交互主体说"即教师与学生互为主体。

（1）变"组织教学"为"动机激发"。传统教学中，教师经常依靠外在的纪律来维持课堂教学，忽视对学生学习动机的激发，使学生处于被动局面，缺乏学习动力。新课程要求教师要充分挖掘教材内在的意义，激发学生的学习动机和热情，使学生能够主动参与学习。

（2）变"讲授知识"为"主动求知"。传统教学中，教师视自身的主要任务为向学生清楚地讲授教材内容。然而，教是为了学，学习是学习者主动参与的过程，只有学习者自身主动积极地参与，教学活动才能取得成效，因此，新课改要求教学应是教师引导学生主动学习的过程。

（3）变"巩固知识"为"自我表现"。传统教学中，往往以大量的习题来巩固所学知识，一方面造成学生缺乏实际表现和操作运用能力，高分低能；另一方面，大量的重复性练习造成学生的厌学心理。实施新课改要求通过学生的自我表现来展示所学内容，激发学习动机，树立自信心，并增强实际运用知识的能力，达到真正地掌握知识。

（4）变"运用知识"为"实践创新"。传统教学中，教师向学生传授知识的最终目的就是让学生仅仅学会对所学知识的运用，而社会要进步，科技要创新，更需要的是创新型人才，因此新课改要求教师要培养学生的实践创新能力，不能牵着学生的鼻子走。

（5）变"检查知识"为"互相交流"。传统教学中，教师往往依靠考试等测评手段来检查知识的掌握程度，给学生造成了过多的焦虑等负面效应。实施新课改以来，要求让学生通过学生间、师生间的学习体会和情感体验的交流，总结知识，体验学习方法，感受学习的酸甜苦辣。成果汇报、学习拾遗等，都是很好的交流方式。总之，要让学生在相互的交流中，将所学的知识形成完整的知识体系，构建崭新的认知结构来提高学生的实践创新能力。

（三）课程改革对教师的职业素质的要求

1. 转变传统观念

新课改要求教师改变传统观念，在课程价值观上，教师必须改变知识中心取向的课程目标观，树立促进学生知识与技能、方法与过程、情感态度与价值观等全面发展的课程目标观；在学生观上，教师应把每一个学生都视为具有无穷发展潜能的个体，以灵活多样的方式来评价学生，促进学生多元智能的发展；在知识观上，要认识到知识具有文化性、情境性、价值性、建构性等特征，知识的确定性、客观性、真理性只是相对的；在教材观上，提倡教材多元化，将教材看作师生进行建设性对话的"材料"和"文本"。教师应主动地选择和增添教材以外的教学资源，以满足学生的多方面的发展需求。

2. 提高课程开发意识

随着三级课程管理体制的建立，课程开发能力已成为教师必备的专业能力之一。这就要求教师要在新的课程环境中，不断培养自己的课程开发意识和参与意识，提高课程建设和开发能力，成为课程的建设者和开发者，而不能单纯扮演课程的执行者、实施者的角色。此外，课程实施的过程，本身就是师生主体共同创新课程意义的过程。教师要提高在课程实施过程中创生、开发课程的意识和能力。

3. 提高合作交流的能力

一方面，新课程的实施，要求教师与学生进行平等的交流、对话，这就要求教师要提高自身与学生之间进行交流的能力。另一方面，新课程增强了教育者之间的互动关系，将引发教师集体行为的变化，在一定程度上改变教学的组织形式和教师的专业分工。课程的综合性，强调各学科整体协调，综合育人。这些都要求教师要提高合作交流能力。

4. 提高更新知识的能力

一方面，新课程中大量吸收了最新科学技术发展的成果，最新社会发展的历史及各种新的理念，这就要求教师要不断学习新的内容，以引领新的发展方向。另一方面，新课程强调课程的综合性，必然要求教师改变以往学科知识单一的状况，不断融合其他相关基础学科，对其知识结构进行更新。总之，教师必须树立终身学习的观念，提高自己的学习能力，不断拓展自己的知识面，更新教育观念，掌握科学的教育方法，提高教学效率，以适应现代教育的需要。

二 课程改革与学生

学生是学习活动的主体，而学习内容（主要是课程内容）的变革必将给学生带来变化和提出新的要求。

（一）学生在课程改革中的地位

1. 由课程实施的"被动适应者"转变为"主动的选择者和安排者"

传统课程设置中，所有的学生都按照标准化的课程表在相同的时间学习同样的课程，学生自己没有权力来选择和安排课程。这不符合不同学生的认知特点和学习风格，不能充分满足不同个体的差异性需求。实施新课程以来，学生不再被动地执行已经规划好的课程安排，而是可以根据自己的需要来选择不同的课程，安排自己的学习进度，充分凸显了学生的自主意识。

2. 由课程知识的"盲目迷信者"转变为"理性的理解者和超越者"

传统课程观中，学生必须忠实于课程内容，对课程内容不能有异议，这就使学生对课程知识盲目迷信，抹杀了学生批判和创新的能力。实施新课程以来，充分尊重学生的主体意识，鼓励学生理解、探究，并对课程意义的自我构建。学生在个体经验的基础上，通过与课程进行对话达到理解和超越课程文本。

3. 由课程开发的"被动者"转变为课程开发的"主动者"

传统课程中，学生仅仅是课程的被动接受者，没有开发课程的权力。实施新课程以来，当学生的主体地位确立之后，他就不是别人为他准备好的课程的被动接受者，而是他自己的课程的主动开发者、他自己的课程的主体。课程决不是教材这一个因素，而是教师、学生、教材、环境四个因素动态交互作用的有机体，学生是课程的有机构成部分，他有权诘问他应当朝哪个方向发展、他应当学什么①。

（二）课程改革对学生学习活动的变革

1. 学生角色的转变

（1）由知识的接受者转变为意义的建构者

传统课程观认为，知识被视为是独立于人脑之外的"客观存在"，而学生则被视为是"知识的容器"。在整个教学过程中，学生始终作为知识的被动接受者。新课程观认为，知识是"一种解释，一种假设，它并不是问题的最终答案，相反，随着人类的进步而将不断地被革命掉，并随之出现新的假设"。知识不能以实体的形式独立于个体之外。基于对知识本质的理解，实施新课程以来，学生从被动的知识接受者的角色地位中解放出来，而成为知识意义的主动建构者。

（2）由封闭的学习者转变为开放的学习者

在传统课程中，学生的学习主要是基于对"客观"知识的识记。在教师传授知识之外，学生完全可以根据自己的特点完成这些识记任务，学生的学习基本上是封闭的。另外，传统学习环境下激烈的竞争气氛也使得学生这种封闭的学习者角色进一步强化。而在新课程改革过程中，则强调学习过程的合作性与开放性。在讨论与协商中，不同观点的对立可以更好地引发学生的认知冲突，从而深化学生对事物的认识。与传统学习相比，学生从封闭的孤独的学习者转变为开放的合作的学习者。

2. 学习方式的转变

在知识激增、信息爆炸的时代，一个人拥有多少知识并不是最重要的，学会如何寻求和获得知识才是最为重要的，最具有意义的。传统课堂教学模式基本上是灌输—接受，学生学习方式基本上是听讲—背诵—练习—再现教师传授的知识。学生完全是被

---

① 张华：《课程与教学论》，上海教育出版社 2000 年版，第 206 页。

动地接受知识，把教师讲的内容储存起来。家长和教师都要求学生注意听讲、用心记忆，"听"和"记"成为学生最重要的学习方法。转变学生的学习方式就是要改变这种状态，把学习过程之中的发现、探究、研讨等认识活动凸显出来，使学习过程更多地成为学生发现问题、提出问题、分析问题、解决问题的过程。因此强调发现学习、探究学习、研究学习，成为本次课程改革的亮点。

（1）自主学习，是就学习的内在品质而言的，相对的是"被动学习"、"机械学习"和"他主学习"。是指学习者在一定程度上从元认知、动机和行为方面积极主动地参与自己学习活动的过程；是学习者运用认知策略和动机策略来促进自己的学习，选择合适于自己的学习方法，建构和创造有利于自己学习环境的过程；也是学习者系统地引导自己的思维、情感和行为，使它们指向目标实现的过程。具体地说，自主学习主要有以下几个特征，即其动机应该是内在的或自我激发的，学习的方法是有计划的或经过练习已达到自动化的，学习的时间是定时而有效的；自主学习的学生能够意识到学习的结果，并对学习过程作出自我监控，能够主动营造有利于学习的物质和社会环境。自主学习并非是简单的积极主动的学习，也不是绝对独立的学习。它是一种自动的、建构性的学习过程。在此过程中，学生首先为自己确定学习目标，然后监控、调节、控制由目标和情境特征引导和约束的认知、动机和行为。自主学习是一个相对概念范畴，它只能表示出学习的自主程度的大小以及在学习的哪一方面是自主的。因此，在实际的教学过程、教学活动中，我们必须最大可能地创设让学生参与到自主学习中来的情境和氛围。

（2）合作学习，是针对教学条件下学习的组织形式而言的，相对的是"个体学习"。合作学习是指学生在小组或团队中为了完成共同的任务，有明确的责任分工的互助性学习。它有以下几个方面的要素：积极承担在完成共同任务中个人的责任；积极的相互支持、配合，特别是面对面的促进性的互动；期望所有学生能进行有效的沟通，建立并维护小组成员之间的相互信任，有效地解决组内冲突；对于个人完成的任务进行小组加工；对共同活动的成效进行评估，寻求提高其有效性的途径。合作学习不会因为强调合作而降低学习成绩。事实证明，要提高学习成绩，应同时促进情感和社会意识方面的发展。合作学习可以帮助学生通过共同工作来实践其社会技能。在合作式的小组学习活动中可以培养学生的领导意识、社会技能和民主价值观。

（3）探究学习，从广义来看，探究学习泛指学生主动探索的学习活动。从狭义来看，作为一门独立的课程，探究学习是指在教学过程中以问题为载体，创设一种类似科学研究的情境和途径，让学生通过自己收集、分析和处理信息，实际感受和体验知识的产生过程，进而了解社会，学会学习，培养分析问题、解决问题的能力和创造能力。其实，狭义地理解探究学习，就是让学生搞科研，只不过这种研究不等同于科学工作者的研究，它不注重结果，而注重过程。它不以解决科学问题，获取科学发现为目的，而是让学生在教师指导下，结合自己的兴趣，通过对某一课题的研究活动而培养实践能力、自主探究能力，收集处理资料和信息的能力，培养科学研究的意识和创新精神[1]。

（三）课程改革对学生的要求和挑战

1. 要学会学习

新课程为学生提供了许多可供选择的学习科目和模块，这就要求学生有能力根据自身的情况选择适合自己学习的内容；教师在教学过程中，赋予学生更多的自主权和更多的自我安排时间，

---

[1]　余存裕等：《浅谈在新课程背景下学习方式的转变》，《宁波大学学报（教育科学版）》2005年第4期。

这就要求学生能够选择适合自己的学习策略。学会学习，符合终生学习的理念和追求。现代社会，新技术、新知识不断涌现，使得知识和信息的总量在急剧增加，知识老化的速度在迅速加快，知识更新的周期不断缩短，因此学会学习对学生来说就显得至关重要。

2. 要有问题意识

新课程要求学生不再是贮存知识的容器，对知识不加分析地盲目接受，而应该具有批判意识，能够对所学知识本身进行发问，产生更多的问题，进行研究性、批判性学习。问题意识是创造力的基础，是发明创造的必要条件。只有学生具有问题意识，才能善于发现问题，并积极主动地思考问题，才能有所创新，有所突破。

3. 要有创新精神

创新是一个民族的灵魂，也是一个国家永葆生机的源泉。新课程为培养学生的创新精神，在课程设置上不是像传统课程那样只注重给学生提供现成的、固定的答案，而是往往不提供现成的答案，或没有固定的答案，注重激发学生的创新能力，培养学生的创造力，使学生能够自己发现解决问题的方法。因此，学生要有创新精神。

4. 要有团队精神和合作能力

未来社会，不仅要求一个人要有独立能力，而且更强调要有团队精神和合作能力。社会的建设，不仅需要个体的自我努力，而且更需要集体的合作和交流。因此，新课程在课程设置上，提倡活动课程，要求学生通过合作学习，促进共同发展，培养学生的合作能力，提升学生的道德情感，以适应未来社会新型人才的需要。因此，学生应具有较强的团队精神和合作能力。

第十章 教学评价哲学

对教学评价的研究与讨论，不是对教学评价的定义，既不是规范"教学评价是什么"，也不是要反思"教学评价要做些什么"，因为教学评价的概念或界定，像"人性是什么"之类的话题一样，具有不确定性，并随着社会发展而不断地衍生。教学评价就是对教学工作作出判断，是否实现了教学这种社会实践活动的功能。不管从什么立场出发，从什么理论基础推论，教学评价都要完成这样的工作。

教学评价一直在人们的视野中，被人们关注和讨论着。但是，我们研究与讨论的不是"教学评价是什么"的问题。我们讨论与研究的是，什么是"好的"、"科学的"、"合理的"教学评价。换言之，我们对教学评价的讨论，自始至终都根植于某种价值立场。一套完整的教学评价理论也好，一些片断的教学评价的"真知灼见"也好，都是在特定价值立场的指导下，构建试图指导实践活动的图式。

而教学评价的哲学反思，亦不能逃离这一范畴。教学评价哲学要反思的是教学评价的目标选择、内容选择、工具选择的合理性，反思教学评价在社会效益与社会公平杠杆中的切合点。

在教学中，对教学评价如何视之，这本身就是一个具有深层反思性的问题。处理教学中的教学评价工作本身就是教学哲学的范畴——即使这一范畴的规范化历史算不上悠久（熟知教育史的人都知道，评价在 20 世纪中叶才作为独立领域初登教育殿堂）。

从宏观的教学来看，教学评价的哲学就是追问"教学评价在教学中的呈现形式"。随着时代的发展，当代的教学学者即使对评价并不专业，也不会脱离教学评价谈教学。在人们的意识中，评价早已有了深刻的印记。这无论如何都是一件好事。然而，塞翁失马，焉知非福：当一个概念在大众中流行开来后，它就表现出强烈的惯性，丧失了大部分的自新动力。成为潮流，当然是一种成就，可是潮流的深刻缺陷也是令"醒着的人"痛苦一生的。痛苦，因为它成为像老舍《猫城记》中"所有猫不知所以地瞪着的空无的天空"一般滑稽，一般荒唐。如果教学评价也像"空无的天空"一般，成为学界的"言必称之，称必浅之"的话，那么，可见我们的反思水平是很不够的。

从微观层面来看，教学评价的哲学就是要专门反思教学评价的内部组织的可能性、合理性与嬗变趋势，就是要在反思中建构教学评价的内部结构，使之避免成为"空无的天空"。

第一节　教学评价观的历史反思

概念是对事物本质揭示的逻辑形式，它蕴涵着主体的价值立场和取向。不同的历史时期，教学评价所负载的价值是不同的，是特定时代的教学价值精神的表征。对教学评价不同时期的价值内涵的不断反思，构成了教学评价意义的历史性进步。尽管如本章开头所言，对教学评价进行研究和讨论，不是要对教学评价下定义，更不是规范"教学评价应该如何去做"，但揭示不同时期的教学评价观，即对不同时期人们对教学评价的价值前提和定位进行反思，则是教学评价哲学要做的事情。

美国著名评价学专家古巴和林肯（E. G. Guba & Y. S. Lincoln）曾对教学评价的发展进行了历史的划分，并对不同时期的教学评价进行剖析，探究了评价观的发展与变化。他们认为，1897—1898 年美国学者莱斯（T. M. Rice）对 3 万多名小学生进行拼字测验，以检验拼字教学时间对学习效果的影响，此事件作为教学评价研究的开始，教学评价进入第一个历史阶段，即测验与测量阶段。这一阶段的教学评价称为第一代教学评价，时间区间从 19 世纪末到 20 世纪 30 年代初。心理学实验室的建立，随之教学科学化的追求成为时尚，各种名目繁多的智力、学业成就、人格的测验工具不断涌现出来，教学评价主要是对学生的学业、智力、人格等进行科学的测量，这些都标示着教学评价的科学化水平。这一代教学评价所秉持的评价观是：教学评价就是对教学特别是对学生进行某种测量，并给予量的赋值。评价者的工作就是测量技术员的工作——选择测量工具、组织测量、提供测量数据。评价工具的开发依据科学（实为实验心理学）的原理或原则，开发这种工具的人是心理科学家。可见，这一代的教学评价将教学看作是对学生的心理或生理的塑形；评价是对塑形结果的具体的描述。在这种教学观和评价观中，学生是待加工的原料和产品，教师是类似于工厂中的加工者或操作者，其主体地位不被确认也不能被确认，只是被动地作为赋值者或被赋值者的存在而已。

随着 20 世纪 30 年代初"八年研究"的兴起，一直持续到 50 年代，教学评价观发生了移位，即以目标为参照系的"描述"（description）——描述教学结果与教育目标相一致的程度，不同于第一代教学评价的"测量"。如果说第一代教学评价的"测量"只是给学生赋值的话，那么这一时期所要"描述"的是学生与已经确立好的目标的差异。因而具有了"参照"的含义。于是将这一时期的教学评价称为结果参照性描述是恰当的，从此教学评价进入第二代。这一代教学评价的核心人物是泰勒。作为"八年研究"的评价组主任，泰勒指出，评价应该是一个过程，而不仅仅是一两个测验。评价过程不仅要报告学生的成就，更要描述教学结果与教学目标的一致程度，从而发现问题，改进课程教材和教育教学方案和办法①。基于评价的过程性与目标达成程度的描述性判断的思想，人们将思考的方向转向了怎样来完整而恰当地对教学目标进行描述。这是不无道理的。因为作为评价的参考系，目标的精当性、完整性和可理解性是前提和基础，犹如测量长度的尺子或测量质量的衡器，如果尺子不精确或衡器不准确，必然反映出其测量结果是有差异的，因而也是无效的。将评价与目标联系起来是泰勒的一个了不起的贡献。这时对教育教学目标的确定成为一个很有挑战性的问题。对此，美、英等国出现了诸多针对评价而设计的教育教学目标体系，其中，以泰勒亲自参与并指导的布卢姆的教育目标分类学影响最大。布卢姆等人明确指出，制定教育目标是为了便于客观的评价，而不是表达理想的愿望，事实上，只有具体的、外显的行为目标才是可测量的。他曾用公式来这样表达其思想："目标＝行为＝评价技术＝测验问题。"②

　　可见，第二代教学评价的评价观反映出如下特点：第一，认为评价是一个过程，即将教学结果与预定教学目标相对照的一个过程，或是指根据预定目标对结果进行客观描述的过程。第二，评价的关键是要确定清晰的、可操作的行为目标。第三，评价不等于考试和测验或测量，尽管考试、测验或测量可以成为评价的一部分。不容置疑，这一代教学评价在本质上与第一代教学评价相比更加具有了科学化的意蕴。但是同样不容置疑的是，在这种评价观中，评价仍只具有工具的意义，至少在如何去通过评价改善教育教学的过程、体现教学评价的实践改进价值上还是很不够的。事实描述和判断相对充分，而价值描述和判断明显不足。将

---

　　① Tyler. R. W., Basic Principles of Curriculum and Instruction, Chicago, IL: The University of chicago Press, Chapter 4, 1949.

　　② B. S. 布卢姆等著，邱渊等译：《教育评价》，华东师范大学出版社 1987 年版，第 62 页。

事实与价值、手段与目的割裂开来是这种评价观的基本特征。尽管在这一评价观的指导下，发展出一系列关于教学目标体系的成果，对教学实践也产生了一些积极的影响，但教学目标能否清晰、精确和完整地描述出来，它自认为是可能的。事实上这只是将教学过程简单化处理的一种方法而已。将简单的事情复杂化，是一种错误；将复杂的事情简单化，亦是一种错误。与其说是人作为主体的抽象、思维和概括能力的提升，不如说是人类认识能力的历史局限。尤其是这种评价观忽视了教学过程中的具体性、情境性以及教的主体——教师和学的主体——学生的创造性，将其毫不留情地置于客体地位，是时代发展过程对主体性的承诺的侵犯。

随着20世纪50年代后期开始的教育教学改革的进一步推进，教学评价观再次发生了新的思考和实践的方向，进入到第三代教学评价，这种评价大体持续到70年代末。这一代评价的评价观被表征为："价值判断"（value judgement）。它是将"价值"（value）与"判断"（judge）密切结合起来，从而昭示了评价的价值立场与旨趣，进而为教学实践的改良与优化提供了基础和可能。比如，这一时期人们开始思考：已经确定的教学目标是否需要评价？它的正当性或合理性在哪里？再如，评价本身是否需要一个标准？如果需要标准，能否建立科学、客观的"价值中立"的标准？这个标准是否存在等。此时，教学评价的完整表述似乎是这样的：教学评价是对教学活动满足个体需要和社会需要的程度的判断活动，是对教学活动现实的（已经取得的）或潜在的（还未取得，但有可能取得）价值作出的判断，以期使教学活动价值增值的过程。可见，这种评价观既表明和重视了对教学活动的"事实判断"，即对教学活动进行量（或质）的记述，对活动属性、现状作出客观描述，又表明和重视了对教学活动的"价值判断"，即在事实描述的基础上，根据评价者和被评价者的需要和愿望对客观事实作出评判。这样，将评价观定位在客观性与主观性（主体性）相统一的活动上，并期望为活动的优化作出价值指向。美国学者格朗兰法（Gronlund，N. E.）在 1971 年对评价有一个极为简洁的表述：评价 = 测量（量的记述）或非测量（质的记述）＋评价判断①。它走出了第一代评价观所预设的客观的、价值中立的、精确的误区，确认了价值判断是评价的本质，确认了价值的过程性。在这种评价观的支持下，形成了一系列与之相应的评价模式，如"形成性评价"、"目标游离评价"、"内在评价"、"背景、输入、过程、成果（CIPP）评价"、"差距评价"等。

前三代教学评价在理念上相互承接，每一代评价观都是力图在克服上一代评价观的缺陷的基础上的修正性补充，更多地做着加法的工作，以适应和符合时代对评价的新要求。评价发展有其历史的逻辑，一旦启动便不可能停止下来，从而沿着这种逻辑道路走下去。从现实的评价实践看，第三代评价及其所依循的评价观仍然具有指导意义和策动实践的价值，仍然是人们普遍尊奉的理念和实践模式，但其在当下所暴露出来的弊端也日益明显。具体表现在：第一，过于浓重的管理主义色彩。管理者总是通过提供资助去控制评价，决定评价的范围、任务和对象。一方面评价者尽管对评价的对象、问题、收集资料的方法有专业的考虑，但依然必须按照管理者的意图去行事，一旦出现分歧，也往往采取妥协的方式；另一方面，其他与评价有利益关系的人尤其是被评价者无法在评价中维护自己的利益，阐述自己的见解，更无法也无权采取更有效的改进活动，其主体性无从谈起。由此引起的可能后果是评价者和被评价者的不合作，评价的真实价值无法体现；第二，过分的依赖科学范式。对"量"的依赖和信念，使

---

① Gronlund，N. E. ，Measuremenl and Evalution in Teaching ，pp4，1971.

"质"的探究受到挤压和边缘化，尽管在第三代评价中有关于"质的记述"的要求，但它只是量的补充，并且对此讨论的深入程度是很不充分的。这样一来，对评价中道德的承诺和责任的担当是不够的，对价值多元也是排斥的。而社会、教育在根本上是价值多元的，各种价值诉求应该有一定程度的认可和适当表达的空间。这些缺陷或弊端在中国当下的教学评价实践中表现得更加淋漓尽致。

在批判前三代教学评价理念或评价观的基础上，出现了第四代教学评价。这种评价的核心思想是，认为评价在本质上是一种通过"协商"而形成的"心理建构"，因而成为"建构的评价观"。它坚持和捍卫"价值多元性"的信念，反对"管理主义倾向"。如其代表人物斯塔克（R. Stake）认为，评价的意义在于促进发展和服务发展；为了使评价有利于服务对象的个性发展，评价者就应该首先关注服务对象关注的问题、兴趣和焦点。在此基础上，他提出了一个以"回应"服务对象为起点的评价模式，即"回应模式"（responsive model）。另一位学者古巴（E. Guba）提出了"自然式探究（naturalistic inquiry）模式"。其基本的假设包括：第一，社会现实是多元的，只能从整体上加以研究。如果只对一些变量的过程进行独立的研究，那将不可避免地偏离问题的实质；第二，研究的主体与客体是相互作用、相互影响的，要使两者完全独立，既不可能也无必要；第三，研究的目的就是为了导向更有价值的社会，更有价值意味着它是各种价值观的对话而达成的妥协的结果；第四，不是要形成一种具有永恒价值、超越具体情境的有关普遍的东西，而是要形成一种独特的、适合于解决特定问题的认识，具有特定时空性约束。这些假设支持了第四代评价理念的形成，也表现出了如下的特点①：把评价视作

---

① 张华《课程与教学论》，上海教育出版社2000年版，第383页。

评价者和被评价者"协商"进行的共同的心理建构过程；评价受"多元主义"价值观的支配；评价是一种民主协商、主体参与的过程，而非评价者对被评价者的控制过程，学生（被评价者）也是评价的参与者、评价的主体；评价的基本方法是质性研究方法。与此相应，在实践界和理论界的共同努力下，表现的评价观的评价模式或方法也不断涌现出来，如艾斯纳（Eisnar，E. W）的"教育鉴赏与教育批评（educational connoisseurship and educational criticism）模式"，产生于教学实践中的"档案袋评价"（portfolio assessment）及"苏格拉底式研讨法"（Socratic seminars）等，都有着相同的理念和追求。

上述对教学评价观的简略回顾与反思告诉我们，教学评价观是一种历史性的存在，它既不唯一，也不永恒。随着社会的进步、教育教学的发展，人们在教学评价实践中会不断发展并获得对评价的新思想、新方法，伴生出新的教学评价观，而新的评价观也会带着辉煌和不与时代相吻合的缺憾走入历史，再孕育出更新的历史时代。

第二节　教学评价的目标选择

目标选择问题是教学的首要问题，它决定着教学要形成的人的规格问题。泰勒对课程与教学原理的研究被人们广泛地谈论，但对目标的哲学思考，杜威的思想为人们提供了广阔的空间。我们也许并不是杜威的坚定追随者——这可能是因为我们有自己的存在时空，也可能我们曾经的确对杜威也保持着一种灵魂深处的误解。然而，即使是误解，却也是我们的能力所不能达到的境界。因而，我们还是希望即将讨论的内容，是因为我们占据着独立的时空，而不是对杜威的不解——我们强调教学的某种"目标"。而这种目标是什么，我们确实是有些自己的想法。

一　目标存在方式之争

首先回顾一下教育界长期以来围绕着"目标"而进行的争论。教学评价需不需要"目标"？这种争论的另一表达形式是对教学评价的目标存在性进行质疑：教学评价有"目标"吗？马克思说，最笨的建筑工人都比最聪明能干的蜜蜂聪明——即使前者的作品永远也达不到后者的鬼斧神工。因为前者在成品之前就在意识中有了一个"预成品"。在马克思看来，人与动物的根本区别，恰恰通过这一对比形象而直接地表达了出来。这一认识成为所有人的共识。在这一认识主导下，我们对教学评价的目标存在的可能性与合理性还有质疑的空间吗？这样看来，我们在这方面长期以来的争论成为一种无谓了。

可是不然。因为不论杜威坚持教育无目的（标）①也好，还是反对杜威的人坚持教育有目的（标）也好，人们都不是对目的（标）的否定，而是对其存在方式的争论。

杜威坚持教育无目的（标），目的（标）寓于活动过程之中。与杜威思想相对立的坚持教育有目的（标）的一方，特指的目的（标）是在活动之前的预成，也即是目的（标）在活动过程之外。

哲学上"存在与否"与"有无"的概念，跟自然科学的这一范畴并不一致：自然科学的"有无"，用"零"与"非零"来表示，在加减法逻辑中，零是不起任何作用的；但是，用哲学

---

① 我们用括号来表示目的与目标在这种语境下的一种通用性。因为在中文中，一定的语词是与一定的对象相联系搭配使用的，如果错位使用的话，会给读者带来一种不适应感，尽管它们的意思并不会有本质的区别。而"目的"一词是与"教育"这一概念搭配使用的，"目标"一词则是与"教学"等概念搭配使用的。正如我们在文中所感觉到的，它们在这里是没有本质区别的。鉴于此，按照语法逻辑，我们在必要的地方使用了这种变通做法。

的"有无"来看，零也是一种存在，与非零是齐平并坐的实实
在在的"有"。从这一逻辑差异可以看出，长久以来我们对目的
（标）的质疑，不是在否定其存在性的范畴中进行的，而是在其
存在方式的主题下的持续互辩。

在杜威的思想中，目的（标）是生成的，生长的。就时间
维度而言，它从意识规划到实践之间的时间差如此之短，以至于
连杜威本人都认为教育无目的（标）；相对地，传统上也是现在
仍然占主流地位的思想中则认为目的（标）是预成的、规划的。
它从设计到实施的时间差很明显——短到一堂课的教学，长到学
年的计划。

这两种不同的存在方式，对教学产生的影响是有天壤之别
的。目的（标）以生长方式存在，则教学教师以及与此紧密相
关的非教学教师就与学习者一样，对活动的前景没有充分的控
制能力——在这种情形之下，教师不是对这种状态下的教学活
动没有控制能力，而只是很不充分，是典型的弱控制。这种弱
控制表现为：一方面，教师改变对学生的直接控制为控制教学
环境的间接控制，而且对教学环境的控制也不是教师的独断行
为，而是民主行为——所有人都是以合作的关系完成教学活
动。这对教学人员的要求非常之高：教学人员需要在极短的时
间内，根据学习者与学习时空的特征动态性地调节教学活动，
而不是像机器人一样按既定程序进行作业，独霸着教学活动的
话语权；另一方面，教学活动的组织是根据实时信息进行的，
要求教学人员对教学活动的理解，从成人在场向未成年人在场
的转向，这充分凸显了教学人员对教学的弱控制性。这两种变
化使教学活动被重新定义，也引发了教学人员多方面的改变：
教学技能、教学方式、教学评价等都与传统的做法大相径庭。
教学在真正意义上成为一种动态的共建生长，成为未成年人生
长的方式。

我们用一句话来总结传统的、在当代都始终占据主流地位的预成目的（标）的教学特点：教师地位受到尊崇，对教学活动具有完全的话语权。具备这种特点的教学活动，当然有属于自己的一套做法。

在此，已将教学目的（标）的有无之争，转化为对教学目的（标）存在方式之争。但是，不管是什么"之争"，它们都不是凭空而来的。如果说争论是"形而下的表象"，那么在争论者头脑中根深蒂固的价值判断则是"形而上的生命观"。以杜威为代表的共时性目的（标）论者，试图在自己的教学理念与实践中表达这样的信息：众生皆平等，生命一旦存在，就有权利获得尊重。每个生命体都有权利建构与展示自己的时空，他们只是因为自己的存在而存在，而不应当成为自身之外的因素的负载。而在未成年人没有能力实现自身权利的情况下，教学环境就应当义无反顾地承担这一责任，而不是借此机会将它外在的因素强加于其身。而获得更多人认同的目的（标）外在者，则持着与之相反的论点：未成年总归会成年的，为了成年的幸福，需要接受社会的认同。这种认同的前提就是获得社会性认知。

对于这两种价值观念，迄今人们也无法说清谁对谁错，只有交给历史审视。遗憾的是，我们离它们很近，却看不清楚。但是，我们坚持认为，杜威论者是非常崇拜生命的，他们相信生命具有无可限量的创造力。而反杜威论者则相对保守，对生命体的能量持一种谨慎的态度。而这种谨慎或许也是对社会能量的一种不信任。

事实上，可以通过下面的隐喻来体味一下上述两种观念：一般而言，获得社会财富难度越大的人，越会小心地使用自己的财富；对社会提供机会不信任而怀有深深忧虑的人，会更愿意存钱，而不是去消费。反过来，对社会发展前景认同度高的人，会更多地选择消费；获得财富越容易的人，越会大胆地使用自己的财富。

就教学评价而言，评价目标与标准的存在性是天然的——我们不就是用设计好的标准框架去对比教学吗？从上述的目的（标）存在之争，我们可以作类似的推论：教学评价目的（标）也同样存在着这种争执。正如我们上面所提及的：目的（标）存在的方式，对包括教学评价在内的教学活动各方面都在进行重构。

另外，有必要在这里深入讨论一下这两种存在方式的发展学意义。生长的目的（标）要求动态的反馈，这对信息收集处理与决策的速率提出巨大挑战。换言之，如果技术支持水平不能适应这种要求，目的（标）的生长性存在就不具有普遍的实践意义，只能是少数天才教学人员"长袖善舞"，而大多数教学人员是无法企及的。前者用天才般的教学智慧，弥补了技术支持的落后，实现了生长性教学，而后者没有高超的教学机智，加之没有技术的保证，也只能墨守成规——这也是杜威实验学校基本成功，而进步主义教学理念失败的根源。从这个逻辑上看，杜威的思想仿佛是跨越了时空。因为目前看来，生长性教学实现大众化，仍然是一种奢望。也许，今天顶尖的技术基本能够对生长性教学有支持，但是需要说明的是，昂贵的代价不是我们这种社会能够消费的，在很多人眼里，还有比教育更需要投入的地方；同时，生长性教学的效率仍然不适合以生存竞争为主的社会发展阶段。正如小威廉姆·多尔所言，教育，需要一种愿景。

二　教学评价主体

在上一主题中，我们集中探讨了教学评价目标的存在性（存在方式）。在这一部分中，我们给出的方向是"教学评价主体"，因为，"选择"是主体的选择。试问：教学评价目标的选择问题又如何能够离开选择的主体呢？

（一）教学评价的作用

教学评价的作用即教学相关主体对教学评价的功用期望。这一期望与教学的本体是紧密相连的。正如马克思所支持的"人的本质是目的性动物"，人们的社会实践活动总是有着原动力的。人们对教学评价的功用期望，就是人们实施教学评价的原动力。这种原动力的基调确定了教学评价的价值立场取向。概括地说，我们对教学评价的功用期望包括以下的一些内容：首先，其根本功用在于促进学生发展；其次，在稍微抽象的层次上说，它的功用在于促进实现有效教学；再次，在更宽阔一些的范围内讲，其功用在于促进学校教育的良性运作；还有，从更广泛的层次而言，它的功用在于促进区域教育实践活动的发展；最后，作为一种宏伟的视点，我们期望它能最终促进国民素质的发展。

在此，我们反复使用了"促进"一词，其目的在于强调"发展"的内涵。这与传统的思维惯性并不完全一致。在传统的思维中，评价工作的一个重要功能在于完成对教学系统的相关人员作出终结性评价，并在此基础上，对其工作业绩作出优劣判断和给予相应的奖惩。人们无法回避这种事实存在；而对它的存在的合理性，人们也不能很好地给予拒绝，正如康德所言"存在的，就是合理的"。因此，在这里如此强调这种内涵，具有强烈的理想化色彩。就像无法拒绝教学评价的传统思维一样，我们也同样无法拒绝教学评价的这种发展内涵。原因很简单，当一个历史时空凝固时，我们还不能不进入下一个历史时空。历史已成为过去，而我们面临的是未来。而评价的本质性、主体性功能在于未来，而不是历史。鉴于我们要放眼未来，所以，用"促进"一词来强调教学评价的发展性根本内涵。

（二）教学评价目标选择主体的存在性

再次谈到了存在性的问题，但是相信人们不会再像前述的那样会有很多没有痕迹的遐想。现在谈论的存在性具有很显在的实践印迹。

看到所给出的题标，还是会忍不住要问：一个单一的教学评价，能承载如此复杂层次的功能期望吗？的确，同一个"我们"可以有很多不同的愿望，但同一个愿望有这么多的讲究与不同，难免会引发人们的质疑。事实上，从上面的层次范围用语可以看出，对教学或教学评价有许多期望的绝不是某一单一群体，而是诸多相关群体的期望集合。这些群体都是与教学活动直接相关或具有很紧致的间接相关性：学生、教师、学校管理者、政府教育部门、家长等。他们从各自的立场与实践效力范围对教学活动的评价给予了不同的关注。不可否认的是，所有这些关注都是指向"学生发展"的。如果一种教学评价期望是不利于甚至是有害于学生发展的，无疑成了悲剧。暂且抛开期望的"悲剧"与否的争论，从这些林林总总的期望主体，可以看到对教学进行评价主体的多元化。而这些不同主体的愿望与要讨论的教学目标选择息息相关。因为，有目标选择就有目标选择的主体，这是符合逻辑规定的。

那么，究竟谁是教学评价目标的选择者呢？参照上面考察过的教学评价功能期望群体，已经有了大致的结论。但是，要系统地回答这一问题，还是要从发生学上去考察。

教学事件的直接当事人具有天然的选择权：他们是学生群体与教师群体；教学事件的间接当事人，如教育事业的支持者当然也有权利进行选择：他们是教育投资人（即政府教育部门或私人机构，以及家长）；教育的运作执行管理者也有权利进行选择：学校管理者。事实上，我们可以借鉴现代企业组织形式来完整表达教学目标选择主体及其关系（如图 10 - 1）①。

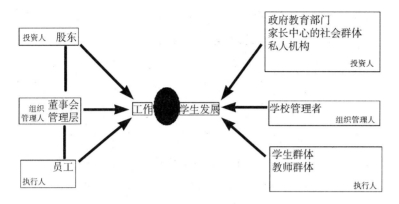

图 10 - 1　教学组织模式与企业组织的形式对应关系

（三）教学评价目标选择主体的合理性

在上面从发生学的视角对教学评价目标选择的主体进行了列举，但是这种列举只能说明它们作为主体存在的可能性，而对于其存在的必然性还需要合理性检验。合理性，即合事件的规律与合事件主体的目的。

当事人（教师与学生）为自己的行为活动天然地承担责任，这种责任就反过来天然地赋予他们对自己的活动进行评价的权

---

①　这样的比较只有形式上的可比性，在大体的程序上稍有相似之处。如果将教育教学完全像企业那样地执行，则教育教学将不成其为自我。首先，这种差异体现在执行人身上，学生既是教学活动的执行者，同时也属于投资人阵营。正因为如此，有的地方办学校，将教育的本质阐释为一种服务。在这里，我们并不打算对此进行深入地反思，只是想粗略地表达我们的观点：即使教育是一种服务，它也与企业性的术语"服务"有本质的区别。然而，大多数的企业并没有这一特征。无论是西方的"工人企业"还是国有性质的企业，基层员工对工作几乎没有发言权；其次，作为投资人的家长与作为执行者的学生之间是相互作用、相互影响的，因为亲情关系而显得尤其特殊，而在企业里显然就没有这一点。更关键的是，作为企业的投资人，唯一的目标就是获取最大的利润，这也是工作的直接效应，而学生发展则融合了人类学、社会学、政治、教育与心理等几乎人类所有领域的文明，没有人能够说，我的学生发展最好！它本身就是个争议的焦点。与此相关的是，企业失败了，可以从头再来，而教学的失败却是毁灭人生的不可逆转的历史。

利。他们作为选择主体，契合了教学的内在规则。与此同时，对自身的评价必然会对教学活动有促进作用，从而实现"学生发展"的目的。因为从测量学来看，最精确的测量只有当事人自己才能够达到。从评价学来看，只有精确的测量才能作出相对合宜的评价。在教学活动中，教师与学生是直接地掌握教学活动的。这一天然地位保证了他们作为评价主体的地位合理性。在此，必然会疑窦丛生：在一百多年前，心理学上的内省法就受到了强烈批判而失去了作为科学方法的地位。但是，内省法却是少数几种建立个体内部与外部联系的方法之一，它所提供的材料是其他所有方法无法实现的。

这样，面临的一个问题便是：如果我投资了，那么我就天然地拥有对事件的主宰权了吗？在经济学中，这是一个根本原则。"真理向前一小步就成了谬论。"如果把经济学的这一原则向教育范畴迁移，就成了谬论了。经济学的根本原则是投资赢利，投资所获赢利是专向于投资者的，而在非按需分配的社会形态中，这种投资赢利就具有独占性和排他性。但是，教育的根本属性就是公共性，其"赢利"从宏观的、长远的和历史的立场来看，是属于全社会的。其投资也并不是像经济学中的投资主体那样清晰：虽然政府投入了（而且主要是以地方政府主体形式出现的），但是，我们知道地方政府的投资来源于社会税收，并非机关独占，只能以代理人身份出面。相应地，作为评价主体，它就应当代表代理人——社会成员，而不是部门特定角色；另外，中央政府对教育的投入也是实在的，每年的财政预算达到数千亿元，主要是通过转移支付的形式下放到地方政府，这更显示出教育投资的社会性，而不是个体性。

因此，经济学的原理并不能确保教育投入主体作为教学评价的主体地位。然而，从组织管理学来看，对行为主体应当有一个外部的、没有利害相关的机构进行监督，以确保行为主体无论在什么情况下都在符合活动目的的正确道路上。显然，作为教学活动的监督主体——外部教学主体，是需要拥有选择权的，即使这种选择权不是监督主体自身内部生长出来的。同时，我们看到这一组织功能往往被投入者主要地充当了。这种充当并不具有正当性，反而有可能给教学评价带来破坏。

但是，从社会发展学角度来看，上述风险是需要尝试的。作为教育投入主体，成为教学评价目标选择主体的逻辑前提是：在社会资源不充分的情况下，必须协调各社会部门，务求达到有限资源最优化使用的目标。只有在这种发展战略下，社会才能够实现自我超越，向前发展。但是，在尝试各种优化的过程中，我们不可避免地走了许多弯路。从发展学角度来看，这种曲折也是前进的必需成本。这一根植于社会文化的规则要求我们需要有部门来实现这种协调。政府部门而且只有政府部门能够承担这种协调统筹功能。因为政府部门作为公众代理进行教育投入，由它来实现资源协调，是理所当然的。

作为间接的教学事件当事者，学校管理主体并没有像政府教育部门那样远离教学事件。事实上，我们说他们是教学事件的间接当事者，只是言及非常真实的教学活动。学校管理主体是教学活动的当事者，是教学活动的较为宏观层面。教育工作的分工使教学管理主体的存在具有必要性。也正是这种必要为他的存在带来合理性。教学微观事件得以规模和有序地实现，需要学校管理主体的积极运作。反过来，这种运作的核心前提之一，就是对教学微观事件的真实了解。组织教学的本质是进行一系列的决策。学校管理主体的正确决定需要建立在对教学微观事件进行准确判断的基础之上。因此，评价活动是学校管理主体的中心活动之一。从社会组织学的视角考察，活动机体能够有效运作（且不论这种运作的学理性），需要对活动组织团体成员进行激励与约束，这也是以评价活动为基础的工作。用一个比喻来说明学校管理主体在教学活动中的地位：教学微观事件正如人体的器官组织，而学校管理主体就如人体的中枢神经。各种器官组织的活动是在中枢神经的统一协调下进行的。中枢神经的协调活动无法脱离与各种器官的信息交流。中枢神经对各种器官的协调正是基于对它们的判断。当然，判断的中心活动是评价。我们是从教学事件组织与社会组织学的维度对学校管理者作为评价主体的合理性进行说明的。

三　教学评价目标选择的可能性

以上从不同层面论证了教学评价主体的存在是多元的。不可否认，并非所有的人都会选择同样的目标作为评价的标准。人们都认为这个问题具有很大的讨论空间，这更是说明不同的评价主体对评价目标的选择是有差异的。

就教学事件而言，其本身在教育体系中虽然是微观的组成部分，但仍然是一个复杂的事件。这种复杂，正如先前提到的，它兼具内生性与外生性，而且是通过时间序列被充分地表达了出来。正因为存在如此多的或然空间，在面临教学评价时，不能将其视为简单的单体事件，它应该是丰富多彩的。这种丰富多彩为教学评价目标的选择提供了可能性基础。

四　教学评价目标选择的实现

社会总是以一定的方式（状态）运作着，无论这种方式（状态）是和谐的、良性的，还是紊乱的、恶性的。教学评价目标的选择工作亦是如此。在这一"不自觉"的状态中，总有一些目标被一定的选择主体看中，被列为教学需要实现的目标。有的时候，选择教学评价目标，是由学生做主的；而有些时候，是由教师做主的；还有些时候，是由学校管理主体做主的；当然，政府教育部门也在一定时空环境下拿主意。另外，还可以看到，有时候，并不是某一个单一主体拿主意，而是几个主体之间形成某种关系，共同把持着教学评价的目标选择。或许，还有一种情况，就是所有的主体在教学评价活动中都享有平等的选择。这些逻辑上所形成的主要选择主体，可以通过图10－2完全地表征出来。

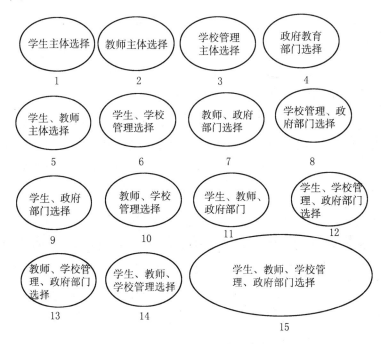

图 10－2　我国教学评价目标选择的理论格局分析

从图10－2中，可以看出我国教学评价实践中的评价目标选择的主导权状况，即第13种所描述的类型。但是，做上述格局分析的一个基本的价值前提就是：在由多元选择主体共同完成的目标选择过程中，似乎是坚持着一种"民主"的思想。多元群体之间的关系是互相平等的，是通过对话的形式达成一种目标选择的"妥协"、"谅解"的。我们不可否认坚持"生本"思想的学理愿望是乌托邦式的。就现有社会运作模式而言，多元主体的

妥协和谅解并不是以事理为标准的。事实上，在某种程度上，我
们并不能说人们不是按着一定事理在作为的，只是人们都有不同
的"事理"概念，用托马斯·库恩的思想，好像就是"范
式"①。

　　第13种模式表征了教师、政府部门与学校管理者作为评价
目标的共同决策主体。这一格局的应然是相互沟通、在学理的共
同标准下的状态。但是，我国的实践并没有反映出这样的"应
然"。也许是多元主体对"学理"有着不同的理解，在实践中，
人们对教学评价目标选择，从民主的对话演化为各主体群体的权
益之争。这种分歧直接使教学评价目标选择变成各群体的社会意
义的权力之争。最终，在我国教学评价目标的决定虽是多元主体
的参与，但是他们在决策中的地位与作用，话语权利和关系是大
相径庭的。诚然，我们的目标选择主体主要包括了三大群体，但
具有真正意义的则是政府部门。新中国成立以来，时常出现政治
代替学术的局面。新世纪推动的新课程改革在很大程度上对此作
了修正。突出表现在，我国政府部门在决策过程中更多地依靠学
术力量——领域专家！② 不容忽视的是，政府部门对选择结果具
有终极意义上的决定权。因此，不管其选择以什么样的方式进
行，只要政府部门与其他选择主体没有进行平等对话，那么这种
控制性是没有任何区别的。与这种控制相对应的是，学校管理主
体成为有力的实施者。他们从平等的应然变成从属的实然，从学

---

　　① 我们在提到范式时，是很谨慎的，这种谨慎是用"库恩的思想"及"范式"
表达出来的。否则，我们会直接说是库恩的概念及不用引号。之所以如此谨慎，是
因为"范式"的概念与内涵存在着太多的争论，这种不确定性"使库恩本人在八十
年代后，基本上就不再使用'范式'一词，但是，库恩并没有放弃这一思想的意思，
只是认为'范式'一词，还不能完全表达自己的思想"（张书明等：《从科学哲学到
文化哲学》）。在这里，我们大体上是借用库恩的思想的。

　　② 我们没有把理论专家作为单一的决策群体，是因为他们没有直接介入选择的
合理性及平台。另一方面，他们作为一种智力支持，可以与任何上述选择主体结合。

理走向了政治。反而，教师群体主体却相对地表现出置疑的态度。因为他们具备了学校管理者不能拥有的条件：面对教学事件的直接性。这种直接性从两个方面促成了教师群体主体的置疑：一方面，他们具有了表达意见的平台，毕竟教学是由他们终结性生成的，他们对教学事件具有实在意义的作用；另一方面，由其他主体选择的目标可能并不容易得到履行。实现目标的难度越大，越会催生教师对教学活动的自为。教师在控制语境下，能对既定目标作出实质性的变更是很难得见的。在更大程度上，他们选择的是执行。因此，我国的教学评价目标格局从第 13 种嬗变为图 10 - 3 所示的格局：

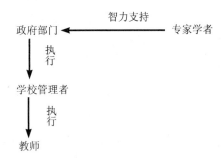

图 10 - 3 我国教学评价目标选择的实然

需要强调的是，学生作为事件的当事者，他们在教学评价中的主体地位得不到应有的承认和确立，这是令人不安的。在第一节的阐论中已有提及，这里不再重复。

第三节 教学评价的内容选择

按照拉尔夫·泰勒的思路，在讨论教学评价的目标后，接下来要讨论的是如何体现或承载这些目标的内容。泰勒原理作为一个范式，是评价领域的"永恒模式"。我们仿佛并不愿意超脱也难以超越这一范式。

一　教学评价的唯一对象：教学事件

事实上，在使用"对象"一词之前，"教学事件"这一观念早已深入人心。在心理学历史上，德国的冯特首倡内省法作为心理学研究的优先方法。虽然这一做法因后来受到致命的抨击而逐渐不被人们所重视。但是，冯特始终认为，个体，只有个体才能够最真实地把握自己的心理状态。正是这种观点使他忽视了内省法的先天缺陷。但是，自冯特以来，人们在心理学领域开发出了大量的工具来测量行为人的心理状况。让人愈发困惑的是，我们仍然不能在很细微的程度上实现对行为人的了解。而且，建构主义思想给我们的启示是，除了个体自身以外，任何外部力量迄今都无法实现心理学上的这一宏大愿景。

心理学百余年的发展史告诉我们，对一个过程的评价，如果脱离过程本身，是不可能真实地反映该过程状况的；对一个事件的评价，如果脱离事件本身，也是不可能作出对该事件的公正评价的。由此可见，教学评价的对象只能是教学事件，而不是细分出来的"对象一、对象（一）……"

首先要回答的问题是：什么是"教学事件"？我们并没有期望在现有水平上能够对它作出多么深入的哲学分析。虽然是在讨论评价哲学的问题，但是我们并不希望用很多"形而上"的字眼来标榜我们的"哲学"。如果能够寻找一些大家都熟知的词语，而这些词语又能恰当地将我们的观念表达出来，这样对"教学事件"的理解就是"教学活动的发生过程在场"。为了凸显教学评价对象的特定时空性，在此用了"在场"一词（它或许是人们不太习惯的术语，但是，相信人们对它所表达的直白意义是非常清楚的，"在场"即"在现场"之意，它能够特别地标定特定的时空结合状况）。教学评价的结果必然是对教学活动的价值判断。我们无法理解脱离特定教学活动，只研究该活动所引出的结果的评价行为。例如：一般而言，人们认为教师是不可以体罚学生的。据此，有教学评价员一听到教师体罚学生，就断然判定该教师是不合格的。但是，教学评价员并没有过深入研究引发教师体罚学生的教学活动。首先，从逻辑上看，我们说"一般而言，教师不可以用体罚性行为来教育学生"，但是并不是说"所有情况都不能"。事实上，每一个学生的成长环境都不一样，正如列夫·维果斯基所言，每一个学生来到学校，都不是"什么都不知道"，而是"学会"了许多知识，是带着个性化的知识来到学校的。学生间的差异如此之大，我们无法排除在特定教学环境下对某些学生实施适度的体罚的状况。就中国文化而言，中国文化长期以来遵从着一种专制文化，虽然近几十年来这种专制意识受到了剧烈的冲击，但仍然在很大程度上影响着国人的行为与习惯。在这种文化形态下不免会有这样一种观念：该管束我的人来管束我，即使他（她）采用了一些自我很不认同的方式，但是，那意味着有人关心我、爱护我。受这种观念影响的学生反而能够反省自己，重新回归正确的道路。

　　教学就是通过组合特定的时空因素以促使学生的发展，如果体罚能够使学生健康地发展，那么体罚为什么不可取呢？如果仅仅根据事实结果就对教师教学行为进行判定，岂不是"断章取义"之举？

　　在所有可以选择的词汇中，"事件"是最能够深刻体现教学活动在场特征的。何谓"事件"？通俗的表达便是"事情中的人、时间、地点、起因、过程与结果"。一个事件必然包含了事件的行为人、行为时间与地点、行为的起因、过程与结果等要素。只针对事实结果进行评价的评价，只是变相地夸大了事件的结果。这种夸大的直接后果就是牺牲了事件的其他元素。试问：

没有其他元素参与的"事件"还能称之为"事件"吗？评价人员评价的是什么呢？

　　内容性评价必须在教学事件对象的统率下进行。例如，我们会研究出一系列的"有效教学的有效教师的教学行为特征"。我们当然不会说这种研究是没有任何意义的；但是，如果不在教学事件中去研究这些行为，显然它们永远都是无意义的。就好比将全球最美的五官拼合成一张脸，我们得到的可能是一张令人恐怖的、丑陋的面孔，而非亘古未有的、未来不再的丽颜。同样，将"有效教学的有效教师的教学行为"不分特定教学时空与环境加以组合，必然带来一场教学灾难！

三　教学评价的内容

　　这样也许会给人们这样一种印象：专注于教学事件而不言具体的评价实体。人们会自然而然地问：我们所坚持的原则如何在实践中得以实现呢？我们的原则不就成了典型的"纸上谈兵"吗？这的确是一种误解。我们认为教学评价必然以教学事件为对象。同样地，如果仅仅停留于此，那将永远无法践行我们的意志。如前所述，教学事件有六大元素。坚持的原则决不是对这六大元素的评价，即使能够这样去做（事实上，我们是可以分别去评价这六个元素的）。坚持以教学事件为教学评价对象，并没有抛弃人们一直进行的教学评价内容：教师、学生、教学管理……

　　我们仍然会加强这些评价内容，只是与以前不同的是，在这些内容的上位层面，用了一个抽象水平更高的"教学事件"来统率判断，即我们一再强调的判断择取的评价内容是否良好，不是对这些内容本身的单独性进行，而是将其置身于教学事件的系统中。例如，有效教师的言语必然是准确清晰的。那么，怎样判断教师的言语是否"准确清晰"呢？如果简单地听教师的言语，在特定时刻他们的言语就声学角度而言，是含混的、模糊的，那么，可以就此判断教师的语言不佳吗？事实上，就教学事件而言，教师是在我们听到他们不准确清晰的言语时，特意将自己的表达进行了掩饰，以配合教学事件。换言之，教学事件要求教师必须用具备这种特点的语言。那么，我们不得不说教师在此特定时刻的"不准确不清晰"的言语却是最"准确清晰"的言语。

由此不难看出，如果对教学评价内容进行单独评价，那么十有八九会犯下按内容所属学术领域特点进行"是非"判断的错误。就像对教师语言的判断一样，将其单独地列出来，往往就从声学原理进行判断。相应地，如果将教师行为单独列出来后，恐怕又会从行为学原理对其进行判断；如果学生的学业成绩单独列出来后，就会简单地从分数上对学生的发展状况进行评估，对教师的教学工作进行评估。这是再明显不过的谬误了。一个很复杂的评价工作，居然被我们简化成简单的以分数为分析对象的线性关系！且不说分数能否代表学生的发展趋向与前景，只说分数的内涵，也被极端简单化了：一个学生一个月前的数学只有三十分，而现在有了四十分。这算不算教学的成功？而我们是怎么评价这四十分的——不就是指责与训斥，最后贴上"差"的标签吗！而评价人员是否知道学生这一次的四十分是在什么样的情况下取得的呢？这一个月他所经验的教学事件是怎么样的呢？当然，还可以这样去设想：一个学生上一个月的数学是八十分，而这个月只有六十分。从分数上看，似乎是教学的失败。但是，评价人员有没有关注到这六十分的背后呢？学生在这一个月里在课堂上与课堂外所经验的教学事件是怎样的呢？如果他处于一个艰难的时空环境，那么，即使是六十分，无论对学生，还是对教师、教学而言，都算是成功的。

所以，也有人分析教学的所有元素，像一直以来都在做的那样。但是，在评价哲学里，多了一个更高抽象水平的"教学事件"。这个教学事件是我们判断所要评价的教学内容的价值的背景。从另一角度而言，教学事件是作出判断的标准：凡是能够优化教学事件的教学内容，就是良好的；而只有能够优化教学事件的教学内容，才是良好的。

在我们的表述中，使用到了"优化"一词。这一措词太过于抽象，需要做一些解释。列夫·维果斯基曾经提出了"最近发展区"：只有那种走在孩子发展前面的教学，才是良好的教学，即只有进行最近发展区水平教学的教学，才是良好的教学①。在今天的通俗语言中，可以这样理解：教学活动应当落在最近发展区中②。而我们所言及的"优化"，就是创造学生的最近发展区③。

第四节　教学评价的方法选择

尽管库恩在 20 世纪 80 年代后期不再继续使用"范式"这

---

① ［俄］列夫·维果斯基著，龚浩然等译：《教育心理学》，浙江教育出版社 2003 年版，第 446 页

② 这是一个令人心驰神往的思想。遗憾的是，至今我们仍然像几百年来数学家们试图了解费马在读书笔记中所记"我对这一猜想（即后来的费马大定理）有一绝妙证法，只是此处空白太小，无法写下"一般，无法洞悉维果斯基"最近发展区"。至今，无论是在教学论上，还是心理学上（我们认为最近发展区实质是心理学领域的命题）都没有了解"最近发展区"到底是什么。这种缺失使我们无法充分发挥维果斯基最近发展区的教学思想。不可否认，解决这一问题具有深刻的实践意义。

③ 在今天，我们能够理解，维果斯基当初言及最近发展区时，强调的是认知性教学问题。但是，只强调这一方面的意义，是不够的。教学中当然存在学生情感领域的最近发展区，当然，这种情感理解特指那种引发学习活动的情感。一个孩子对学习、对教学的情感，也是存在这种最近发展区形态的。而最终在情感与认知教学之间会有一个过渡带，此时最近发展区所呈现的形式，就是一种跨领域的形态。正如我们在新课程改革中强调的课程所要达到的目标是三维的：学生的认知发展、情感发展与过程经验发展。我们可以这样理解三者的关系：教学事件是在学生过程经验浸润中组织的学生认知与情感的最近发展区发展。

一名词，但是他并没有放弃这一名词所蕴涵的思想，更没有放弃他一开始就对这一名词的一个约定：不可通约性①。但是，正如在下面附注中所解释的那样，我们是在一定程度上借用"范式"这一概念的，而不是很严格意义上的借用，因为并不是与库恩完全一致。不一致的地方，突出表现在对"范式"的不可通约性的理解。我们并不认为作为整体的范式所不具有的通约性会引起范式的组成结构部分的通约性。一个特定范式所使用的方法体系，是具有该范式的特征的。但是，这些特征并不是组成方法体系本身所具有的各种特征。方法并不具有任何价值意义。不是说它们没有价值标准，而是说它们的标准只有在被特定范式所运用之后才得以体现。换言之，方法所具有的价值标准，是由使用它们的范式所赋予的。再抽象一点，如果从一定范式的方法体系上考察，就会发现我们与库恩的思想是一致的。作为整体的方法体系，各种范式之间的差别是显著的。衍生特定范式方法体系的方法论之间，更具有典型的不可通约性。

　　我们正是要从方法论开始本节的内容。

----

　　①　库恩认为竞争着的不同范式所要解决的问题不同，所使用的语言体系不同，所处的认识世界不同，使它们之间没有相互认同的可能，即不同的范式各自拥有自己的属性（值）——价值观念、群体及方法论等，这些属性（值）之间没有复叠现象。正如我们前面提到的，我们无法对库恩的思想进行深入的评述。但是，就范式的不可通约性而言，我们愿意提供我们的想法：首先，库恩所强调的范式不可通约性，是竞争状态下的范式。而表述库恩这些思想的著作就是《科学革命的结构》。可以清楚地看到，库恩的思想具有浓郁的"战斗"气氛。库恩讨论的本就是没有任何妥协可能的"革命者"与"被革命者"间的关系。用马克思哲学的术语，就是新事物与旧事物之间的关系。它们怎么可能可通约呢；其次，除了这种"革命性"的竞争之外，还有太多的"双赢性"竞争；最后，范式的概念已经被泛化，不再属于（自然）科学发展史中的专用概念。当范式概念进入社会领域后，就丧失了（自然）科学的特有严谨。正因为后面两种新情况的出现，范式的不可通约性有了松动的可能。诚然，不同范式的特有群体仍然存在，但是群体成员之间具有了一定的流通性；同时，范式各属的方法论及方法也有了更灵活的变通性。但是，我们仍然要坚持的是，特定范式，不论它们与其他范式的关系如何，它们的价值观念是不会有任何通约性的。

一　教学评价方法论的演变

　　众所周知，教学评价作为评价的一个分支应用，其主要内容都是从评价方法论与理论嫁接而来的。历史上最显著的评价之争的案例是对智力的测定。以比纳－西蒙为代表的量表集中代表了一种评价方法论：以纸笔为主要工具进行的绝对静态测量。但近一个世纪以来，这种方法在批判声中得到了世界范围内的运用。这的确是一个太矛盾的事实。理论界与实践者在不断批评它的同时，却又在不断地修正与应用它。人类文明发展史就是这样矛盾，每一种文明，常常都是在被质疑的同时得以推广，进而对社会和人类发展作出阶段性的贡献。随着文明的积累，人们才能够在更大的时空范围内预测某一种文明形态对人类的发展是正面的，还是负面的。传统的智力测量方式与工具在过去的一二十年内受到了实质性的挑战。原因在于，人们开始逐步认同了对智力内涵的重新解释模式，并开始用智力的范式转换来表达这种变化。以霍华德·加德纳为代表的大批心理学家，经过几十年的研究与推广，使智力从静态模式向动态模式，从单一性模式向多元性模式发生了跃迁。随着这种变化，在半个世纪之前就出现的动态评价方法论才真正在人类发展史中立足。但是，评价的主导方法论所出现的这种变化，并没有像我们的文字中所表达出来的那样成功，它仍然笼罩在传统方法论的浓厚阴影之中。多元智能所取得的成功还远不足以在全世界范围内撼动传统智力思想，而它所主导的评价方法论，也并没有因为零点项目①的成功而得到我们所期望的效果。

　　回首心理学史，其实很早以前就能够看到当代加德纳教授等人所使用的评价方法论。比如 20 世纪 30 年代以列夫·维果斯基

---

　　①　零点项目是加德纳教授等人进行智力研究的主要平台。

为首的一批苏联心理学家，在理解人类心理发展时，就用了这两个表述：儿童的现有发展水平——独立完成任务所达到的水平；最近发展区水平——在成人帮助下完成任务所能达到的水平①。似乎可以说，70 多年前，维果斯基已经有了较当今有过之而无不及的评价方法论。心理学并不是测量与评价方法创新的唯一领域。在过去几十年中，出现了许多有价值的评价思想，比较有影响的诸如目标游离评价、背景输入过程结果评价等。这些思想对占据主流地位的静态的、形式单一的、浅内涵的评价方法论作了一定的修正。但是，无论这些修正如何完美，它们并没有走得像加德纳教授等人那么远，也没有望及维果斯基等人当年的项背。

总而言之，整个评价方法哲学虽然从一开始就出现了相互对立的不同取向，但是几十年来的理论与实践都只是极其变相地烙上了其中的一种——静态、单一及浅内涵的方法论哲学，即使这种现象在过去的一二十年中有了解冻的趋势。

教学评价的方法论也处于这种阴影的重重笼罩之中，尤其是在我国。事实上，我国即使在封建社会科举选士的时代，也没有像现今这般尤其偏爱于单一的纸笔考察方式。过去几十年来我国中考与高考的评价方式并不是我们的传统。我们只是传承了静态的考察方式，却不是现今这般的单一形式。大可以将这种极端发展归因于我们的考察量过大，同时又没有决心与意志转变传统观念。

二　动态的教学评价方法论

我们反复地将传统的、一直在实践的评价方法的基础称之为静态的。事实上，"静态"的确切内涵有两种不同的规范。一种是人们较为所熟悉的：考察方式的静止状态，比如说用纸笔来模

---

① ［俄］列夫·维果斯基著，龚浩然等译：《教育心理学》，浙江教育出版社2003 年版，第 42 页。

拟回答的。还有一种并非所有人都注意到的"静态"内涵：考察内容的静止状态，即对被考察者知识与能力的考察。当然，前一种理解更符合"方法"的意义。后一种理解则与"方法"没有太多的联系，而是在前面已经讨论过的"内容"话题。相信对维果斯基思想有深刻印象的读者，不会认为我们在这里将本属于两个话题的内容联系在一起是冒失的，因为我们无法想象用这两个话题将维果斯基的思想腰斩后，会是一种什么样的支离破碎的状况。

大多数情况下并没有去详细区分我们是在哪种内涵规范中使用这一定义。一般地，对公众为主的人来说，主要是前一种，而对专业领域人士来说，更多是指后一种。当然，专业领域人士也有从前一种定义思考这一问题的。

与之相对，要理解"动态"的内涵，现在也必须从这两方面展开不可。所谓"动态"性评价的每一种内涵，即评价工具与活动的动态性，亦即是近年来得到大力推广的"真实任务"评价，如加德纳教授等人开发的多彩项目评价方案一样。而第二种内涵，即评价内容的发展性，如维果斯基所强调的"最近发展区"评价，要求评价本身成为被评价者成长的过程。目前的确很难达到这种要求，而在实践中不能忘却评价目的。从这一意义上讲，在教学评价方法论上，我们的确还没有达到范式转换的临界。如果我们在后一种理解中看不到前一种理解的话，那是非常遗憾的。

我们不掩饰对维果斯基评价思想的认同。这种认同首先体现在对教学评价内容的一致性倾向。维果斯基的核心思想是对儿童最近发展区水平的坚持，而不是仅仅停留在其现有发展水平。他强烈要求的是对儿童发展中的水平进行评价，而不是简单地贴标签似的对现有水平的确定。之前论述已经解释了我们为什么要坚持以"教学事件"作为评价的对象。就更抽象的价值取向而言，我们与维果斯基都在试图坚持一种发展性的评价。这种认同也体现在评价场境上。在维果斯基的评价中，虽然没有排斥纯粹纸笔测验的方式，但是，他始终在自己的表述中使用了"完成任务"这样的词汇。对我们而言，这样的词汇与"真实性任务"并无太大区别。而"教学事件"也坚持着这样的倾向。如果有不同的话，那也是在更严谨的"教学"语境而非"发展"语境下在谈论评价。我们的确不反对利用真实性任务来完成对学习者的考察，但是，作为教学的实践，更现实的选择可能就是"教学事件"场境。当然，在利用什么工具施测，也如同维果斯基一样，没有特别的要求，因为大量传统的方法在动态性评价中会失去功效。这一点，诚如在解释对"范式"的理解时言及的，方法本身在很大程度上是可通约的。

第五节　教学评价的公正与效益

正如拉尔夫·泰勒思考课程编制时所提的第四个问题一样，对前面所做工作的反思。从思维逻辑上讲，讨论教学评价也是需要这样一个环节的。但是怎样评价我们自己的评价思想呢？有学者认为"合规律性与合目的性统一是教育学研究合理性的实质"[①]。问题在于，面对教学评价的课题时，所谓"合规律性"是什么？"合目的性"又是什么？我们一直强调在更多的时候，人们之所以会获得具有根本性差异的结果，是因为采取了不同的"合规律性与合目的性"内涵。教育行政部门从是否获得一系列的"评价结果"来观察教学评价工作的；家长们是通过评判孩子的考试分数来观察教学评价工作的；还有学者是以实现"师生幸福值"来观察教学评价工作的……类似的合规律性与合目的性内涵林林总总、不尽相同。在这样复杂的环境中，寻求教学

[①]　郝文武：《教育哲学》，人民教育出版社2006年版，第53页。

评价的公正与效益，是否可行？我们的确面临理论与实践的严峻挑战。本节试图从公正、效益与合规律性、合目的性的关系视角对此作些有益思考。

一 公正即合学理合规律性

如上所述，思考教学评价工作的合规律性与合目的性内涵有太多的差异，使本来很简单的问题变得复杂起来。这种复杂使我们在讨论中不得不先将思考分成几个片断进行：先从合规律性的维度进行分析，再从效益维度进行讨论，最后将两种维度结合起来研究，以期达到某种合理性理解。

合规律性的内涵是多种多样的，呈现着"横看成岭侧成峰"之态。如第二节所论述到的，评价的主体不仅是多元的，而且这些主体各自代表着自己的社会群体利益，形成一种弱范式——各主体在核心价值与权益分配上存在着难以调和的分歧。

毋庸置疑的是，教学是一件社会性的事件，教学评价由于主体价值的多元更加表现出社会性的特征，它反映了社会中人与人之间广泛的主观联系。要在这种主观性因子充斥的事情上用泾渭分明的客观性思维思考，无疑是非常困难的。可是，需要强调的是，社会性事件也是具有分明的科学性的，这种科学性集中地体现在人们从它们身上找到的事理，用学术性语言表达，即学理（规律性）。

在讨论中会出现这么多矛盾主体，并非先前思考的不足；相反的，作出那样的思考是很有必要的。但是，如果按照先前的思路，将陷入一个永远无法解决的困境：教学评价就是一个熵值永远不能确定的事件。从混沌的思想出发，这种现象并不是什么坏事，世界的本质形象可能就是一个有着无穷大熵值的状态。但是，如果注意分析世界的思想，它们就是遵从一种特定科学范式而得到的结果，而不是像先前看到的那般，所得到的矛盾主体是从不同的范式进行解释才能得到。当从更抽象、更客观的立场来理解教学评价时，前面的思路显然是违背逻辑的。所以，现在需要提高我们的抽象水平，只有这样，才是与我们现在所讨论的话题在同一水平上。

当置身教学与教学评价事件之中时，我们看到了一片紊乱；然而，当脱身其之外时，我们看到的不再是一片零碎，而是一个整体。就像人们进入超市以后，面对琳琅满目的商品，我们往往不知道看哪一样才好；而当站在市场外面时，却不知道里面有什么，只知道这一幢建筑是什么，脑海中所呈现的景象反而较在市场里面要清晰得多。正所谓"不识庐山真面目，只缘身在此山中"。现在，是我们站到门外的时候了。

那么，当站在教学事件外面，我们看到的是什么呢？是生命的成长，是生命的经验——儿童的生命在生长，在成人的生命中经验。与这种生命的凝重相比较，家长的期望、教师的爱恨、行政者的权威都变得轻渺起来。我们在社会中构建了教育的舞台，为的是什么？难道是遵从家长的盼望吗？难道是弥足教师的情感吗？难道是满足部分群体的权力吗？不是。不论是专家学者，还是平凡的百姓都会这样去理解我们共同努力的教育。生命，发展生命，才是教育教学所坚持的核心。而教学的学理，即实现生命的发展；而教学评价的学理，即引导与督导教学的学理——评价教学是否在特定的时空条件下实现生命的发展，督导教学发展生命。

而实现教学评价的公正，除了实现教学评价的学理，还有什么呢？人们会认为"特定时空"是一种委婉的推托之辞。但我们宁愿将其视为教学评价前进的方向，一种理想的状态。学理所代表的不是一种实然的状态，而是一种愿景，一种信仰。

作为实然的教学评价，没有绝对的标准来检验实践行为是否符合了这种学理。事实上，教学评价的公正程度，在很大意义上取决于教学评价实践者对其学理的坚信程度。因为我们处在一种非饱和的社会发展阶段。这种社会发展现实使教学评价一直以来置身于遵循学理与适应社会两种力量的博弈中。"特定时空条件"更多的内涵是指进行教学评价的效益问题。

二 效益即合社会目的

"合目的"一词的使用，本身就具有争议：是合教学评价的目的呢？还是其他的目的？从前面的讨论，说明了我们视合教学评价目的理解为教学评价的学理内容。相应地，在这里所讨论的"合目的"就是其他的目的，即社会目的。在表达学理信仰时，我们用了一个抽象的词汇——特定时空条件。它所表达的潜在意义即寻求教学评价的社会目的性。

作为无意识的社会存在，人们所能看到的更多是社会过程；而作为有意识的社会实践，我们同样能够很清楚地看到社会结果。当面对自己的行为结果时，人们也许更应当像处理教学结果一样与其过程相结合。但是，需要强调的是，我们所处的社会是一个长期为实现"发达"水平而努力的社会，它从根本上制约了"从过程到结果一体化"的视界。

效益，才是社会目的的聚焦。很多人从经济学角度来界定效益，从而得出了效率、效益与效果的概念，于是，教学评价效益被理解为评价成本与成绩之间的比较。但是我们不希望在这样的思维框架之中去考量，而是希望用"效益"这样一个术语传递对教学评价的评价成本、评价成果与评价增益三位一体的理解。用演绎的逻辑，是由于社会发展水平的局限使我们在教学评价实践中必须考虑其效益问题；而从归纳的逻辑，提高教学评价实践的效益能够使在有限资源支持的情况下完成更多更好的教学评价。事实上，不论从哪种逻辑出发，都有这样一个潜台词：可以供给在教学评价实践中使用的社会资源是不足的。这种不足的尴尬谁也无从知道会持续多长时间。按照通常的预期，我们会在本世纪中叶达到中等发达国家水平。即便是现今已经很发达的西方国家对教育所需资源的支持，也远远不是"充分"的，距离马克思思想中的"自由"也遥不可及。发达国家对教育的资源支持，也是以"规划"形式出现的，是以排他性竞争形式出现的。那么，当半个世纪后，即使达到了中等发达国家发展水平，我们仍会面临资源紧张的窘境。到底要多久才能进入发达国家的行列呢？而进入此列之后，究竟还需要多长时间才能基本实现资源的按需分配呢？社会进程对教学评价的要求是什么力量也改变不了的。我们知道有一种评价方案比现在所进行的方案更好，但是，它需要社会给予更多的资源：资金、人力、工具……而这些是现在的社会所不能提供的。作一个类比，人们能够很容易地认同社会效益的合理性：如果有人在19世纪就提出在当时坚持运用计算机作为教学评价的工具或运用教学录像作为教学评价的资源，我们会认为那是非常天真幼稚的思想。原因很简单，我们不可能使用还不存在的工具。同样，社会在分配有限的社会资源时，并不会非常迫切地把社会的优势资源分配给教育教学事件上来。在决策者心中，还有比教育教学这种功绩延迟性事件远远重要的工作：掠夺后代的发展机会而进行的经济开发。

　　但是，抛开这些主观的"伪社会目的"，社会对教学评价在现在及将来很长时间内都提出了效益课题。这是我们无法回避的事实。

三　公正与效益的实践即学理与社会目的的博弈

　　历史的实践早已证明，学理在人类文明发展的进程中所获得的尊重并不是自然而然的，而是经过长期的斗争之后才成为社会性力量的。典型的例子就是西方中世纪时发生的数不清的主流社会封杀学理的事件：哥白尼日心说、血液循环学说、伽利略的研究……当时被视为"异端学说"的学理后来得到社会的认同，无不经过了漫长岁月的斗争。而中国更是没有"异端学说"生长的土壤：学理研究没有社会基础，只是极少部分人如徐光启等人的爱好；而政府力量层出不穷的思想禁锢运动，更是严格控制了绝对数量的子民。在今天，我们再不会看到类似的故事重演。然而，后世人可能会看到几千年来的法则没有变更：竞争的力量没有退步的可能。

这样的法则告诉我们，代表公正的学理要获得社会足够的尊重，只有经过努力斗争才能实现。20 世纪以前，人们的意志水平没有充分的准备，很少有人谈论公正，谈论教学民主。赫尔巴特的教学原理成为标准——大家都知道那样的标准的内涵是集中反映社会目的的。即便是经过了 20 世纪百年的进步，"公正"已成为社会的核心主题，但要想实现公正，还需要很长的时间与艰难的过程。社会性目的是不会轻易地让步于学理在社会上的主导地位的。

路漫漫其修远兮，吾将上下而求索。实现教学评价的公正是一个长期的过程。但这并不是我们工作的终点。长久以来，我们实现了社会目的——教学评价的效益；然而在学理方面还有很长的路要走。未来的路不仅要寻求社会给予教学评价学理的应然地位，还要寻求学理与社会目的的统一。

后 记

哲学是智慧的学问。作为智慧的学问，其内容和形式是多种多样的。教学哲学作为教学智慧的学问，其内容和形式也是见仁见智。尤其是在当今社会，关于个人教学哲学的探讨已经成为一种"时尚"，这充分说明了教学哲学的丰富性、多样性和个体性。在此，我们只是谈出了自己的"一种"理解和看法。随着哲学思想和理论的不断发展、丰富和完善，对已有教学思想和理论的反思所获得的教学哲学，自然会成为进一步发展和进步的基础和资源。这就是历史辩证法，也是人的当下的理性才智的局限，更是人类在追求合理性过程中的必要路径和责任担当。另外，教学哲学应该是关于教学的所有方面的智慧的学问。"所有方面"意味着要囊括教学及其研究的一切。这个"所有方面"或"一切"究竟要包括哪些内容、层次，以及这些内容、层次以什么样的关系和结构呈现出来，还需要进一步的探讨和追问。我们只是从涉及教学活动及其研究的几个主要方面进行了分析，道出了我们的见解和意见，肯定是不全面的。当然我们也不能或不敢有"全面"的宣称。

全书共有十章。该书的内容框架是由郝文武教授初步拟定，并在写作过程中几经推敲和调整后才确定下来的。其中，第一、二、五、七、八章由郝文武执笔，第三、四、六、九、十章由张立昌执笔，最后由张立昌负责统稿。由于各自的运思方式和行文风格略有差异，陈述方式并不是完全统一的。

在本书的写作过程中，我们参考和借鉴了许多同行的研究成果，尽管通过注释的方式列出一些，可能是不完全的，对此表示谢意和歉意。

张立昌

2009 年元月于陕西师范大学田家炳书院